IAIN PROVAN

O QUE É SER HUMANO

VERDADES E MITOS SOBRE QUEM SOMOS

Traduzido por
Valéria Lamim
Delgado Fernandes

mundocristão

Os textos das referências bíblicas foram extraídos da *Nova Versão Transformadora* (NVT), da Tyndale House Foundation, salvo indicação específica.

CIP-Brasil. Catalogação na publicação
Sindicato Nacional dos Editores de Livros, RJ

P963q

Provan, Iain W. (Iain William), 1957-
O que é ser humano : verdades e mitos sobre quem somos / Iain Provan ; tradução Valéria Lamim Delgado Fernandes. - 1. ed. - São Paulo : Mundo Cristão 2025.
296 p.

Tradução de: Cuckoos in our nest
ISBN 978-65-5988-495-7

1. Cristianismo. 2. Antropologia na religião. 3. Antropologia teológica - Cristianismo. I. Fernandes, Valéria Lamim Delgado. II. Título.

25-99748.0 CDD: 233
CDU: 2-18

Carla Rosa Martins Gonçalves - Bibliotecária - CRB-7/4782

Categoria: Cristianismo e sociedade
1ª edição: Outubro de 2025

Edição
Daniel Faria
Revisão
Ana Luiza Ferreira
Produção
Felipe Marques
Diagramação
Gabrielli Casseta
Colaboração
Guilherme H. Lorenzetti
Capa
Rafael Brum

Publicado no Brasil com todos os direitos reservados por:
Editora Mundo Cristão
Rua Antônio Carlos Tacconi, 69
São Paulo, SP, Brasil
CEP 04810-020
Telefone: (11) 2127-4147
www.mundocristao.com.br

Este livro é dedicado aos meus pais:

Rena Provan (1931–2021)

Bill Provan (1930–2022)

Descansem em paz

SUMÁRIO

Agradecimentos 9
Abreviações 10
Introdução 11

Parte 1: Descobrindo

1. Uma guerra de mitos 19
2. A questão da verdade 23
3. O círculo de confiança 27
4. Confiando na ciência 31
5. Além da ciência 35
6. Questões pessoais 39

Parte 2: Fundamentos

7. No princípio 47
8. Corpos animados 52
9. Pessoas integrais 57
10. Portadores da imagem 63
11. Belos 68
12. Governantes 73
13. Sacerdotes 78
14. Comunhão com Deus 83
15. Comunhão com o próximo 88
16. Homem e mulher 93
17. Caídos 99
18. Salvos 105
19. Esperançosos 110
20. Confessando 115

Parte 3: E ainda

21. Adoração 123
22. Direitos 128
23. Vida 134
24. Morte 139
25. Gênero 144
26. Filhos 150
27. Educação 155
28. Igreja 160
29. Em Cristo 165
30. Trabalho 170
31. Riqueza 175
32. Cuidado com a criação 180
33. Amor 185
34. Política 190
35. Compromisso 195

Parte 4: Corpos estranhos

36. Siga a ciência 203
37. Intuições 209
38. O poder da escolha 214
39. Bagunça 219
40. A ilusão de Deus 224
41. A matéria não importa 229
42. Arte 234
43. Inocência 239
44. Informação 245
45. Sião 250
46. Jerusalém 256
47. Justiça 261
48. Revolução 266
49. Meio ambiente 272

Conclusão 277
Bibliografia selecionada 285
Sobre o autor 295

AGRADECIMENTOS

Vários amigos e familiares ajudaram-me imensamente neste projeto, lendo rascunhos de capítulos ou o livro inteiro: minha esposa, Lynette, e depois Scott e Monica Cousens, Brett Landry, Ed Gerber, David Wood, Eddie Larkman e Jonathan Spainhour. Sou grato a todos eles, mas as advertências comuns se aplicam: sou totalmente responsável pelo produto final.

ABREVIAÇÕES

ANF	*The Ante-Nicene Fathers* (org. Alexander Roberts e James Donaldson)
AYBD	*The Anchor Yale Bible Dictionary* (org. David N. Freedman)
BurM	*The Burlington Magazine*
CCal	*Comentários de Calvino*
CAnth	*Current Anthropology*
DBI	*Dictionary of Biblical Imagery* (org. Leland Ryken, James C. Wilhoit e Tremper Longman III)
EGP	*Ethics & Global Politics*
HBOT	*Hebrew Bible/Old Testament: The History of Its Interpretation* (org. Magne Sæbø)
HN	*Human Nature*
JMem	*Journal of Memetics*
JME	*Journal of Medical Ethics*
JR	*Journal of Religion*
LCC	*Library of Christian Classics*
NIDNTT	*The New International Dictionary of New Testament Theology* (org. Colin Brown)
NPNF	*Nicene and Post-Nicene Fathers*

INTRODUÇÃO

Acho a observação de pássaros tão fascinante
porque nos obriga a decidir o que estamos vendo.
Estou aprimorando minha arte do discernimento.[1]

HENRY NORCROSS

Você vê, mas não observa.[2]

SHERLOCK HOLMES

Ao longo da história da igreja cristã, houve momentos específicos de significativa crise teológica. No século 4, por exemplo, houve um período em que a plena divindade de Jesus Cristo se tornou uma questão de controvérsia, antes de o partido atanasiano derrotar os arianos e a ortodoxia trinitária ser consagrada no Credo de Niceia. No século 16, a questão de como seres humanos pecadores são declarados justos diante de Deus foi amplamente debatida. As diferentes respostas a essa questão contribuíram para um cisma na igreja ocidental, com os protestantes recém-emergentes determinados a defender uma versão bíblica da "justificação pela fé". Em todos esses momentos da história, um número considerável de fiéis, com raízes profundas em seus contextos culturais e confortáveis com suas "normas" de pensamento e prática, demonstrou, pelo menos no início, uma perturbadora tendência de simplesmente "seguir a cultura predominante". Eles fizeram isso porque não conseguiam compreender como sua cultura estava seriamente em conflito com a verdadeira fé cristã ou porque não se importavam.

[1] *Amsterdam*, dirigido por David O. Russell (20th Century Studios, 2022).

[2] Arthur Conan Doyle, "A Scandal in Bohemia", in: *The Adventures of Sherlock Holmes* (1892), <https://etc.usf.edu/lit2go/32/the-adventures-of-sherlockholmes/345/adventure-1-a-scandal-in-bohemia/>, acessado em 26 de fevereiro de 2023.

Os defensores da verdadeira fé "que, de uma vez por todas, foi confiada ao povo santo" (Jd 1.3), muitas vezes se viram participantes de uma minoria — sendo alvos de resistência, de rejeição e de ataques da maioria, até mesmo de seus próprios companheiros de igreja, que os consideravam "perturbadores de Israel" sem razão alguma (1Rs 18.17).[3]

Em minha opinião, a igreja hoje se encontra no meio de outra crise teológica. No entanto, a pergunta urgente agora não é "Quem é Jesus?" ou "Como podemos ser salvos?", mas sim "O que é um ser humano?". Em muitas comunidades que se identificam como "cristãs", mesmo entre pessoas que seriam capazes de dar as respostas corretas às duas primeiras perguntas, não encontramos a mesma clareza em se tratando da terceira. Na verdade, parece que muitos membros da igreja hoje têm uma compreensão bastante *comprometida* do que *seja* uma visão propriamente cristã da pessoa humana e do que isso *significa*. Isso se aplica tanto no nível individual quanto a grupos como lideranças denominacionais e pastorais, conselhos administrativos e docentes de universidades e faculdades teológicas. Quer percebam isso quer não, as visões dessas pessoas e grupos sobre "antropologia" — que é o termo técnico para essa área da teologia — derivam (em parte ou até substancialmente) não das Escrituras cristãs, mas de outras fontes. E, como em "crises" do passado, também neste momento presente aqueles que tentam trazer a igreja de volta à doutrina e à prática corretas sofrem resistência, rejeição e ataques por causa de seus esforços. São caricaturados como meros "conservadores" a quem falta humildade quando afirmam possuir o monopólio da verdade. Alega-se que se encontram "do lado errado da história" no que diz respeito à questão antropológica, e devem ceder lugar aos "progressistas" mais esclarecidos.

Este livro tem por objetivo abordar essa crise teológica. Tenho um público muito específico em mente: espero ajudar leitores que são sérios em sua determinação de seguir a Jesus Cristo a entender como *devem*, sendo cristãos fiéis, responder à pergunta "O que é um ser humano?" e como *devem* viver em consequência disso. Esse é o objetivo que almejo alcançar nos primeiros três quartos do livro. Ao mesmo tempo, quero ajudar a equipar esses cristãos sérios para reconhecerem as raízes não cristãs das ideias poderosas e concorrentes sobre "o ser humano" com as quais deparam todos os dias, tanto na sociedade contemporânea quanto (infelizmente) nas igrejas contemporâneas,

[3] Veja mais em meu livro *1 & 2 Kings*, p. 136-142.

e terem a coragem de rejeitar essas ideias não bíblicas. Pois, especialmente quando já estão envolvidos em uma comunidade cristã, essas ideias fazem mal à fé e à vida cristã. Esse é o foco do último quarto do livro.

O cuco europeu oferece a metáfora que escolhi para descrever essas ideias não bíblicas sobre a humanidade. Essa ave, que migra da África para a Europa toda primavera, é um "parasita de ninho". Em vez de criar seus próprios filhotes, ela se infiltra no ninho de outra ave e substitui um dos ovos por um dos seus. Esse ovo se parece muito com os ovos do hospedeiro, o que dificulta sua identificação. Assim, o hospedeiro cria o filhote do cuco, acreditando ser um dos seus. Infelizmente, o cuco é um assassino desde o momento do nascimento. Ele começa sistematicamente a empurrar os outros ovos ou filhotes para fora do ninho, garantindo que seu próprio canto seja o único ouvido pelos pais adotivos. Depois de assumir o controle do ninho dessa maneira, ele passa a receber toda a atenção dos pais adotivos e, como consequência, cresce até atingir duas ou três vezes o tamanho deles.[4] Em tudo isso, o cuco é "um mestre astuto do desvio de atenção".[5]

Ideias antropológicas não bíblicas são como filhotes de cuco no ninho cristão. Foram introduzidas sorrateiramente por aves cujo hábitat natural é outro. Podem ser difíceis de identificar e, por isso, são facilmente consideradas uma legítima "parte da família". Mas, na realidade, são corpos estranhos em nosso ninho cristão e representam uma ameaça à sobrevivência da família. Se não forem removidas, podem crescer tanto a ponto de dominar todo o hábitat. É isso que falsidades sobre o que significa "ser humano", quando não confrontadas e quando enraizadas em nossos ninhos cristãos, podem causar às nossas igrejas. Podem "desviar-nos" fatalmente do caminho, a tal ponto de a igreja já não ser mais, de fato, a igreja.

Tenho, portanto, um público específico em mente — mas, evidentemente, fico muito feliz que também leiam este livro pessoas que não compartilham (pelo menos, conscientemente) de minhas convicções cristãs. Eu gostaria de pensar que leitores imparciais, externos à fé, possam tirar algum proveito ao se envolverem com meu argumento. Na verdade, gostaria de acreditar que esses leitores talvez percebam, ao longo do caminho, até que ponto já sustentam uma visão cristã da pessoa humana — talvez por serem frutos de uma cristandade que, historicamente, moldou sua própria forma

[4] Discover Wildlife, "Cuckoo Guide".
[5] Woodland Trust, "Cuckoo".

de ver o mundo. Então, a pergunta, sem dúvida, é como alguém pode, de maneira coerente, manter essas visões cristãs sobre o "ser humano" *sem* ser cristão. No entanto, este livro não se dirige principalmente aos meus vizinhos que hoje se encontram fora da igreja. É direcionado, sobretudo, a cristãos sinceros, mas talvez confusos, atribulados e até sobrecarregados.

Então, o que exatamente você encontrará ao ler este livro? Ele está dividido em quatro partes. A Parte 1 prepara o terreno para o que vem a seguir, explorando como qualquer pessoa que deseja chegar a uma resposta confiável pode abordar de forma sensata nossa pergunta central: "O que é um ser humano?". Ela também esboça o que a investigação especificamente *cristã* tem a oferecer, de forma única, nessa busca pela verdade. A Parte 2 apresenta os fundamentos de uma antropologia cristã, e a Parte 3 desenvolve várias implicações de se manter fiel a esses fundamentos. As Partes 1 a 3 concentram-se, portanto, na *verdade* sobre o ser humano, embora, ao fazer isso, também ressaltem algumas das mentiras. Mas é a Parte 4 que *se concentra* nas mentiras. É nela que consideramos explicitamente numerosos "cucos" importantes que tentam entrar, e talvez até já estejam presentes, em nosso ninho cristão. Ou seja, é na Parte 4 que examinamos a fundo a natureza e a origem de algumas ideias antropológicas contemporâneas que não são cristãs. Portanto, só espere encontrar uma linguagem explícita sobre o cuco a partir das últimas páginas da Parte 3.

Todos os capítulos do livro são curtos, e escrevi cada um deles em um estilo que espero ser acessível a um público amplo. Cada capítulo tem por objetivo apresentar um argumento conciso sobre um aspecto de uma antropologia propriamente cristã. A ideia é que você possa ler um capítulo de uma só vez, pôr o livro de lado e refletir sobre seu conteúdo antes de continuar. Se quiser algumas perguntas específicas para refletir ou para apresentar a um grupo de discussão enquanto reflete sobre cada capítulo, você pode encontrá-las em meu site <iainprovan.ca> na página "publications" [publicações]. Tudo isso permite que o livro seja lido individualmente, dia após dia, por leigos interessados, ou semana após semana, como preparação para um grupo de estudo bíblico da igreja, ou até mesmo nesses próprios grupos. Cada capítulo, especialmente nas Partes 2 e 3, também pode ser usado como base para um sermão, e capítulos relacionados em cada uma dessas partes podem ser combinados para esse fim. Os leitores também podem usar o livro de forma eficaz em programas educacionais da igreja. Ele foi, em essência, idealizado como "catequese", com o objetivo de recuperar, em todas as áreas da vida da igreja, uma visão robusta e verdadeiramente cristã do ser humano.

Os leitores não encontrarão neste livro notas de rodapé extensas, nem uma bibliografia volumosa. Isso foi feito de forma intencional para que o livro permanecesse enxuto e direto. As notas existentes têm como principal objetivo oferecer referências muito breves (mas necessárias), tanto bíblicas quanto de outras fontes. Ainda assim, sempre que possível, dei prioridade a materiais ilustrativos interessantes que podem ser facilmente encontrados na internet e não exigem acesso a uma biblioteca. Reconheço que essa decisão traz uma desvantagem. Uma vez que são deliberadamente curtos, meus capítulos não podem fazer mais do que apresentar um mapa relativamente breve (mas, espero, confiável) para guiar o leitor pela paisagem de uma antropologia cristã. É inevitável, portanto, que vários aspectos de cada parte de meu argumento levantem questões em sua mente, e que você queira ajuda adicional para processá-las. Felizmente, escrevi outros inúmeros livros, de caráter acadêmico mais tradicional, que podem ajudá-lo a se aprofundar em muitos dos tópicos discutidos neste livro. A Bibliografia selecionada, ao final, descreve detalhadamente essas outras obras, que contam com notas e bibliografias extensas que irão levá-lo ainda mais longe em tópicos específicos. E as notas de rodapé indicarão quais delas são particularmente relevantes para o assunto abordado em um determinado capítulo. Além disso, para quem se interessar por uma série de vídeos que funcione bem como complemento para este livro, recomendo a série "ReFrame", composta por dez sessões e disponível gratuitamente para download em <www.reframecourse.com>.

Dito isso tudo, vamos começar!

PARTE 1

DESCOBRINDO

1

UMA GUERRA DE MITOS

Portanto, vistam toda a armadura de Deus,
para que possam resistir ao inimigo no tempo do mal.
Então, depois da batalha, vocês continuarão de pé e firmes.
Assim, mantenham sua posição, colocando o cinto da verdade.
EFÉSIOS 6.13-14

Em meados de 2020, bem no olho do furacão da COVID-19, Anuja Sonalker — CEO de uma empresa sediada em Maryland que comercializa tecnologia de estacionamento automático — expressou a seguinte opinião sobre a natureza humana: "Os humanos são riscos biológicos".[1] Ela disse isso com entusiasmo ao falar sobre máquinas sem contato e sem a presença humana: "Os humanos são riscos biológicos, as máquinas não".[2] Em outras palavras, sua visão do ser humano está totalmente ligada a uma visão mais ampla de sociedade. Nessa visão, máquinas livres de vários tipos de limitações humanas desempenharão alegremente um papel cada vez mais central no modo como o mundo funciona. A sra. Sonalker é apenas uma entre muitas pessoas influentes que atualmente esperam criar, no futuro, sociedades muito diferentes daquelas às quais estamos acostumados. Nessas sociedades, os "problemas" criados por nossa corporeidade serão progressivamente superados por tecnologias avançadas, sobretudo a inteligência artificial. Os agentes responsáveis por essas mudanças serão (e já são) alianças sem precedentes entre gigantes globais da tecnologia e diversos níveis de governo. Juntos, esses "salvadores" tornarão a vida

[1] Sobre o conteúdo deste capítulo, veja mais em meu livro *Seriously Dangerous Religion*, p. 1-20, que reflete sobre a natureza controversa da realidade e as "histórias" que as pessoas contam sobre ela.

[2] Klein, "Screen New Deal".

melhor com o objetivo de manter-nos "seguros" (a nova palavra favorita de nossos políticos ocidentais).

Mas o que significa "melhor"? Como se está medindo esse "melhor"? Basta um instante de reflexão para perceber que todos esses salvadores estão medindo o que é "melhor" com base em convicções profundas (ainda que muitas vezes não expressas) sobre o que é essencialmente humano. Mas será que é *de fato* melhor que os seres humanos reduzam drasticamente o contato físico em todas as esferas da vida, desde compras e serviços bancários à saúde e à educação, estendendo-se à governança e tudo o mais? Como — e por que — isso seria realmente melhor para nós, como indivíduos e como comunidades?

Esse mesmo interesse em transcender nossas limitações corporais também está presente entre aquelas pessoas influentes e ricas ao redor do mundo que atualmente promovem o "transgenerismo". O objetivo delas é afastar-nos de uma compreensão "dimórfica" tradicional do sexo — ou seja, de que os seres humanos são masculinos ou femininos — em direção a uma ideia bem diferente. Essa nova ideia afirma que "quem realmente somos" não tem, necessariamente, muita ou nenhuma relação com nossa biologia. Seria, na verdade, perfeitamente possível (afirmam elas) nascer no "corpo errado". Isso abre espaço, então, para a criação de identidades sexuais sintéticas por meio de medicamentos e cirurgias. Os indivíduos decidem por si mesmos que tipo de corpo preferem ter, de acordo com suas intuições e sentimentos sobre seu "verdadeiro" eu, ou, talvez, simplesmente por uma escolha arbitrária.

Considere, por exemplo, o papel da família Pritzker — uma das mais ricas dos Estados Unidos, com grande influência social e política no país e no exterior — na promoção dessa agenda. Jennifer (nascida James) Pritzker tem usado a Tawani Foundation, fundada pela própria família, para ajudar a financiar várias instituições que apoiam essa nova ideia, incluindo a World Professional Association of Transgender Health [Associação Profissional Mundial para a Saúde de Pessoas Transgênero].[3] Em 2021, outro membro da família, o governador de Illinois J. B. Pritzker, sancionou uma lei de educação sexual para todas as escolas públicas do estado, introduzindo essa nova ideia no currículo até mesmo para crianças pequenas. Esse currículo estabelece, por exemplo, que, ao final do segundo ano do ensino fundamental, os alunos

[3] Bilek, "The Billionaire Family".

devem ser capazes de "definir gênero, identidade de gênero e estereótipos de papéis de gênero" e "discutir as diversas formas pelas quais as pessoas expressam seu gênero e como os estereótipos de papéis de gênero podem limitar comportamentos". Ao final do quinto ano, devem ser capazes de "distinguir entre sexo atribuído no nascimento e identidade de gênero, e explicar como essas coisas podem ou não ser diferentes".[4]

Aqui, mais uma vez, uma visão particular da condição de ser humano está totalmente ligada a uma visão mais ampla da sociedade. Nesse caso, inclui uma ideia clara sobre o conteúdo apropriado dos currículos escolares. O ser humano, segundo essa visão, é um espírito imaterial que, por acaso, possui um corpo — um corpo que pode ou não ser considerado satisfatório pelo dono de seu espírito. Como uma peça de roupa, esse corpo físico pode (e deve) ser descartado na busca pela autenticidade pessoal. Com a ajuda da tecnologia, uma nova "moda" pode (e deve) ser escolhida. E então, tudo será "melhor".

Mas será mesmo verdade que os seres humanos são, em essência, espíritos apenas revestidos de uma fisicalidade que pode ser facilmente descartada? Quem afirma isso, e como essa pessoa sabe? Certamente *deveríamos* querer *saber*. Pois, se as pessoas que fazem essa afirmação estiverem erradas, então o restante de nós — ao simplesmente acolher o que elas sentem sobre esse assunto — estará deixando completamente de zelar por seus verdadeiros interesses. Nesse caso, certamente não estaremos participando da construção de algo "melhor." Na realidade, estaremos tornando tudo muito pior ao somar à angústia mental preexistente de uma pessoa a mutilação de seu corpo, a infertilidade e uma dependência vitalícia de medicamentos.

As apostas são altas, portanto, quando se trata da pergunta que está no cerne deste livro: O que é um ser humano? A resposta que damos a essa pergunta *importa*. Ela importa *individualmente*, influenciando como me vejo, o que aceito fazer comigo mesmo ou permitir que façam comigo, as metas que estabeleço para mim e assim por diante. Ela também importa *comunalmente*, influenciando como vejo e trato outras pessoas, que tipo de sociedade estou tentando ajudar a construir e assim por diante. Na verdade, a resposta a essa pergunta sobre a condição de ser humano afeta tudo o mais que é importante na vida.

[4] Bilek, "The Billionaire Family".

É surpreendente, portanto, que a maioria das pessoas não dedique muito tempo a refletir sobre o que significa ser humano. Elas parecem acreditar que "isso é simplesmente óbvio". Mas, na verdade, não é nada óbvio. A realidade é que essa questão sempre foi — e continua a ser — *objeto de disputa*. Quer percebamos quer não, estamos todos envolvidos, o tempo todo, no que um autor chamou de "uma guerra de mitos".[5] Ele não usa "mito" no sentido de algo falso. Pelo contrário, neste contexto, "mito" se refere a grandes ideias — afirmações de verdade — sobre a realidade. Estamos todos envolvidos, o tempo todo, em uma batalha entre ideias sobre a realidade que competem entre si — por exemplo, como pensar sobre a doença ("seres humanos são riscos biológicos") ou sobre sexo e gênero ("podemos escolher o que ser"). E é fundamental que *decidamos* no que acreditar a respeito da realidade, incluindo a realidade de nossa condição de ser humano, e que sejamos claros sobre os *motivos* dessa escolha. Caso contrário, passaremos pela vida marchando inconscientemente ao ritmo do tambor de outra pessoa. Nós nos veremos levando a vida não examinada que, segundo um antigo filósofo, não *vale a pena* ser vivida. E isso trará, inevitavelmente, consequências significativas.

Este é um livro que apresenta um argumento específico, no calor da atual guerra de "mitos", sobre a natureza de nossa humanidade. Eu gostaria de convencê-lo de que uma forma em particular de pensar sobre nossa condição de ser humano é verdadeira, e exortá-lo a assumir sua "posição" nessa verdade, vestindo "toda a armadura de Deus" para a batalha (Ef 6.13-14). Mas, como certa vez perguntou, de forma célebre, um antigo burocrata romano: "Que é a verdade?".

[5] Myers, *Binding the Strong Man*, p. 14-20.

2

A QUESTÃO DA VERDADE

Que é a verdade?

João 18.38

O homem em questão era Pôncio Pilatos, e suas palavras estão registradas no Evangelho de João, no Novo Testamento das Escrituras cristãs. "Todos que amam a verdade ouvem minha voz", diz-lhe Jesus de Nazaré.[1] "Que é a verdade?", pergunta Pilatos (Jo 18.38). Talvez a pergunta seja cética, revelando que Pilatos não acredita na existência da "verdade". Talvez seja uma pergunta genuína: entre as várias afirmações feitas sobre a verdade, quais são, de fato, verdadeiras? Em ambos os casos, a pergunta de Pilatos não é apenas antiga, mas também muito atual.

Em primeiro lugar, para muitas pessoas hoje, alegadamente, não existe tal coisa como a verdade no singular — o que chamarei agora de Verdade (com V maiúsculo). Pelo menos, é o que elas *dizem*. "Acreditamos apenas em verdades no plural" — sua verdade, minha verdade e assim por diante. Isso se tornou uma forma comum de falar em nossa cultura global, e a encontramos em todos os lugares. Um exemplo bem famoso é a entrevista de Oprah Winfrey, em 2021, com Harry e Meghan, o duque e a duquesa de Sussex. Nessa entrevista, Oprah convida Meghan a "falar sua verdade" sobre a vida na família real britânica. Ao que parece, Meghan é uma grande fã da psicóloga social norte-americana Brené Brown, que incentiva seus seguidores a "entrarem na própria história e assumirem a verdade deles". A própria filosofia de vida de Meghan reflete esse engajamento. Como ela diz à Oprah na entrevista: "A vida tem a ver com contar histórias, certo? Tem a ver com as histórias que contamos a nós mesmos e com aquilo que aceitamos como verdadeiro".

[1] Sobre o conteúdo deste capítulo, veja mais em meu livro *Seriously Dangerous Religion*, p. 347-377, que reflete sobre a questão da verdade.

Então, as pessoas muitas vezes *falam* hoje de maneiras que sugerem não acreditarem na Verdade. Sem dúvida, se isso é por si só, de fato, Verdade é uma questão completamente diferente. Sob acusações falsas de um crime, nem mesmo pessoas completamente pós-modernas, em geral, exclamam: "Mas essa não é a minha verdade". Elas ainda gritam: "Isso não é, de fato (objetivamente), Verdade". E, de maneira geral, pessoas sensatas tendem a prestar muita atenção na forma factual da realidade — sua natureza de Verdade — ao conduzir a própria vida. Elas sabem que, se não fizerem isso, a realidade as prejudicará. No final das contas, um penhasco é um penhasco, e dar um passo para fora da beirada dele não terminará bem para você, não importa o que sua própria "história" lhe diga sobre isso. O fogo é fogo, e, seja qual for "sua verdade", pôr a mão na chama geralmente causará uma lesão. Na verdade, todos sabem que o que Meghan está, de fato, fazendo nessa entrevista com Oprah, quando supostamente está "falando sua verdade", é fazer afirmações sobre *a* Verdade e, ao mesmo tempo, implicar fortemente que outras pessoas estão mentindo.

Portanto, há uma considerável autoilusão nessa mentalidade contemporânea sobre a verdade. E, necessariamente, trata-se de uma autoilusão *seletiva*, porque você só pode sustentar esse modo de encarar a vida até certo ponto — antes de se chocar, dolorosamente, com a realidade dura como pedra. Na Verdade, é preciso ter considerável poder, dinheiro e proteção até mesmo para prolongar essa tentativa. Esses são, aliás, os meios comuns pelos quais as pessoas adiam o momento em que a realidade se impõe de forma dolorosa na vida delas.

O que quero dizer é que as pessoas *realmente* acreditam na Verdade objetiva, não importa o que digam. Às vezes, simplesmente escolhem ignorar parte dela — e, por fim, sempre acabam por pagar o preço por isso. E, em seguida, recorrem à linguagem da "minha verdade, sua verdade" para que ninguém possa perturbar sua "narrativa" com amolações como argumentos e evidências. Em outras palavras, no fim das contas, essa visão "pós-moderna" da verdade é apenas uma estratégia engenhosa que visa eliminar qualquer possibilidade de que você perceba que está enganado e que precisa mudar de ideia. Ela tem por objetivo evitar que você descubra que a "história que está contando a si mesmo" é falsa — ou, pelo menos, apenas parcialmente verdadeira.

Talvez, então, a pergunta de Pilatos, e sua versão moderna, seja mais uma afirmação velada do que uma pergunta propriamente dita — uma afirmação na qual, no fim, ninguém Verdadeiramente (!) acredita. Mas talvez, em segundo lugar, seja uma pergunta mais *genuína*: entre as várias alegações feitas sobre a Verdade, quais são de fato Verdadeiras, e como eu poderia *saber* que é esse o caso? Acredito que exista algo como a Verdade (eu poderia afirmar), e estou comprometido em alcançá-la. Mas como posso estar razoavelmente certo de que a alcancei?

Talvez Pilatos tenha tido mais facilidade do que nós em se tratando dessa questão tão importante, porque vivia em um mundo mais simples. Nós vivemos, dizem agora, em um mundo marcado pela política da pós-verdade (ou da pós-realidade, ou ainda pós-factual). É um mundo movido por ciclos de notícias ininterruptos que dominam tanto os meios de comunicação tradicionais quanto as redes sociais. E esses ciclos de notícias são veiculados de formas que cobrem um espectro amplo: desde o que é verdadeiro, passando por informações bastante tendenciosas, até chegar a notícias completamente falsas. O apelo central da política da pós-verdade não está, na realidade, nos fatos, mas na emoção. Se for suficientemente estimulada, a emoção resistirá a qualquer refutação baseada em fatos. Os fatos deixarão de importar, e até mesmo os especialistas que falam sobre eles deixarão de importar.

Isso não se aplica apenas à política. O mesmo tipo de apelo é fundamental para a publicidade moderna em geral. É por isso que as imagens na TV ou na tela do computador mostram filhotes de cachorro saltitando de um lado para o outro mesmo enquanto a narração no comercial descreve as centenas de formas pelas quais o medicamento anunciado pode lhe causar danos. Os publicitários querem que você se lembre dos filhotes, não das palavras — que evoque os sentimentos, não os fatos. E isso funciona. Caso contrário, as empresas não investiriam somas enormes de dinheiro em orçamentos de publicidade.

O que a pessoa que busca a Verdade deve *fazer* em um mundo como este? Como devemos proceder? Precisamos refletir cuidadosamente sobre essa questão. Pois as consequências de um passo em falso aqui podem ser sérias — muito mais sérias do que o simples incômodo de acabar com um produto insatisfatório comprado por influência de um comercial de TV.

A importância da reflexão cuidadosa é bem ilustrada pelo caso conhecido como "Pizzagate", em 2016. Essa história teve início com uma alegação falsa, mas amplamente divulgada nas redes sociais, sobre os e-mails de John Podesta, chefe de campanha de Hillary Clinton na eleição presidencial dos

Estados Unidos daquele ano. A acusação alegava que esses e-mails continham mensagens codificadas que vinculavam vários membros do alto escalão do Partido Democrata e alguns restaurantes a uma rede de tráfico humano e de exploração sexual infantil. Um dos estabelecimentos envolvidos era a pizzaria Comet Ping Pong, em Washington, DC. Estou certo de que todos concordamos que pessoas de bom senso devem se opor categoricamente ao tráfico de pessoas e às redes de exploração sexual infantil. Certamente, era nisso que acreditava Maddison Welch, um homem de 28 anos da Carolina do Norte. Assim, em dezembro de 2016, ele dirigiu até Washington, entrou na pizzaria Comet Ping Pong e disparou três tiros de fuzil que atingiram as paredes do restaurante, um balcão e uma porta. Welch havia lido na internet que o local mantinha crianças escravizadas sexualmente em um porão, e queria resgatá-las. Ao descobrir que, na realidade, a Comet Ping Pong nem possuía um porão, ele reconheceu que "as informações não eram 100% precisas", o que, convenhamos, é dizer o mínimo! "Eu só queria fazer o bem, mas fui pelo caminho errado", declarou.[2] Nesse caso, as consequências desse "caminho errado" foram terríveis para esse jovem pai de duas filhas, educado e de fala mansa, cujo coração se partiu "só de pensar no sofrimento de pessoas inocentes". Ele cumpriu quatro anos de prisão.

Neste mundo de sobrecarga de informações e de desinformações, em que as apostas no jogo da vida são altíssimas, como devem proceder os que buscam a Verdade? Os próximos quatro capítulos refletem sobre essa questão que os filósofos chamam de "epistemologia". Neles, proponho que a pergunta fundamental que precisamos fazer é a seguinte: "Quem devo admitir em meu círculo de confiança e por quê?". Discuto também várias fontes de conhecimento, incluindo a ciência, até chegar à importância fundamental de confiar em Jesus Cristo e nas Sagradas Escrituras que ele nos deixou. Acredito que esses próximos capítulos serão importantes para muitos leitores. Mas, dentro de um público mais amplo, como o que este livro procura alcançar, talvez alguns de vocês sintam que já têm uma boa noção de *como* devemos abordar o conhecimento em geral. Se for o caso — e se estiverem ansiosos para chegar logo *ao que* as Escrituras Sagradas dizem sobre o que significa "ser humano" —, sintam-se à vontade para avançar para o capítulo 7. Vocês sempre poderão retornar aos capítulos 3 a 6 mais tarde, antes de começar a Parte 4.

[2] Goldman, "The Comet Ping Pong Gunman".

3

O CÍRCULO DE CONFIANÇA

Alguns povos confiam em carros de guerra,
outros, em cavalos.

SALMOS 20.7

Entre as várias alegações feitas sobre a Verdade (que agora chamaremos apenas de "verdade" em seu uso comum), como podemos saber quais são realmente verdadeiras?[1] Cometer erros parece tão fácil até mesmo para pessoas sinceras e atenciosas que estão comprometidas em conhecer a verdade e viver por ela. Então, como devemos proceder? A melhor resposta a essa questão está fundamentada na ideia de "círculo de confiança" — expressão que tomo emprestada do filme de comédia *Entrando numa fria* (2000). Essa expressão é útil porque enfatiza o papel da *comunidade* em nosso processo de conhecimento, não apenas o do *indivíduo*.

É óbvio que somos capazes, individualmente, de discernir *alguma* verdade de forma direta por meio de nossos sentidos (por exemplo, visão e audição) e sem a ajuda de outra pessoa. Vemos, ouvimos, tocamos, cheiramos e saboreamos coisas, e, nesses sentidos, adquirimos uma quantidade considerável de conhecimento direto sobre a realidade. E, na maioria dos casos, *confiamos* nas percepções do mundo que acumulamos dessa forma. Dificilmente poderíamos agir de outra maneira e, ainda assim, funcionar no mundo. Embora saibamos que às vezes podemos cometer erros — que, por diversas razões, podemos perceber algo de forma equivocada —, em geral tendemos a confiar em nossos sentidos.

Mas, *se formos sábios*, também recorreremos a outras pessoas para confirmar se estamos percebendo a realidade corretamente. Você viu isso? Ouviu

[1] Sobre o conteúdo deste capítulo, veja mais em nosso *A Biblical History of Israel*, p. 38-58, que desenvolve o papel da confiança na aquisição de conhecimento.

aquilo? Estou entendendo as coisas da maneira certa? E esse é, sem dúvida, um dos principais aspectos em que grande parte da cultura predominante *não* é muito sábia. Pois ela enfatiza *fortemente* a ideia de "manter-se fiel às suas próprias convicções pessoais". Demonstra uma enorme confiança, na verdade, na introspecção e na intuição individuais como guias praticamente infalíveis para o que é verdadeiro. Isso é um grande erro. A busca pela verdade exige humildade — um equilíbrio razoável entre autoconfiança e dúvida sobre si mesmo. Se formos sábios, não confiaremos inteiramente em nós mesmos. Recorreremos também aos outros e confiaremos *neles*.

Na verdade, grande parte do que pensamos saber como verdadeiro vem de outras pessoas. Não vem de nossas próprias percepções e experiências. O livro *Testimony* [Testemunho], do filósofo australiano Tony Coady, sustenta essa ideia de forma admirável. Coady mostra que "nossa confiança na palavra dos outros é fundamental para a própria ideia de atividade cognitiva séria".[2] Ele argumenta que "um compromisso amplo em confiar nos relatos de outras pessoas [é, na verdade,] uma condição prévia para compreender aquilo que elas dizem".[3] Dependemos amplamente do testemunho [alheio] para adquirir conhecimento, não apenas na infância, mas também na vida adulta — e não só de formas óbvias (como em processos legais), mas, *em geral*, na vida diária. Por exemplo: como turistas, quando recorremos a um mapa para nos orientar em uma cidade estrangeira, estamos confiando no testemunho de quem já percorreu aquelas ruas antes. Quando psicólogos aceitam o que seus pacientes relatam sobre suas percepções da realidade, ou quando cientistas, de modo mais geral, se baseiam nas afirmações de seus colegas sobre os resultados de suas pesquisas, eles também estão confiando em testemunhos. Em suma, em se tratando do que chamamos de conhecimento, somos intelectualmente dependentes, em grande medida, do que outras pessoas nos dizem. E isso é verdade, quer tenhamos consciência disso quer não.

Conhecemos a verdade na medida em que a conhecemos de fato, principalmente por meio do *testemunho* de outras pessoas. E isso faz da confiança a questão *central* para quem busca a verdade. Em quem devemos confiar e por quê? Quais pessoas vamos admitir em nosso círculo de confiança e por quais razões? E quais vamos *excluir* desse círculo?

[2] Coady, *Testimony*, p. vii.
[3] Coady, *Testimony*, p. 176.

Alguns dos candidatos mais óbvios à inclusão, no primeiro exemplo, são nossos pais e outros membros próximos da família. Cada um de nós já acredita em muitas coisas como verdadeiras, principalmente por causa do que ouvimos de pessoas de nossa família próxima. Nossa própria sobrevivência, quando éramos crianças pequenas, antes dependia, na verdade, de confiar absolutamente no que nossos pais nos diziam (como, por exemplo, os efeitos negativos de pôr um dedo em uma tomada elétrica). É perfeitamente sensato continuar, à medida que crescemos, a levar a sério o que dizem nossos familiares próximos — se continuarmos convencidos de que eles são, em geral, pessoas sinceras que têm em mente o que é melhor para nós.

Isso não significa, é claro, que eles estarão sempre certos, nem mesmo que serão sempre honestos. É por isso que, à medida que crescemos, também precisamos desenvolver uma reflexão crítica equilibrada. Para muitos de nós, esse processo reflexivo começa quando encontramos professores em quem confiamos na escola e no ensino superior. É com base no que eles nos ensinam que começamos a desenvolver o contexto mais amplo no qual os ensinamentos de nossos pais podem ser avaliados e reavaliados. É nesse ambiente educacional mais abrangente que começamos a perceber que, embora nossos pais saibam muito sobre certos assuntos (por exemplo, que tipos de pessoas podem ser perigosas), talvez não sejam as fontes mais confiáveis em se tratando de outras questões (por exemplo, física nuclear). Na medida em que nossos professores são bem formados e competentes em suas áreas, certamente aprendemos verdades com eles — verdades que talvez nunca tivéssemos encontrado antes.

Mas isso levanta a questão importante do *know-how*. Ao fazer perguntas sobre a verdade, é sempre uma boa ideia considerar este ponto: há boas razões para acreditar que a pessoa que está se comunicando comigo agora sabe do que está falando? Por exemplo, nossos professores estudaram suas disciplinas em uma boa escola ou universidade que atestou o *know-how* deles? Ou há razões para pensar que, pelo menos em alguns aspectos, a formação deles tenha sido muito fraca — restrita, doutrinária, limitada? Sem dúvida, o *caráter* também entra em questão, pois um professor pode ser bem instruído, mas estar mais interessado em doutrinar do que em educar os alunos. Podemos, sim, confiar na *formação* de um professor, mas não em sua *prática educativa*.

Know-how e caráter são extremamente importantes em se tratando da questão de confiança. São importantes nas relações com familiares e professores, e também naquilo que ouvimos dos diversos meios de comunicação. Será que os jornalistas, por exemplo, têm altos padrões de integridade pessoal e buscam apresentar um relato justo e equilibrado do tema que estão abordando? Trabalham sob a supervisão de editores que os desafiam em seus pontos cegos, preconceitos e agendas pessoais? Se a resposta for sim, então são dignos de fazer parte de nosso círculo de confiança. Uma imprensa livre e responsável é um recurso inestimável para descobrirmos a verdade sobre o mundo. É claro que, em uma sociedade pós-verdade, pode não ser fácil encontrar, na prática, uma imprensa que seja livre e, ao mesmo tempo, responsável.

Resumindo até aqui a questão de como adquirimos um conhecimento seguro acerca da realidade — a questão da epistemologia: conhecemos a verdade, principalmente, por meio do *testemunho* de outras pessoas. Algumas dessas pessoas são pais, professores e jornalistas; outras, como veremos no próximo capítulo, são cientistas.

4

CONFIANDO NA CIÊNCIA

Os céus proclamam a glória de Deus;
o firmamento demonstra a habilidade de suas mãos.

SALMOS 19.1

Na sociedade moderna, as pessoas geralmente depositam um alto grau de confiança nos cientistas como um grupo de pessoas e também no conjunto de coisas que eles têm a dizer (a abstração chamada "ciência").[1] Essa confiança se evidencia, por exemplo, na forma como os governos, durante a pandemia da COVID-19, frequentemente exortaram suas populações a "seguir a ciência". Para muitas pessoas hoje, é a ciência que de fato oferece o principal parâmetro a partir do qual devemos avaliar as alegações de outras autoridades — pais, professores e assim por diante. É a ciência que deve aferir o valor do que eles dizem. Isso porque a ciência é amplamente considerada como a fonte por excelência do tipo de verdade objetiva que nos permite superar a ignorância humana, os preconceitos, as limitações e as ideologias. Por isso, afirma-se, devemos depositar enorme confiança naqueles que possuem esse tipo de *know-how* — seja nas ciências físicas, médicas, sociais ou quaisquer outras.

Esse não é um conselho ruim. Suponha que as descobertas de um cientista tenham sido confirmadas por outros cientistas, tendo passado com sucesso pelo processo de "revisão por pares". Suponha também que essas descobertas tenham se tornado amplamente reconhecidas como verdade entre pessoas com conhecimentos especializados na área em questão. Nesse caso, seria sensato ouvirmos com atenção o que os cientistas têm a dizer.

[1] Como no capítulo 3, veja mais sobre o conteúdo do presente capítulo em nosso *A Biblical History of Israel*, p. 38-58, que desenvolve o papel da confiança na aquisição de conhecimento.

Normalmente, ouvimos, *sim*, com atenção o que eles dizem, *mesmo em* uma sociedade pós-verdade. Por exemplo, se a ciência sugere que, ao pular de um penhasco alto, é quase certo que cairei rapidamente até a morte nas águas lá embaixo, mas a velha tia Agnes, que abandonou a escola aos quinze anos, insiste que flutuarei e sobreviverei, se tão somente beber sua poção mágica, a maioria das pessoas não dará ouvidos à tia Agnes.

É claro que cientistas, individualmente, podem cometer erros e até mesmo mentir. No entanto, a própria ciência geralmente descobrirá isso com relativa rapidez. Um grupo inteiro de cientistas pode mentir ou não perceber toda a verdade por causa de pressões financeiras ou políticas — mas, normalmente, a própria ciência também acabará por expor *essas* pessoas. Isso ocorre, em parte, porque os cientistas realmente gostam de demonstrar como outros cientistas falharam e como suas próprias teorias científicas são muito melhores. Isso faz parte da dinâmica interna da profissão, por meio da qual todos superamos o erro (e até mesmo a maldade) e avançamos mais profundamente na verdade das coisas.

É por isso que, em geral, devemos ser céticos em relação a teorias de conspiração globais de grande escala envolvendo a "ciência". A ciência pode não ser perfeita, e alguns cientistas podem não ser muito competentes ou honestos. Às vezes, surgem questões como a mudança climática ou a transmissão de vírus que são incrivelmente complexas, e grupos respeitáveis de cientistas podem, legitimamente, discordar entre si a respeito delas, pelo menos por algum tempo. Mas, se começarmos a desconfiar da ciência *como tal*, estaremos dando as costas a um conjunto de conhecimento que é, muito provavelmente, em grande parte verdadeiro, e que nos ajuda (entre outras coisas) a saber como responder à velha tia Agnes e a nos salvar de uma morte quase certa. Se começarmos a desconfiar da ciência *como tal*, deixaremos de ter um parâmetro mais amplo e geralmente confiável com o qual medir toda uma gama de tipos específicos de afirmações sobre a verdade.

A ciência merece nossa confiança nos domínios de nossa existência sobre os quais ela pode, legitimamente, nos oferecer conhecimento. Ela, sem dúvida, merece ter mais peso nessas áreas do que outras fontes de informação. O professor Richard Dawkins seria, em geral, uma fonte mais confiável sobre biologia do que a Wikipédia, por exemplo? Sem dúvida — a menos que a página da Wikipédia seja de altíssimo nível, incorporando o trabalho de Dawkins (por exemplo) em uma discussão mais ampla entre biólogos sobre determinado tema. Um bacharel em nutrição deveria ser mais confiável nessa área do que um blogueiro sem formação sólida no assunto? Claro que sim! Falando de forma mais ampla, deveríamos, em princípio, confiar muito mais em livros e ensaios científicos revisados por pares (incluindo temas como história, por exemplo) do que em qualquer coisa que lemos na internet ou encontramos nas redes sociais? *Deveríamos* — a menos que a pessoa que escreve ou publica na internet *também* esteja trabalhando, significativamente, sob os critérios rigorosos de um processo de revisão por pares que se mantenha íntegro. Em suma, os cientistas merecem um lugar dentro do círculo de confiança.

Ainda não encerramos completamente a discussão sobre essa questão fundamental do testemunho e da confiança, mas eu gostaria de fazer uma pausa aqui para considerar o que acredito serem os méritos da abordagem de busca pela verdade que estou defendendo. Parece-me que essa abordagem nos oferece a melhor possibilidade de nos encontrarmos em posse de todos os tipos de verdade e, ao mesmo tempo, livres de falsidades. Pois, dentro de um círculo de confiança construído com inteligência, deveríamos ser capazes de chegar a julgamentos sólidos sobre questões tão importantes como caráter, competência e *know-how*. Nós mesmos conheceremos as pessoas que estão fazendo as afirmações de verdade, elas nos terão sido "recomendadas" por outras em quem temos boas razões para confiar (por meio de processos como a revisão por pares) ou estaremos satisfeitos com o fato de que existem outras restrições significativas impostas a elas que provavelmente limitarão sua incompetência, mendacidade e assim por diante.

Tudo isso nos oferece uma base sólida para lidar com todas as outras pessoas com as quais deparamos fazendo afirmações de verdade — especialmente aquelas nas redes sociais e na internet de modo geral. Não estou me referindo aqui às vastas áreas desse mundo virtual que são meramente impessoais, câmaras de eco construídas algoritmicamente por megacorporações que buscam manter nossos olhos grudados nas telas e monopolizar nossa atenção para obter lucro.[2] Estou me referindo a pessoas reais interessadas em comunicar a verdade. No entanto, independentemente das intenções delas, o problema é que, quando prestamos atenção total em suas alegações, muitas vezes se torna claro que lhes falta algum tipo de *know-how* para se pronunciar sobre o assunto em questão. Muitas vezes, não há uma boa razão para acreditar que saibam do que estão falando. Muitas

[2] Estou tomando emprestada aqui uma expressão de meu amigo Brett Landry.

vezes, não há evidências de que as afirmações feitas estejam fundamentadas em fontes primárias cuidadosamente examinadas antes que se chegassem a decisões ponderadas a respeito delas. Muitas vezes, não há indícios de que estejam até *relatando* algo em primeira mão e de forma cuidadosa, em vez de simplesmente repassar boatos e insinuações. Por isso, é sensato abordarmos com um saudável grau de ceticismo esse mundo virtual caótico, repleto de desconhecidos com conhecimento e experiência limitados. É prudente confrontarmos essas alegações de verdade com a verdade que, por boas razões, acreditamos já conhecer de forma segura. *Não* deveríamos admitir com facilidade essas pessoas desse mundo virtual caótico em nosso círculo de confiança.

E assim, conhecendo e acreditando na ciência que me diz que o mundo tem, por natureza, uma forma esférica, hesitarei antes de aceitar qualquer alegação na internet de que o mundo, na verdade, é plano, não importa quantas personalidades do esporte afirmem isso. E, ao deparar nas redes sociais com a ideia de que os e-mails de certo político conectam vários restaurantes a redes de tráfico humano e de exploração sexual infantil, procurarei obter acesso direto a esses e-mails, consultarei revistas e jornais sérios como fontes secundárias para ver o que estão dizendo sobre o assunto e discutirei o que penso com familiares e amigos confiáveis. Farei tudo isso e refletirei seriamente a respeito, antes de entrar em minha caminhonete com uma arma e dirigir até Washington.

5

ALÉM DA CIÊNCIA

Disse a mim mesmo: "Serei sábio", mas não adiantou.
A sabedoria está sempre distante e é difícil de encontrar.

ECLESIASTES 7.23-24

À medida que continuamos a refletir sobre como alcançar um conhecimento seguro — e antes mesmo de chegarmos à questão da antropologia cristã propriamente dita —, ainda há algo a ser dito sobre a ciência.[1] É o seguinte: a ciência só pode nos revelar *certos tipos* de verdades. Isso é importante e deveria influenciar o tipo de confiança que depositamos nela. Confiar em Richard Dawkins como biólogo, por exemplo, é uma coisa; confiar nele como filósofo — uma área na qual ele não tem *know-how* — é outra bem diferente.[2] Esse ponto fundamental não é bem compreendido, por isso vale a pena dedicar algum tempo a ele.

Certa vez ouvi Denis Alexander, na época diretor do The Faraday Institute for Science and Religion [Instituto Faraday de Ciência e Religião], em Cambridge, definir de forma prática a ciência moderna da seguinte maneira: "Ciência é um esforço organizado para explicar as propriedades do mundo físico por meio de teorias empiricamente examináveis, construídas por uma comunidade de pesquisa treinada em técnicas especializadas". Percebemos aqui que a ciência possui seu próprio domínio: o "mundo físico". Ela também tem um foco particular de interesse: "as propriedades do mundo físico". E tem seu próprio método: "teorias empiricamente examináveis." A ciência busca formular generalizações sobre as propriedades do mundo

[1] Sobre o conteúdo deste capítulo, veja mais em meu livro *Seriously Dangerous Religion*. Ao longo desse volume, dialogo com diversos filósofos e mestres religiosos que afirmam falar com veracidade sobre o reino metafísico.

[2] Dawkins, *God Delusion*.

físico por meio de hipóteses que possam ser testadas no âmbito do discurso público. Seu interesse está naquilo que é publicamente observável, repetível e publicável em revistas científicas com revisão por pares. Como tal, a ciência é uma iniciativa que busca a verdade, empenhada em dissipar equívocos e corrigir erros que dificultam uma compreensão precisa de vários tipos de realidade física. No entanto, ela é estruturada para descobrir *apenas certos tipos de verdade*: aquelas que dizem respeito às "propriedades do mundo físico". Estritamente como ciência, não foi concebida para tratar (e não é capaz de tratar) de outras questões importantes. Certamente, não pode abordar de forma adequada questões de maior propósito, valor e significado. Essas realidades não fazem parte de seu domínio.

Uma ilustração pode ajudar a esclarecer o ponto. Considere as diversas maneiras pelas quais é possível mapear um país como a França. Podemos criar um mapa político que identifique suas várias regiões. Ou podemos desenhar um mapa que enfatize características topográficas como montanhas, colinas, vales e lagos, e forneça sua altitude em relação ao nível do mar. Ou ainda podemos priorizar redes de transporte, como estradas e ferrovias. Cada um desses mapas, com sua própria linguagem, símbolos, metáforas e, de fato, cores, nos revelaria parte da verdade sobre a França. Mas a escolha do mapa em uma ocasião específica dependeria do tipo de compreensão que estaríamos buscando com o exercício. Cada mapa fornece informações úteis — mas não o mesmo *tipo* de informação que os outros.

Voltando à ciência e ao que está além dela: considere, de forma geral, o que a ciência moderna nos diz sobre as origens físicas do mundo em que vivemos e sobre as origens físicas dos próprios seres humanos. Ela propõe que o universo em que vivemos é muito antigo, tendo se originado de um *Big Bang* ocorrido há cerca de 13,75 bilhões de anos, após o qual as galáxias começaram a se formar. Cerca de 4,57 bilhões de anos atrás, nosso próprio Sol surgiu, seguido logo depois pela Terra. À medida que nosso planeta esfriava, nuvens se formaram, a chuva criou os oceanos e o cenário foi preparado para o surgimento e a evolução da vida. Por volta de dois milhões de anos atrás, as primeiras criaturas classificadas no gênero *Homo* apareceram. Acredita-se, então, que o *Homo sapiens* arcaico tenha se originado em algum lugar da África há cerca de quinhentos mil anos, evoluindo para os seres humanos anatomicamente modernos (*Homo sapiens sapiens*) por volta de duzentos mil anos atrás. Há cerca de onze mil anos, o *Homo sapiens sapiens* já havia alcançado o extremo sul da América do Sul, o último dos continentes não habitados (com exceção da Antártida). E então, entre 8500 e 7000 a.C., os seres humanos na região do Crescente Fértil, no Oriente Médio, começaram a criar plantas e animais de forma sistemática: agricultura e criação de rebanhos. O excedente de alimentos possibilitou o surgimento de uma classe sacerdotal ou governante, seguido por uma crescente divisão de trabalho na sociedade. Isso levou ao surgimento da primeira civilização do planeta, na Suméria, no Oriente Médio, entre 4000 e 3000 a.C. Outras civilizações surgiram rapidamente no antigo Egito, no vale do rio Indo e na China.

Sobre como viemos habitar este planeta, essa é a narrativa convencional que constitui o alicerce da ciência predominante neste momento. Ela faz isso precisamente porque explica bem todas as evidências que possuímos até o momento sobre a história de nosso planeta *dentro do domínio da ciência*. No entanto, observe as importantes questões humanas às quais essa narrativa não responde. Os cientistas podem nos dizer que houve um *Big Bang* e também podem nos relatar uma quantidade extraordinária de detalhes sobre os momentos que se seguiram logo após sua ocorrência. Mas eles não podem, como cientistas, nos dizer nada sobre a origem do universo ou, de fato, o que aconteceu antes do *Big Bang*, pela simples razão de que o próprio espaço e o próprio tempo ainda não existiam antes do *Big Bang*, e, sem espaço, não há "onde", e, sem tempo, não há "antes". Houve alguma intenção por trás disso? Os cientistas também não podem nos dizer, como cientistas, por que houve de fato um começo (algo que, aliás, não era a visão científica predominante até pouco tempo). Isso envolveu uma *decisão*? E, no que diz respeito à mecânica do surgimento da vida neste planeta (incluindo a vida humana), ao longo de um processo lento, baseado na variação genética e na seleção natural, a ciência é informativa. Contudo, ela não pode nos dizer o que tudo isso *significa*. Não pode, como ciência, nos dizer tudo sobre quem somos, e certamente pouco nos diz sobre como devemos viver, como devemos tratar as outras criaturas do planeta, pelo que devemos esperar e assim por diante. Em outras palavras, a ciência não é capaz de nos ajudar com uma série de questões humanas para as quais precisamos encarecidamente de respostas, se quisermos viver bem a nossa vida.

Essa realidade já é bem compreendida há algum tempo por pessoas inteligentes. O pai da sociologia moderna, Max Weber, já falava sobre isso em uma palestra universitária em 1918:

> Quem [...] ainda hoje acredita que os conhecimentos da astronomia, da biologia, da física ou da química podem nos ensinar algo sobre o *sentido* do mundo? Tolstói nos deu a resposta mais simples para a única questão realmente importante: "O que devemos fazer? Como devemos viver?". O fato de que a ciência não nos oferece essa resposta é absolutamente inegável.[3]

Não se trata, de forma alguma, de "culpar a ciência" por alguma inadequação. Isso seria tão absurdo quanto culpar um mapa topográfico da França por não nos ajudar a completar a viagem de Paris a Bordeaux pelo sistema ferroviário francês. A questão é que, ao aprofundarmos a busca pelo conhecimento por meio da confiança, devemos necessariamente olhar além da ciência e ver o domínio da "metafísica". Esse termo deriva do título de algumas obras editadas do filósofo grego Aristóteles. Refere-se a questões "além do físico" (metafísica), em contraste com seus outros escritos sobre o mundo natural (sua coleção de tratados intitulada *Física*).

Mas como podemos adquirir um conhecimento confiável sobre esse domínio metafísico que está além da "natureza"? Os filósofos e mestres religiosos que alegam falar a verdade sobre esse campo são, sem dúvida, muitos e diversos, e estão longe de concordar sobre o que seria essa verdade. Escrevi outro livro, *Seriously Dangerous Religion* [Religião seriamente perigosa], no qual apresento as principais opções nesse mercado de ideias filosóficas/religiosas, e não pretendo repetir esse exercício neste livro. O ponto que preciso enfatizar *aqui* é simplesmente este: mais uma vez, o conhecimento está, necessariamente e de forma fundamental, ligado à confiança. Dentre todas as pessoas que afirmam falar a verdade sobre o domínio metafísico, em quem devo confiar e por quê? Essa é a pergunta que cada um de nós precisa encarar. Trata-se de uma pergunta muito importante — o que torna ainda mais surpreendente o fato de que muitas pessoas, hoje, parecem acreditar que podem viver muito bem sem jamais se dar ao trabalho de fazê-la.

[3] Weber, "Science as a Vocation", p. 17-18.

6

QUESTÕES PESSOAIS

Jesus disse: "Eu sou o caminho, a verdade e a vida".

João 14.6

Comecei o capítulo 1 sugerindo que há muito em jogo em se tratando da questão "O que é um ser humano?".[1] Propus que a resposta que damos a essa questão controversa *é importante*, e precisamos garantir, da melhor maneira possível, que temos uma *boa* resposta. Isso nos levou, nos capítulos 2 a 5, a algumas reflexões gerais sobre o que está envolvido na busca séria pela verdade, e como podemos assegurar, tanto quanto possível, que estamos evitando o erro. Sugeri que a questão fundamental aqui é esta: "Em quem devo confiar e por quê?". Quem devo admitir em meu círculo de confiança e com base em quê? Até agora, fiz essa pergunta sobretudo em relação à esfera *física*, considerando as maneiras pelas quais pais, professores, jornalistas e cientistas "nos dizem a verdade" sobre ela (ou não). Mas a questão é igualmente importante quando se trata da esfera *metafísica* — a esfera "além do físico". Dentre todas as pessoas que afirmam falar a verdade sobre essa esfera metafísica, em quem devo confiar e por quê?

Tudo isso nos leva agora à natureza do argumento que desejo desenvolver neste livro, o qual está fundamentado em um conjunto especificamente *cristão* de convicções metafísicas. Para mim, são essas convicções — e não a verdade que a ciência certamente nos oferece (cap. 4) — que inevitavelmente definem a estrutura geral para todo o restante. São essas convicções que oferecem o contexto mais amplo no qual realizo todos os pequenos atos

[1] Sobre o conteúdo deste capítulo, veja também meu livro *Seeking What Is Right*, p. 3-45, em que apresento com mais detalhes os fundamentos de uma abordagem especificamente cristã da ética; e meu livro *Reformation and the Right Reading of Scripture*, p. 27-53, que trata da natureza das Escrituras Sagradas como a "regra de fé" cristã.

de confiança que estão ligados à minha compreensão de quem sou. E agora preciso explicar por que tenho essas convicções.

Quero começar retornando às palavras do interlocutor de Pilatos em João 18 — Jesus de Nazaré. "Todos que amam a verdade ouvem minha voz" (Jo 18.37). Isso já é surpreendente por si só, mas não tão espantoso quanto o que ele diz apenas alguns capítulos antes: "Eu sou o caminho, a verdade e a vida" (Jo 14.6). Eu sou a verdade! Essa é, aliás, apenas uma das várias declarações no Evangelho de João que deixam claro que Jesus se via como Deus. Considere, por exemplo, esta outra declaração: "Eu lhes digo a verdade: antes mesmo de Abraão nascer, Eu Sou!" (Jo 8.58). Esse é o ponto culminante de uma seção do Evangelho que começa com a afirmação de Jesus de que ele é a luz do mundo, levando a uma longa reflexão sobre quem é o Pai de Jesus e quem poderia ser o pai de seus interlocutores (Jo 8.12). Jesus contesta as alegações deles de que são filhos de Abraão (argumentando que, se fossem de fato, agiriam como Abraão agiu) e de que Deus é o pai deles (uma vez que, se isso fosse verdade, eles amariam Jesus) (Jo 8.39,41-42). Em seguida, ele se apresenta como aquele que pode dar a vida eterna aos outros (Jo 8.51). A declaração que se segue — "antes mesmo de Abraão" — faz alusão à revelação de Deus a Moisés: "Eu Sou o que Sou" (Êx 3.14). Não é de admirar que seus ouvintes judeus "[tenham apanhado] pedras para atirar em Jesus" (Jo 8.59). Palavras assim são blasfêmias insanas — a não ser que Jesus estivesse dizendo a verdade.

E é justamente aqui que reside o paradoxo que muitos leitores da Bíblia, ao longo dos séculos, tiveram de confrontar. Jesus, quando o encontramos pela primeira vez, parece ser, em muitos aspectos, alguém extraordinário, admirável e digno de ser imitado — e, ao mesmo tempo, alguém completamente fora de si. Ainda assim, algumas das pessoas menos propensas, no mundo antigo, a aceitar que ele era de fato Deus encarnado acabaram por crer nisso. Estou me referindo aqui a alguns judeus do primeiro século d.C. Essas eram pessoas com raízes profundas na adoração ao Deus único e, por isso, ferozmente hostis ao politeísmo dominante no mundo romano. Mas, apesar disso, passaram a usar com frequência a linguagem de "Pai", "Filho" e "Espírito Santo" ao se referirem a Deus. Falavam e escreviam dessa forma para expressar sua convicção de que Deus, embora seja um só, é também três Pessoas. E foi por causa dessa crença que os cristãos, então, passaram a ser batizados em nome "do Pai, do Filho e do Espírito Santo" (Mt 28.19). Como exatamente *afirmar* que Deus é um e, ao mesmo tempo, três sem incorrer no politeísmo, de um lado, ou em uma "simples" unidade, de outro, tornou-se então objeto de intensas discussões na igreja primitiva, até que a questão foi, por fim, consolidada nos "credos" cristãos dos séculos 4 e 5 d.C.

Assim como esses judeus do primeiro século, e, mais tarde, muitos não judeus (os "gentios"), vieram a crer na divindade de Cristo, também milhões de outras pessoas ao longo da história chegaram a essa mesma fé — pois é impossível explicar Jesus de qualquer outra forma plausível. Se Jesus não fosse Deus, mas, ainda assim, afirmasse ser, então (como disse certa vez C. S. Lewis), ele só poderia estar louco (enganado) ou ser mau (enganador). Com certeza, não poderia ser bom e, ao mesmo tempo, mentalmente são. No entanto, ao ler os Evangelhos, encontro alguém que é supremamente bom e supremamente são. Por isso, sinto-me obrigado a levar muito a sério as afirmações surpreendentes que Jesus faz sobre si mesmo — e a reconhecê-lo, junto com o incrédulo Tomé, como "meu Senhor e meu Deus!" (Jo 20.28).

Então, em se tratando de minhas convicções metafísicas — ou seja, das respostas que dou a uma série de questões importantes às quais não posso responder, em última instância, por meios que poderíamos chamar de "ordinários", como a ciência —, eu, fundamentalmente, confio no Senhor Jesus Cristo. Não confio (por exemplo) fundamentalmente no Buda, no profeta Maomé ou em qualquer outro que afirme falar a verdade sobre o mundo "além da ciência". Na verdade, é inevitável que o ensinamento de Jesus seja o próprio critério pelo qual avalio, com respeito, até que ponto esses outros pensadores se aproximam ou se afastam da verdade.

Isso inclui o ensinamento de Jesus sobre a literatura que devo, fundamentalmente, consultar na busca pela verdade — ou seja, as Escrituras do Novo Testamento *e* do Antigo Testamento. Ao longo da história da igreja, era popular em alguns círculos a ideia de que, de alguma forma, podemos ter Jesus como nosso Senhor sem levar a sério suas sugestões de leitura. Como argumentei em diversos livros, isso está completamente errado.[2] Os cristãos são obrigados, pelos termos de seu discipulado, a receber toda a Escritura Sagrada como "inspirada por Deus e útil para nos ensinar o que é verdadeiro e para nos fazer perceber o que não está em ordem em nossa vida. Ela nos corrige quando erramos e nos ensina a fazer o que é certo. Deus a usa para preparar e capacitar seu povo para toda boa obra" (2Tm 3.16-17). De um ponto de vista genuinamente cristão, é toda a história, portanto, narrada de Gênesis

[2] Por exemplo, Provan, *Seeking What Is Right*, p. 17-28.

a Apocalipse, e centrada em Jesus Cristo, que nos fornece nossa orientação fundamental para o que é verdadeiro. Isso é verdade quando se trata de quem é Deus e do que é seu mundo — e, sem dúvida, também é verdade quando estamos refletindo sobre o que significa ser um ser humano.

Conclui-se, então, que o argumento específico sobre a natureza de nossa humanidade que desejo desenvolver neste livro será um argumento cristão, fundamentado nas Escrituras, e não de outro tipo. É desse ponto de vista que "partirei" ao me envolver completamente, ao mesmo tempo, com os tipos de verdade sobre nossa condição de ser humano que podem ser, de forma segura e genuína, derivados de outras fontes (como a ciência).

Começamos a Parte 2 com alguns Fundamentos, e talvez seja útil ter, de antemão, um resumo do que vou propor nesta seção do livro. Argumentarei que nós, seres humanos, somos "matéria pessoal". Temos em comum com outras criaturas o fato de sermos criados com intencionalidade em um cosmos ordenado por um Deus pessoal como criaturas irredutivelmente *materiais*, nas quais Deus soprou o fôlego de vida. Nesse sentido, somos "como elas". Ao mesmo tempo, somos radicalmente diferentes dessas outras criaturas por sermos matéria *pessoal* animada por Deus — "como Deus", de maneiras significativamente importantes. Como tal, somos criaturas altamente exaltadas e belas, capazes (entre outras coisas) de apreciar a beleza de maneiras que outras criaturas não podem. Como portadores da imagem do Deus vivo, com uma natureza inerentemente dimórfica (homem e mulher), somos chamados a uma vocação específica: reinar sobre a bela e sagrada criação de Deus e cuidar dela em um relacionamento correto com Deus, uns com os outros e com as outras criaturas. Como criaturas caídas, que foram corrompidas pelo mal, muitas vezes falhamos nessas tarefas, e toda a criação sofre como resultado disso; mas Deus tem o compromisso de salvar sua criação e, para isso, agiu de maneira decisiva em Cristo. Portanto, os seres humanos devem ser criaturas esperançosas — sobretudo porque, em Cristo, lhes são prometidas a ressurreição do corpo e a imortalidade. A matéria pessoal tem um futuro glorioso.

A Parte 2, portanto, trata da "matéria pessoal". E proponho que todos os que verdadeiramente seguem a Jesus também tornem o conteúdo dela "uma matéria pessoal", aceitando o ensino das Escrituras Sagradas sobre quem eles são.

Esta breve descrição da ideia bíblica de humanidade talvez já seja bastante familiar para você. Se for o caso, considere a Parte 2 como uma "revisão" de alguns temas bíblicos importantes antes de passarmos às suas "implicações" na Parte 3. No entanto, escrevi este livro para um público amplo, o que inevitavelmente inclui leitores com pouca ou nenhuma familiaridade com esses temas. Meus "testes" de publicação prévia de meu material sugerem que esses leitores podem achar o conteúdo um pouco desafiador por causa do nível de detalhes bíblicos que peço para assimilarem, capítulo após capítulo, na Parte 2. Se, ao avançar na leitura, você perceber que esse é o *seu* caso, deixo aqui um encorajamento nas palavras de *O guia do mochileiro das galáxias*: "Não entre em pânico!".[3] A melhor forma de seguir é devagar e com constância. E "seguir" com um grupo de amigos pode ser mais inteligente do que "seguir sozinho", pois assim vocês poderão se ajudar mutuamente com as dúvidas e desafios que surgirem. Acima de tudo, *siga* em frente. Não pare só porque algo ficou difícil de entender, mas coloque a questão em uma prateleira mental, dentro de um armário mental, com uma etiqueta dizendo: "Para resolver depois" — e volte a ela mais tarde. Nem tudo nos próximos capítulos será fácil de entender — mas *tudo* o que está ali é uma verdade bíblica importante que precisamos interiorizar profundamente em nosso coração, para o nosso bem e o bem dos outros. Então, persevere! Você ficará contente por ter feito isso.

[3] Adams, *Hitchhiker's Guide to the Galaxy*.

PARTE 2

FUNDAMENTOS

7

NO PRINCÍPIO

No princípio, Deus criou os céus e a terra.

Gênesis 1.1

Começamos pelo princípio, o qual a teologia cristã compreende como um ato de criação.[1] Em Gênesis 1, uma pessoa — conforme aparece no início — *cria* o mundo. A ênfase está no *único* Deus vivo, em contraste com os muitos deuses do mundo antigo que são feitos de "madeira e pedra" — "feitos por mãos humanas, deuses que não podem ver, nem ouvir, nem comer, nem cheirar" (Dt 4.28). Sem dúvida, à medida que a história bíblica avança — como vimos no capítulo anterior —, descobrimos que esse único Deus é, ao mesmo tempo, três Pessoas (Pai, Filho e Espírito). Por isso, é problemático usar o termo "pessoa" também para se referir a Deus em sua unidade. É melhor simplesmente mencionar "o Deus pessoal". Recomeçando, então: um Deus pessoal criou o mundo. Na verdade, ele continua a criá-lo de forma contínua e com nossa participação. Por exemplo, ele faz "o pasto crescer para os animais, e as plantas, para as pessoas cultivarem. [Permite] que, da terra, colham seu alimento: vinho para alegrar o coração, azeite para fazer brilhar a pele, pão para dar forças" (Sl 104.14-15). Tornamo-nos cada vez mais sofisticados em nossa capacidade de analisar, por meio da ciência, os processos envolvidos nos aspectos materiais dessa realidade, tanto historicamente quanto em nosso mundo atual. Mas como devemos compreender esses processos?

Se fizéssemos essa pergunta a muitos de nossos contemporâneos, eles afirmariam que os processos em questão se desenvolveram e continuam a se desenvolver simplesmente "de maneira natural". Além disso, diriam que

[1] Sobre o conteúdo deste capítulo, veja também meu livro *Seriously Dangerous Religion*, p. 21-46 e parte de p. 309-346, que discutem a criação.

tudo isso ocorreu e continua a ocorrer por acaso, sem qualquer mão que os guie envolvida em todo o processo. No entanto, os resultados desses processos contradizem fortemente tais convicções. Vivemos naquilo que os próprios cientistas, às vezes, descrevem como um universo "finamente ajustado". Ele existe como uma complexa matriz composta por aquilo que chamam de constantes físicas fundamentais. E se apenas uma dessas constantes — apenas uma! — fosse levemente diferente do que é, a vida na Terra seria impossível. Suponho que esse ajuste fino poderia ser simplesmente fruto do acaso — mas essa não é uma explicação muito plausível para o modo como as coisas são. Exigiria muita fé na "sorte" — a elevação da Sorte (agora com letra maiúscula, em honra à sua promoção) quase ao status de uma divindade. E é naturalmente esse tipo de reverência quase religiosa que se ouve com frequência na voz de cientistas impressionados com a total beleza de um cosmo finamente ajustado, ainda que recorram ao acaso para explicá-lo. Considere, por exemplo, os seguintes comentários feitos por um cosmólogo em entrevista à BBC em 2010:

> Há muitos — muitos mesmo — aspectos fortuitos em relação à arquitetura de nosso sistema solar. A Terra, por exemplo, tem uma Lua de tamanho comparável [...] e o efeito desse planeta duplo é estabilizar a Terra em sua rotação e criar uma plataforma muito estável na qual as condições permaneçam mais ou menos constantes por literalmente bilhões de anos — tempo suficiente para permitir o desenvolvimento da evolução. Assim, houve um acontecimento fortuito no início da história do sistema solar — um tipo específico de colisão que produziu um tipo específico de planeta duplo exatamente no lugar certo [...] e há outros exemplos de coisas semelhantes.[2]

De fato há muitos "exemplos de coisas semelhantes". São tantos, na verdade, que o universo certamente parece ter sido resultado de um projeto, tendo a vida na Terra como seu foco central — incluindo os seres humanos. É extremamente improvável que tudo isso tenha ocorrido por mero acaso.

Querendo evitar que o "projeto" seja a conclusão a que se deva chegar com essas realidades empíricas, algumas pessoas, então, tentam lidar com a questão da probabilidade, propondo a existência de múltiplos universos

[2] A ocasião foi o programa *In Our Time,* de Melvyn Bragg, transmitido em 6 de maio de 2010.

(um multiverso). Nosso universo realmente parece ter sido projetado (admitem elas), mas, se tivéssemos um número suficiente de universos gerados ao longo de um tempo suficiente, mais cedo ou mais tarde "surgiria" naturalmente o tipo certo de universo. Essa ideia é uma variação do chamado "teorema do macaco infinito", que afirma que um macaco pressionando aleatoriamente as teclas de um teclado por um tempo infinito acabaria por produzir as obras completas de Shakespeare. Essas obras pareceriam "projetadas", mas, nesse caso, não seriam. Sem dúvida, não há evidências que sustentem essas especulações sobre a existência de um multiverso.[3]

Nossos autores bíblicos não recorrem à linguagem dos acasos nem dos multiversos. Tampouco concordam com aqueles que, embora admitam que vivemos de fato (e não apenas aparentemente) em um cosmos projetado, atribuem sua origem a alienígenas.[4] "Alguém" deve ter sido responsável por criar nosso mundo (concordam eles) — e esse "alguém", muito provavelmente, teria sido o ET com seus amigos. As Sagradas Escrituras concordam com a ideia de que há um "Alguém" — mas não nos incentivam a identificar esse "Alguém" com alienígenas. Quaisquer que tenham sido os processos físicos envolvidos no modo como nosso cosmos veio à existência como tal, os autores bíblicos nos ensinam que devemos entender o resultado como expressão do plano do bom Deus, que criou todas as coisas (incluindo alienígenas, caso realmente existam). Foi esse Deus pessoal que (entre outras coisas) pôs o Sol e a Lua (e assim por diante) exatamente onde estão para permitir que a vida se desenvolvesse na Terra. E, quando nos voltamos ao nível individual, ao ser humano em particular, temos aqui a Grande Ideia: quaisquer que sejam os processos físicos envolvidos no surgimento de um ser humano, eles também não são fruto do acaso. Cada um de nós foi criado por Deus. Salmos 139.13 expressa isso de forma belíssima, levando-nos aonde a própria ciência (por meio de um ultrassom, por exemplo) não pode, por fim, nos levar: "Tu formaste o meu interior e me teceste no ventre de minha mãe". Há um processo natural, mas tudo faz parte de um grande projeto.

O que é um ser humano? O ser humano é uma criatura do único Deus vivo — uma entre muitas que ele criou, cada uma ocupando, dentro de seu próprio domínio, um lugar importante no mundo de Deus. Esses diferentes

[3] Sobre o conteúdo deste capítulo, veja também meu livro *Seriously Dangerous Religion*, p. 21-46 e parte de p. 309-346, que discutem a criação.

[4] Leman, "Aliens Created Our Universe".

domínios são definidos em Gênesis 1 por meio da expressão recorrente "conforme a sua espécie".[5] Essa é uma forma antiga de se referir ao que a ciência moderna chamaria de "especiação". Aqui, mais uma vez, devemos considerar tanto o processo natural quanto o grande projeto. Independentemente de como concebamos os processos pelos quais as diferentes espécies do mundo vieram a existir, é evidente que há uma ordem neste mundo em que essas espécies existem. Como afirma Leon Kass:

> Na reprodução, semelhantes ainda se acasalam com semelhantes, e a prole é, na maior parte das vezes, semelhante aos pais em sua espécie. A genealogia pode explicar as linhas de descendência ou o parentesco entre genótipos, mas os organismos existentes, em geral, comportam-se de maneira consistente com seu tipo. [...] As espécies, por mais mutáveis que sejam, ainda fazem sentido.[6]

Em Gênesis, essa condição dada das "espécies" faz parte da bondade das coisas. Implica uma utilidade e dignidade conferidas por Deus a cada membro das diversas famílias da criação — incluindo plantas e árvores — que não dependem de seres humanos. Todas as criaturas são criaturas de Deus, seja qual for sua "espécie". Essa mesma ênfase "democrática" aparece nas Escrituras Sagradas de outras formas também. Por exemplo, em Gênesis 1, os seres humanos não têm um dia exclusivo de criação, mas compartilham o sexto dia com as outras criaturas terrestres, com as quais têm muito em comum. Além disso, os sete dias da criação não culminam com os seres humanos, mas com o sábado. Esse dia de descanso passou a ser, mais tarde, observado semanalmente no antigo Israel, e o que é enfatizado quando lemos sobre ele é, novamente, *o que há de comum* entre todas as criaturas, não a utilidade de umas em relação às outras (Êx 20.8-11). Gênesis 2, mais adiante, reforça essa realidade ao retratar os seres humanos sendo formados a partir da terra da mesma forma que os outros animais (Gn 2.7,19).

Portanto, o que é um ser humano? A primeira resposta cristã a essa pergunta é que o ser humano é uma entre muitas criaturas intencionalmente

[5] Estou me referindo especificamente aos domínios na terra, não nos céus — pois "anjos" e afins não são o foco deste livro, tampouco alienígenas.

[6] Kass, *Wisdom*, p. 47-48.

criadas, em um cosmo ordenado, por um Deus pessoal. Essa obra criadora é, mais tarde, descrita por João em termos explicitamente *trinitários* e pessoais:

> No princípio, aquele que é a Palavra já existia.
> A Palavra estava com Deus,
> e a Palavra era Deus.
> Ele existia no princípio com Deus.
> Por meio dele Deus criou todas as coisas,
> e sem ele nada foi criado.
> Aquele que é a Palavra possuía a vida,
> e sua vida trouxe luz a todos.
> A luz brilha na escuridão,
> e a escuridão nunca conseguiu apagá-la.
>
> João 1.1-5

Essa "Palavra", em determinado momento da história, "se tornou ser humano, carne e osso, e habitou entre nós" — cuja glória as pessoas viram, e "ele era cheio de graça e verdade. E vimos sua glória, a glória do Filho único do Pai" (Jo 1.14). O próprio Deus se fez ser humano. Voltaremos, no capítulo 18, ao significado dessa verdade impressionante. Por ora, estamos refletindo sobre a criação como um todo, o que também é a ênfase do apóstolo Paulo ao escrever sobre Cristo à igreja em Colossos: "Pois, por meio dele [Jesus], todas as coisas foram criadas, tanto nos céus como na terra, todas as coisas que podemos ver e as que não podemos, como os tronos, reinos, governantes e as autoridades do mundo invisível. Tudo foi criado por meio dele e para ele" (Cl 1.16).

8

CORPOS ANIMADOS

Então o SENHOR *Deus formou o homem do pó da terra.*
Soprou o fôlego da vida em suas narinas,
e o homem se tornou ser vivo.

GÊNESIS 2.7

A segunda resposta cristã à nossa pergunta central sobre a condição de ser humano também enfatiza a *conexão* entre a humanidade e o restante da criação de Deus. Mas, ao mesmo tempo, começa a fazer algumas *distinções* importantes entre as criaturas da terra.[1] O que são os seres humanos? Eles são criaturas intrinsecamente físicas, recebedoras da vida de Deus, que sopra em cada um o fôlego da vida. Eles são, de uma maneira particular, matéria divinamente animada.

O texto-chave no início da narrativa bíblica que trata dessa questão é Gênesis 2.7. O ser humano é formado, primeiro, do pó da terra, o que reflete a natureza física que temos em comum com outras criaturas. Derivamos da mesma terra que a vegetação ("produza a terra vegetação" [Gn 1.11]), os animais domésticos e outros tipos de animais ("produza a terra grande variedade de animais, cada um conforme a sua espécie: animais domésticos, animais que rastejam pelo chão e animais selvagens" [Gn 1.24]), e as aves ("o SENHOR Deus formou da terra todos os animais selvagens e todas as aves do céu" [Gn 2.19]). Os seres humanos são seres irredutivelmente *materiais* que habitam uma criação *material*. Esse foi o propósito do Criador.

Ao mesmo tempo, o ser humano é uma *espécie* particular de criatura física. Pertencemos àquele grupo de criaturas em cujas narinas Deus "soprou o fôlego da vida", com o resultado de que cada uma se tornou "ser

[1] Sobre o conteúdo deste capítulo, veja também meu livro *Seriously Dangerous Religion*, p. 77-103 e parte de p. 309-346, que discutem a criação humana.

vivo". Gênesis 1.20 usa o mesmo termo, "seres vivos", para se referir à vida marinha, e Gênesis 2.19 o utiliza como referência aos animais terrestres e às aves. Gênesis 7.21-22 fala sobre um grande dilúvio que destruiu "tudo que respirava e vivia em terra firme". Isso inclui "as aves, os animais domésticos, os animais selvagens [e] os animais que rastejavam pelo chão", bem como os seres humanos. Somos semelhantes a todas essas criaturas por sermos "animados" de uma maneira particular. Todos os seres vivos dependem dessa contínua dádiva do fôlego de Deus, e, quando ela é retirada, todos deixam de viver. Salmos 104.27-30 fala sobre isso [colchetes meus]:

> Todos [seres] dependem de ti
> para lhes proveres o alimento de que necessitam.
> Quando tu lhes dás, eles o recolhem;
> abres a mão para alimentá-los, e eles ficam satisfeitos.
> Se te afastas deles, porém, enchem-se de medo;
> quando lhes retiras o fôlego, morrem e voltam ao pó.
> Quando sopras teu fôlego [envias o teu Espírito],
> novos seres são gerados, e renovas a face da terra.[2]

Somos também semelhantes a essas outras criaturas físicas em nossa fragilidade — sempre prestes a "voltar ao pó" de onde viemos. Assim como elas, *cada* respiro nosso depende de nosso Criador.

É especialmente importante observar o que Gênesis 2.7 diz — e o que não diz — sobre o resultado desse processo de animação em se tratando dos seres humanos em particular — o foco de nossa reflexão neste livro. Como consequência do sopro divino, o ser humano "se tornou ser vivo", ou uma "alma" vivente (a palavra hebraica é *nepeš*).[3] Note que não foi *dada* ao ser humano "uma alma". Isso é importante por causa de uma antiga tendência entre os cristãos de pensar de forma equivocada sobre a natureza humana. Nesse modo equivocado de compreender o ser humano, ele é visto como uma espécie de conglomeração de "partes" (por assim dizer) — sendo as mais importantes "um corpo", "uma alma" e talvez também "um espírito". A essas "partes" muitas vezes são atribuídos níveis diferentes

[2] Algumas versões bíblicas, infelizmente, dificultam a percepção dessa conexão estreita entre os versículos 29 e 30 ao traduzirem o mesmo termo hebraico *rûaḥ* primeiro como "fôlego" e depois como "Espírito". Veja mais sobre isso no próximo capítulo.

[3] A pronúncia é "néfésh", com as vogais abertas como em "pé".

de importância em uma hierarquia. O corpo geralmente se dá muito mal nesse processo de classificação, ficando no último lugar da hierarquia. Por isso, é comum ouvirmos em círculos cristãos que o corpo seria apenas uma morada temporária para a alma eterna. A alma, nessa narrativa, é a "parte" transcendental, a mais importante, que sobrevive à morte física e voa para o céu (no melhor dos cenários) para estar com Deus.

A música "Yahweh", da banda U2, parece refletir essa visão, por exemplo, ao retratar a alma humana como um náufrago preso em uma ilha de carne e osso.[4] A alma está "encalhada" no mundo da matéria e, ao que parece, precisa ser resgatada dele. Além disso, um número considerável de canções de adoração contemporâneas em nossas igrejas se concentra na alma humana, bem como no espírito e no coração, sem jamais mencionar o corpo. O conteúdo dessas músicas muitas vezes corresponde ao aparente propósito de cantá-las, que é, de algum modo, transcender nossa fisicalidade e, assim (supostamente), aproximar-nos mais de Deus. Ou seja, essas canções parecem não apenas *celebrar* o desencarne, mas ser cantadas justamente *em busca desse* desencarne. Retomaremos essa questão da adoração nos capítulos 21 e 46, considerando o que uma antropologia cristã genuína tem a dizer sobre sua natureza, propósito e forma.

Essa postura negativa em relação à matéria física, em favor de uma abordagem mais "espiritual" da realidade, não é um fenômeno novo na igreja. O apóstolo Paulo já enfrentava esse problema em seu próprio tempo. Escrevendo a Timóteo, por exemplo, ele julga necessário confrontar aqueles que "afirmam que é errado se casar e proíbem que se comam certos alimentos, que Deus criou para serem recebidos com ação de graças pelos que são fiéis e conhecedores da verdade", fazendo seu jovem amigo se lembrar de que "tudo que Deus fez é bom" (1Tm 4.3-4). No capítulo 41, falarei mais sobre as origens da visão equivocada de "espiritualidade" que Paulo está combatendo aqui. Por ora, permita-me ilustrar uma perspectiva muito mais bíblica, especificamente no que diz respeito a "[proibir] que se comam certos alimentos", citando o conselho de Robert Farrar Capon ao seu amigo Harry, preocupado com as calorias:

> Que ele jejue até estar livre para comer como um verdadeiro filho de Adão [...] comer de verdade restaurará nele o senso da alegria festiva

[4] U2, "Yahweh", do álbum *How to Dismantle an Atomic Bomb* (2004).

de existir. A comida não existe apenas por seu valor nutricional. Vê-la como tal é apenas se submeter ainda mais à dessubstancialização do ser humano, deixar de perceber o que as coisas são para vê-las apenas pelo que significam para nós — em suma, tornar-se um idólatra solene, espiritualizando aquilo que deveria ser amado como matéria. A refeição diária de um homem deveria ser uma exultação diante do sabor do desejável que está nas raízes da criação. Partir o verdadeiro pão é romper o abraço sem amor que o inferno lançou sobre o mundo, e, só com isso, libertar o que é secular.[5]

Repito e enfatizo: Gênesis 2.7 *não* nos diz que o ser humano é uma alma (espiritual) inserida em um corpo (material). *Não* nos diz que a condição de ser humano implica a combinação de "um corpo (material)" e "uma alma (espiritual)". Em vez disso, Gênesis 2.7 nos ensina que, como resultado da animação divina, um corpo *se torna* uma alma vivente. A alma é o corpo animado — um "ser humano vivo", não um cadáver inerte. Por isso, o termo *nepeš* é muitas vezes usado no Antigo Testamento para se referir simplesmente à "pessoa humana" ou ao "eu humano" — assim como o termo "alma" ainda é usado nesse mesmo sentido. Por exemplo, quando uma notícia publicada no jornal em 2021 descreveu o afogamento de muitos migrantes tentando atravessar o mar Mediterrâneo a partir da Líbia, a manchete dizia: "130 almas perdidas no mar".[6] Ou seja, inúmeras pessoas morreram de forma trágica.

Biblicamente, encontramos esse uso do termo *nepeš*, por exemplo, em Levítico 17.10 e 23.30, em que Deus diz: "Se algum israelita de nascimento ou um estrangeiro ['alma', que é a tradução do termo hebraico] que vive entre vocês comer sangue, sob qualquer circunstância, eu me voltarei contra ele" e "destruirei aqueles ['almas', que é a tradução do termo hebraico] que, dentre vocês, trabalharem em algo nesse dia". Vemos o mesmo tipo de uso da palavra quando os autores dos salmos fazem o que poderíamos chamar de "fala da alma". Por exemplo:

> Bendiga, minha alma, o SENHOR,
> e tudo o que há em mim bendiga o seu santo nome.

[5] Capon, *Supper of the Lamb*, p. 114-115.
[6] Chaze, "A Mayday Call".

Bendiga, minha alma, o Senhor,
e não se esqueça de nem um só de seus benefícios.
Ele é quem perdoa todas as suas iniquidades;
quem cura todas as suas enfermidades;
quem da cova redime a sua vida
e coroa você de graça e misericórdia.
É ele quem enche de bens a sua vida,
de modo que a sua mocidade se renova como a da águia.

Salmos 103.1-5, NAA

Aqui, o salmista exorta *a si mesmo* a louvar a Deus por tudo o que dele recebeu, incluindo bênçãos *físicas*, como a cura de doenças e o alívio da fome. De fato é para se referir ao ser humano como um todo, com todas essas *necessidades*, que o termo *nepeš* é usado com mais frequência no Antigo Testamento — por exemplo, a "alma" que tem fome ou sede (Pv 10.3; 25.25). Hans Walter Wolff resume essa realidade da seguinte forma:

> Se examinarmos o amplo contexto em que o *nepeš* do homem e o homem como *nepeš* pode ser observado, veremos, acima de tudo, o homem identificado como o ser vivo individual que não adquiriu a vida por si só, nem é capaz de preservá-la por seus próprios meios, mas que anseia por ela, impulsionado por um desejo vital [...] *nepeš* revela o homem, sobretudo, em sua necessidade e em seu desejo.[7]

Este é apenas um aspecto de uma importante verdade geral sobre a antropologia do Antigo Testamento: embora várias dimensões do ser humano possam ser diferenciadas para propósitos específicos no pensamento hebraico, elas são apenas "aspectos" de um organismo completo e integrado. Essa é uma questão tão fundamental para uma leitura bíblica precisa que dedicarei o próximo capítulo inteiro a ela. Se você já está convencido sobre esse ponto e não gosta de estudos de palavras, sinta-se à vontade para avançar diretamente para o capítulo 10. Caso contrário, siga normalmente para o capítulo 9. Na verdade, recomendo que faça isso, pois o capítulo 9 termina com a ressurreição, que é um final verdadeiramente feliz.

[7] Wolff, *Anthropology*, p. 24-25.

9

PESSOAS INTEGRAIS

Os pobres comerão e se saciarão;
todos que buscam o Senhor *o louvarão*
e terão o coração cheio de alegria sem fim.

Salmos 22.26

Uma leitura superficial do Antigo Testamento — que todos os verdadeiros cristãos recebem como "Escritura [...] inspirada por Deus e útil para nos ensinar o que é verdadeiro e para nos fazer perceber o que não está em ordem em nossa vida. Ela nos corrige quando erramos e nos ensina a fazer o que é certo" — pode nos desviar em nosso entendimento sobre a "composição" do ser humano. Pode nos levar a pensar que o ser humano é composto por várias "partes" independentes, como "corpo" e "alma".[1] Na realidade, isso não é o que o Antigo Testamento ensina de forma alguma. A verdade é que os autores bíblicos viam as várias "partes" do ser humano apenas como aspectos de um organismo completo e integrado. No capítulo anterior, estabelecemos que a palavra "alma", por exemplo, muitas vezes caracteriza o ser humano como um todo a partir da perspectiva de necessidade e desejo. No presente capítulo, quero apresentar outros exemplos de natureza semelhante.

Começamos com o termo hebraico *bāśār*.[2] Essa palavra *pode* se referir simplesmente à "carne" presente nos ossos de animais e humanos (por exemplo, Lv 26.29; Is 22.13). Considere, no entanto, o Salmo 56:

[1] Sobre o conteúdo deste capítulo, veja também meu livro *Seriously Dangerous Religion*, p. 279-307 e parte de p. 309-346, que discutem a esperança bíblica com relação à nossa corporeidade física. Veja também meu livro *Reformation and the Right Reading of Scripture*, p. 178-183, 210-213.

[2] A pronúncia é "bah-saar" (com a ênfase na segunda sílaba).

Em Deus louvarei a sua palavra;
em Deus pus a minha confiança e não temerei;
que me pode fazer a carne?
Todos os dias torcem as minhas palavras;
todos os seus pensamentos são contra mim para o mal.
Ajuntam-se, escondem-se, espiam os meus passos [...]
isto sei eu, porque Deus está comigo.
Em Deus louvarei a sua palavra;
no SENHOR louvarei a sua palavra.
Em Deus tenho posto a minha confiança;
não temerei o que me possa fazer o homem.

Salmos 56.4-11, ARC

O poeta compromete-se a confiar em Deus e a não temer seus inimigos, começando por perguntar: "Que me pode fazer a carne?". Mais adiante, ele retoma esse compromisso, mas reformula a pergunta: "Não temerei o que me possa fazer o homem [um ser humano]". Nesse salmo, "carne" refere-se à condição de ser humano. Faz isso nos termos do que Wolff chama de "o homem em sua fragilidade".[3] Embora os seres humanos sejam corpos animados, somos fracos e frágeis quando comparados a Deus, que é digno de nossa "confiança". Jeremias 17.5 equipara a "carne" à condição de ser humano da mesma forma ao apresentar um argumento semelhante:

Maldito o homem que confia no homem,
e faz da carne o seu braço,
e aparta o seu coração do SENHOR!
Porque será como a tamargueira no deserto
e não sentirá quando vem o bem;
antes, morará nos lugares secos do deserto,
na terra salgada e inabitável.
Bendito o varão que confia no SENHOR,
e cuja esperança é o SENHOR.

Jeremias 17.5-7, ARC

[3] Wolff, *Anthropology*, p. 26-31.

Essa fraqueza nos seres humanos se estende à vida moral, pela qual todos, mais cedo ou mais tarde, teremos de prestar contas diante de Deus, que uma vez decidiu: "O fim de toda carne é vindo perante a minha face; porque a terra está cheia de violência" (Gn 6.13, ARC). O fato é que somos propensos a ser vencidos pelo mal, o que exige (mais uma vez) confiança em Deus, e não em nós mesmos: "Ó tu que ouves as orações! A ti virá toda a carne. Prevalecem as iniquidades contra mim; mas tu perdoas as nossas transgressões" (Sl 65.2-3, ARC).

Seguramente, esses textos *não* pretendem sugerir que é o corpo, *não* a alma, que se entrega à prática do mal. O que está em vista são pessoas como um todo em sua fraqueza (sua "carne"). Da mesma forma, é como pessoas integrais que, em Gênesis 2.24, homem e mulher, cada um em sua fragilidade, se unem no casamento, fortalecendo-se mutuamente para se tornarem "uma carne" (ARC). A "alma" deles não está excluída dessa união porque o texto menciona explicitamente apenas a carne. Tampouco são ignorados os ossos mencionados logo antes (Gn 2.23). Pelo contrário, como afirma Wolff, "as diferentes partes do corpo encerram, com suas funções essenciais", o único organismo humano completo que está sendo descrito.[4]

Encontramos o mesmo fenômeno quando voltamos nossa atenção para o termo hebraico *rûaḥ*, muitas vezes traduzido como "espírito". Eis um exemplo: "E aconteceu que, pela manhã, o seu espírito [o espírito do faraó] perturbou-se" (Gn 41.8, ARC).[5] No entanto, é importante saber que essa palavra se refere, de forma mais ampla no Antigo Testamento, ao ar em movimento — muitas vezes ao vento. E o "vento" ou "ar em movimento" em um ser humano é, sem dúvida, sua respiração. Considere Isaías 42.5, em que Deus "dá a respiração [*nəšāmâ*] ao povo que nela [na terra] está e o *rûaḥ* [espírito], aos que andam nela".[6] Assim como no caso da "alma", essa linguagem tem a ver com animação. Em Jó 12.10, de fato, é *nepeš*, não *nəšāmâ*, que aparece em paralelo com *rûaḥ*. Nas mãos de Deus está "a vida ('alma') de todas as criaturas e o fôlego de toda a humanidade". Como vimos no capítulo anterior, é quando Deus concede esse fôlego que suas criaturas são criadas, e é quando ele o retira que elas morrem (Sl 104.29-30). E, então,

[4] Wolff, *Anthropology*, p. 8.

[5] A pronúncia é "rú-ach" (com a ênfase na primeira sílaba e o "ch" gutural como no alemão, *Bach*).

[6] Pronunciamos *nəšāmâ* como "ne-sha-má" (com a ênfase na terceira sílaba).

Deus também é retratado em muitos textos como alguém que continua a soprar ainda mais dessa vitalidade nos seres humanos ou a despertar aquilo que já está neles. Dessa forma, ele os reveste, pelo menos por um tempo, de vários tipos de poder notável, incluindo a grande determinação da vontade (por exemplo, Jz 3.10; 1Sm 10.6; Jr 51.11; Ez 11.5). Em contrapartida, o "fôlego" pode ser entendido como algo que se enfraquece temporariamente, como quando "não houve mais espírito" na rainha de Sabá diante do esplendor de Salomão, ou quando o rei Acabe se retira para dormir em profundo desgosto (1Rs 10.5; 21.4-5).

O terceiro termo hebraico que precisamos considerar é *lēb* (ou *ləbab*), muitas vezes traduzido como "coração". As "atividades essenciais" do coração (nas palavras de Wolff) "são, na Bíblia, de natureza mental e espiritual".[7] Isso pode surpreender quem está acostumado a associar o coração principalmente a sentimentos e desejos. O Antigo Testamento também *pode* empregar a linguagem do "coração" para descrever o ser humano como uma criatura emocional e motivada pelo desejo, que experimenta (por exemplo) alegria e tristeza. Nesse sentido, *lēb* está intimamente relacionado a "alma" e "fôlego", como no seguinte exemplo: "O coração alegre é um bom remédio, mas o espírito abatido consome as forças" (Pv 17.22). Mas, predominantemente, o foco da linguagem do coração é o ser humano como um ser intelectual e racional. A tarefa do coração é conhecer e compreender: "O coração sábio buscará o conhecimento" (Pv 15.14 [ARC]; cf. Dt 29.4). É a "mente para entender" de Salomão — em hebraico, seu "coração para entender" — que lhe permite escrever todos os provérbios e cânticos mencionados em 1Reis 4.29-33 e dedicar-se à impressionante erudição ali descrita.[8] Por outro lado, a pessoa sem "coração" é insensata: "Passei pelo campo do preguiçoso, pelo vinhedo daquele que não tem juízo" — ou seja, uma pessoa a quem falta *lēb* (Pv 24.30). Em outras palavras, "coração" no Antigo Testamento "inclui tudo que atribuímos à cabeça e ao cérebro — poder de percepção, razão, entendimento, clareza de visão, consciência, memória, conhecimento, reflexão, julgamento, senso de direção, discernimento".[9] Esses são os *aspectos* de nossa humanidade que estão em vista quando *lēb* é utilizado. Pois aqui, também, não estamos lidando com uma

[7] Wolff, *Anthropology*, p. 44.
[8] Veja meu livro *1 & 2 Kings*, p. 58-61.
[9] Wolff, *Anthropology*, p. 51.

"parte" discreta do ser humano. Estamos lidando com uma janela para o ser como um todo. É por isso que o Salmo 22 pode expressar a esperança de que o "coração" dos mansos "viverá eternamente" — o que é simplesmente esperar que *essas pessoas* vivam para sempre (Sl 22.26 [ARC]).

Muito mais poderia ser dito sobre o significado das referências do Antigo Testamento a vários aspectos da pessoa humana, mas, para nossos fins neste livro, isso é suficiente. Tudo o que preciso acrescentar aqui é que o Novo Testamento trata a questão de maneira semelhante.[10] A palavra grega *soma* refere-se, no Novo Testamento, não apenas ao corpo físico, mas ao ser humano como um todo. A palavra *sarx*, que significa "carne", às vezes é sinônima de *soma* e expressa a transitoriedade e a pecaminosidade humanas. O termo *psyche*, frequentemente traduzido como "alma", tem em vista o ser humano como um ser vivente. A palavra *pneuma* ("espírito") às vezes se sobrepõe a *psyche* ao se referir ao ser interior. O termo *kardia* ("coração") pode ser usado como referência à emoção e à volição, embora *nous* seja o termo grego que mais comumente enfoca o ser humano como um ser consciente e racional. De modo geral (nas palavras de J. Stafford Wright), "o homem é visto [no Novo Testamento] como um ser integral, e tudo o que afeta uma parte afeta o todo".[11] Biblicamente, somos — na terminologia da ciência moderna — "entidades psicossomáticas".

Tudo isso explica por que uma fé verdadeiramente cristã não pode, de forma alguma, considerar o corpo como uma mera morada temporária da alma eterna — o "elemento" transcendental que sobrevive à nossa morte física e voa para o céu. As Sagradas Escrituras, sem dúvida, concebem uma fase "intermediária" de nossa existência, entre a morte física e a consumação de todas as coisas, na qual nosso "eu" temporariamente "[deixou] este corpo terreno" e está em seu "lar com o Senhor", tendo "[adormecido] em Cristo" (1Co 15.18; 2Co 5.8). Mas a fé cristã ortodoxa aguarda, como nossa consumação *final*, uma ressurreição *corporal* — a ressurreição da pessoa integral. Voltaremos a essa importante "questão" (em ambos os sentidos) no capítulo 19. Por ora, lembremo-nos apenas de como o apóstolo Paulo articula nossa esperança cristã ao escrever aos seus irmãos na fé em Roma:

[10] H. Vorländer, "*Anthropos*", *NIDNTT* 2:564-7.
[11] J. Stafford Wright, "The New Testament and Modern Psychology", NIDNTT 2:567-69 (567).

> E, se o Espírito de Deus que ressuscitou Jesus dos mortos habita em vocês, o Deus que ressuscitou Cristo Jesus dos mortos dará vida a seu corpo mortal, por meio desse mesmo Espírito que habita em vocês [...]. Pois sabemos que, até agora, toda a criação geme, como em dores de parto. E nós, os que cremos, também gememos, embora tenhamos o Espírito em nós como antecipação da glória futura, pois aguardamos ansiosos pelo dia em que desfrutaremos nossos direitos de adoção, incluindo a redenção de nosso corpo.
>
> Romanos 8.11,22-23

10

PORTADORES DA IMAGEM

Assim, Deus criou os seres humanos à sua própria imagem,
à imagem de Deus os criou;
homem e mulher os criou.
GÊNESIS 1.27

Então, o que é um ser humano?[1] A primeira resposta cristã é: uma entre muitas criaturas com intencionalidade em um cosmos ordenado por um Deus pessoal. A segunda é: uma criatura irredutivelmente física, à qual Deus dá vida ao soprar nela o fôlego da vida. Os seres humanos são, de maneira particular, matéria divinamente animada. Juntas, essas duas respostas enfatizam o que *conecta* a humanidade ao restante da criação de Deus, ao mesmo tempo que também começam a estabelecer algumas *distinções* importantes entre as criaturas da terra. Nossa terceira resposta agora acrescenta uma *distinção* ainda mais *radical* entre a humanidade e *todas* as outras criaturas: os seres humanos são matéria *pessoal* divinamente animada.

A linguagem bíblica que introduz pela primeira vez essa ideia encontra-se em Gênesis 1.26-27: "Então Deus disse: 'Façamos o ser humano à nossa imagem; ele será semelhante a nós [...]'. Assim, Deus criou os seres humanos à sua própria imagem, à imagem de Deus os criou; homem e mulher os criou". O que isso significa?

Para compreendermos essa linguagem, precisamos primeiro considerar os numerosos templos que pontilhavam a paisagem do antigo Oriente Próximo — o mundo no qual nossos textos bíblicos foram originalmente escritos. Esses eram santuários construídos em espaços considerados sagrados

[1] Sobre o conteúdo deste capítulo, veja também meu livro *Seriously Dangerous Religion*, p. 77-103 e parte de p. 309-346, que discutem a criação humana, junto com *Discovering Genesis*, p. 59-78.

por seus edificadores, e deles (imaginava-se) fluíam as próprias águas da vida que sustentavam a sociedade como um todo. Como tal, esses templos "espelhavam" a realidade cósmica mais ampla na qual as pessoas acreditavam; davam expressão arquitetônica às crenças de seus edificadores sobre a natureza do cosmos como um todo. Esse era um cosmos habitado, sem dúvida, por muitos deuses, alguns dos quais particularmente importantes para esse ou aquele grupo de adoradores. Eles viam os templos como os palácios dos deuses particularmente importantes que ali haviam feito morada.

E agora chegamos às "imagens". A presença da divindade em cada templo era representada por meio de uma estátua ou "imagem" fabricada de um deus. Rituais havia muito estabelecidos conferiam a essas imagens a "vida" divina. Nesse processo, a divindade passava, como em um passe de mágica, a habitar a imagem-templo. A imagem, então, era conduzida pelos sacerdotes a um jardim junto a um rio para desfrutar de seu novo poder. A ideia era que, por esses meios, determinado deus viesse a encontrar "descanso" em determinado templo, localizado em determinada cidade-Estado. Por meio de sua "imagem", a pessoa e a presença de cada deus seriam levadas àquela cidade-Estado, expressando, dessa forma local, a participação geral da divindade na governança do cosmos, com seus frutos de paz e segurança.[2]

É óbvio que a fé bíblica se opõe resolutamente a essa forma de compreender o cosmos. Ela contesta a existência real dos muitos deuses do antigo Oriente Próximo, caracterizando suas imagens como meros artefatos humanos de madeira e pedra (cap. 7; Dt 4.28). Essas imagens, asseguram-nos os autores bíblicos, são tão mortas quanto os deuses que supostamente representam. Por isso o Antigo Testamento proíbe a adoração desses muitos deuses, incluindo suas representações em imagens. A verdadeira divindade não pode (normalmente) ser representada em qualquer coisa criada. Isso também explica por que os antigos israelitas foram instruídos a não "[fazer] para si espécie alguma de ídolo ou imagem de qualquer coisa no céu, na terra ou no mar" (Êx 20.4-5). Consequentemente, os templos israelitas, construídos e mobiliados segundo os mandamentos de Deus, eram "anicônicos". Não continham qualquer "ícone" (artefato) destinado a "representar por imagem" nem mesmo o único Deus vivo e criador. Portanto, nenhuma imagem estava no trono dos querubins no lugar santíssimo, no templo de Jerusalém. A presença de Deus ali "não tinha imagem".

[2] Walton, *Ancient Near Eastern Thought*, p. 113-118.

Resumindo até aqui: no pensamento bíblico, o que é criado não pode representar por meio de imagem o único Deus vivo e verdadeiro — em termos gerais. E agora retornamos àquilo que podemos perceber claramente, pela primeira vez, como a surpreendente exceção. *Há* "deuses" no mundo, de certo modo. *Existem* imagens legítimas e verdadeiras de Deus no cosmos. São os seres humanos!

Essas imagens também habitam um "templo", metaforicamente falando — pois é assim que os autores bíblicos nos convidam, em Gênesis 1—2, a ver a própria criação. A criação é, por exemplo, um santuário iluminado por "luzes", assim como o tabernáculo israelita (o templo portátil anterior aos tempos de Salomão).[3] Após sua construção, Deus "descansa" nele. É um santuário semelhante a um jardim (Gn 2) com sua entrada no lado leste, assim como o templo de Jerusalém. Essa entrada é guardada pelos "querubins" que aparecem em outras passagens do Antigo Testamento apenas em conexão *com* o templo de Jerusalém e o tabernáculo (Gn 3.24; Êx 25.18-22; 1Rs 6.23-28). A árvore da vida nesse jardim é representada no tabernáculo pelo candelabro com seus motivos florais — e assim por diante (Gn 2.9; Êx 25.31-40). A criação é um espaço sagrado — um templo-cosmos.

É nesse "templo" cósmico que Deus, em Gênesis 1—2, coloca sua imagem, homem e mulher por natureza. Tendo-a formado do barro, ele a animou com o sopro divino, assim como as imagens de templos antigos em geral. Mas é essa criatura humana, e nada mais, que na visão bíblica pode ser considerada "semelhante" a Deus. Nas palavras de um autor:

> Diante do dossel do espaço e da topografia da terra — pulsando, fervilhando e se movendo com vida fértil e fantástica —, Adão se coloca em um relacionamento único com Deus. [...] Não uma pedra ou madeira esculpida à imagem de uma divindade menor, "o Adão" em sua natureza dupla [...] é uma mediação animada — que anda, fala e se relaciona — da essência, da vontade e da obra do soberano Deus criador. Como imagem viva do Deus vivo, Adão mantém com Deus um relacionamento semelhante ao de um filho com seu pai.[4]

[3] O hebraico usado para as "luzes" celestiais em Gênesis 1.14-16 é *mā᾽ôr* ("máor", com ênfase na segunda sílaba e o som longo de "o", como em "morro") — como em descrições posteriores do tabernáculo (p. ex., Êx 35.14,28; 39.37; Nm 4.9).

[4] "Adam", *DBI*, p. 9.

Enquanto as criaturas em geral — animadas ou não — não podem, de forma alguma, representar por imagem o Deus vivo, os seres humanos *podem*. Se há, portanto, quaisquer "deuses" no mundo, esses são os seres humanos. Com um único ato, Gênesis eleva a humanidade a uma posição extraordinariamente alta na hierarquia da criação. Já não somos meros *guardiões* de uma imagem divina em um templo (como teriam sido os antigos sacerdotes). Nós *mesmos* somos imagens divinas dentro de um templo.

O Salmo 8 fala sobre essa mesma realidade sem utilizar explicitamente a linguagem da "imagem". "Quem são os simples mortais [os seres humanos], para que penses neles?", pergunta o salmista. "Quem são os seres humanos, para que com eles te importes?" (Sl 8.4). Ele está contemplando os céus, que, para um contemporâneo babilônico da antiguidade, seriam a morada dos deuses mais poderosos — especialmente o Sol e a Lua. O salmista não tem essa visão. Não obstante, os céus ainda são, para ele, um espetáculo maravilhoso e, como tal, levantam perguntas sobre a importância dos seres humanos. Mas, então, ele se lembra: "E, no entanto, os fizeste apenas um pouco menores que Deus e os coroaste de glória e honra" (Sl 8.5).[5] Ou seja, o ser humano é um rei coroado com dois dos atributos do próprio Deus (por exemplo, Êx 33.18; Sl 96.6; Sl 145.5). Toda pessoa humana carrega, na criação, o *status* de *divindade* e *realeza*.

Portanto, embora seja totalmente correto que, como "pessoas bíblicas", devamos enfatizar as formas pelas quais os seres humanos são "semelhantes" às outras criaturas — às criaturas em geral, e às animadas, em particular —, precisamos ir além. Se quisermos começar a contar toda a história sobre nossa condição de ser humano, também precisamos enfatizar realidades muito distintas. E é aqui que a metafísica vai aonde a física não pode nos levar. A teologia vai aonde a ciência biológica não pode chegar — ainda que esta revele muito sobre todos os aspectos únicos da condição humana. As Sagradas Escrituras nos ensinam que os seres humanos são "semelhantes a Deus" de uma forma que nenhuma outra criatura o é. Não somos apenas matéria *animada*, mas matéria *pessoal* — e, como tal, somos criaturas altamente exaltadas. É isso que uma antropologia cristã nos obriga a afirmar.

É essa mesma imagem de Deus que está quebrada, mas não destruída, em nossa experiência humana atual (como veremos no cap. 17). Essa

[5] Algumas versões bíblicas, como a ARC, traduzem a primeira parte do versículo desta forma: "Contudo, pouco menor o fizeste do que os anjos".

imagem está agora em processo de restauração em Cristo, que é a própria imagem de Deus (cap. 18; 2Co 4.4; Cl 1.15). Os cristãos, ao serem salvos, são "[predestinados] para se tornarem semelhantes à imagem [do Filho de Deus], a fim de que ele fosse o primeiro entre muitos irmãos" — trocando a imagem do "homem terreno" pela imagem do "homem celestial" (Rm 8.29; 1Co 15.49). Ao revestir-nos dessa "nova natureza", vemo-nos "renovados à medida que [aprendemos] a conhecer [nosso] Criador e [nos tornamos] semelhantes a ele" (Cl 3.10; cf. 2Co 3.18). Fomos criados como criaturas altamente exaltadas, e permanecemos como tal agora. Pela misericórdia de Deus, também seremos criaturas exaltadas no futuro.

11

BELOS

O Senhor *Deus fez brotar do solo árvores de todas as espécies, árvores lindas que produziam frutos deliciosos.*

Gênesis 2.9

Ao longo dos séculos, muito se escreveu na tentativa de aprofundar a questão de como, exatamente, os seres humanos são, e não são, "semelhantes" a Deus.[1] Assim como o Deus pessoal, o ser humano possui, por exemplo, a capacidade de raciocinar e imaginar. Somos capazes de fazer escolhas morais por meio do livre-arbítrio, em vez de simplesmente sermos guiados pelo instinto e pelo ambiente. E assim por diante. Outros animais não são dotados desses atributos. Mas, segundo as Sagradas Escrituras, os seres humanos também são muito *diferentes* de Deus em diversos aspectos. De forma significativa, muitos desses aspectos são justamente aqueles nos quais os povos antigos acreditavam, ao contrário, que a distância entre humanidade e divindade é pequena. De forma alguma, nos ensinam as Escrituras; essa distância é *grande*.

Por exemplo, assim como os seres humanos, esses deuses antigos possuíam uma anatomia que lhes permitia manter relações sexuais e gerar filhos. Tinham inclinações, desejos e necessidades semelhantes aos dos seres humanos, além de limitações, e seguiam rotinas diárias similares. Sem dúvida, não eram moralmente superiores aos seres humanos. Em suma, os seres humanos eram "semelhantes" a esses deuses antigos em grande medida. Era nisso que se acreditava.

Na fé bíblica, por outro lado, os seres humanos são semelhantes a Deus

[1] Sobre o conteúdo deste capítulo, veja também meus livros *Seriously Dangerous Religion*, p. 47-75 (sobre a ideia bíblica de Deus), e *Ecclesiastes and Song of Songs*, p. 290-296 (sobre a beleza).

em diversos aspectos muito significativos e com grandes implicações, mas também são radicalmente *diferentes* de Deus em muitos *outros* aspectos. Por exemplo, o Deus vivo não se envolve em atividade sexual, não procria nem dá à luz. Não cochila nem dorme. Não conhece vergonha nem medo. Ele é moralmente superior aos seres humanos; por exemplo: "Deus não é homem para mentir" (Nm 23.19). Assim, o abismo estabelecido entre Deus e os deuses nas Sagradas Escrituras é vasto. Deus é incomparavelmente Deus: "Ó SENHOR, o Deus de Israel, não há Deus como tu em cima, nos céus, nem embaixo" (1Rs 8.23). Um grande abismo separa Deus dos deuses, e um abismo igualmente grande separa o divino do humano, mesmo que portemos a imagem de Deus.

Ao menos, um aspecto de nossa natureza como portadores da imagem de Deus foi subestimado em uma parte considerável da teologia cristã ao longo dos séculos, e vale a pena fazer uma pausa para considerá-lo aqui. Trata-se de nossa capacidade humana de compreender a beleza. Já vimos isso no capítulo anterior quando consideramos o Salmo 8. Aqui, o autor contempla com admiração "o céu [...] a obra de teus dedos, a lua e as estrelas que ali puseste?" (Sl 8.3). Mas, muito antes disso, em Gênesis 1—2, já está claro que, entre outras coisas, a história bíblica da criação é uma narrativa sobre a beleza emergente.

Deus fala e traz à existência o mundo maravilhoso que habitamos, e esse mundo é, em todos os aspectos, "bom" (Gn 1.4,10,12,18,21,25,31). O que significa "bom"? Gênesis 2, em particular, nos ajuda a perceber que não se trata apenas de pragmática, mas também de estética. No versículo 9, aprendemos que as árvores no glorioso jardim de Deus são "lindas" *e também* "produziam frutos deliciosos". Jesus, mais tarde, proclama que "uma pessoa não vive só de pão, mas de toda palavra que vem da boca de Deus" (Mt 4.4). Contudo, já é verdade em Gênesis que os seres humanos precisam de outras coisas além de comida (por mais maravilhosa e além de pragmática que a comida em si possa ser). Fomos criados para a beleza e, de fato, fomos formados como belos. Fomos moldados à imagem de Deus e, portanto, refletimos a beleza e a glória divinas. Desde o princípio, somos belos e sempre precisamos da beleza, assim como do pão. Não há, portanto, constrangimento algum entre os autores bíblicos quando chamam a atenção para a beleza, o que fazem com frequência (por exemplo, Gn 12.11-14; 24.16; 29.17; 1Sm 25.3; 2Sm 11.2; 14.25,27). Esse é apenas um dos aspectos da maravilha da criação sobre os quais o Salmo 8 reflete.

É a beleza da criação que também é o tema central de um capítulo inteiro, como Cântico dos Cânticos 2.[2] Aqui, a beleza da primavera, especificamente, é o tema, uma vez que a vida brota de novo da terra e todas as criaturas de Deus se tornam ativas novamente. O poeta contempla tudo — flores e árvores frutíferas, montes e colinas, cervos e pombas — e nos convida a admirar tudo isso com ele. Os dois apaixonados humanos, que estão no centro de sua descrição, se identificam com essa criação mais ampla. Eles se afirmam mutuamente por meio de imagens extraídas da flora e da fauna ao redor, competindo entre si para encontrar maneiras de exaltar a beleza um do outro:

> Ah, ouço meu amado chegando!
> Ele salta sobre os montes,
> pula sobre as colinas.
> Meu amado é como a gazela,
> como o jovem cervo.
> Vejam, lá está ele atrás do muro,
> observando pelas janelas,
> espiando por entre as grades.
> Meu amado me disse:
> "Levante-se, minha querida!
> Venha comigo, minha bela!
> Veja, o inverno acabou,
> e as chuvas passaram.
> As flores estão brotando;
> chegou a época das canções,
> e o arrulhar das pombas enche o ar.
>
> Cântico dos Cânticos 2.8-12

Não há, em tudo isso, qualquer tipo de "mal-estar" com a beleza, como se vê em certas vertentes do pensamento cristão ao longo dos séculos. Como era de esperar, essas são as mesmas vertentes que tendem a depreciar a matéria em relação ao "espírito", em geral. Os próprios autores bíblicos reconhecem, sem dúvida, que a beleza física é transitória e vulnerável à destruição, como tudo o que é criado. A beleza não deve nos cegar para nossa mortalidade, a ponto de vivermos de maneira insensata (Is 28.1; 40.6-8). Em

[2] Veja também meu livro *Ecclesiastes and Song of Songs*, p. 282-289.

particular, é perfeitamente possível ser belo e, ainda assim, carecer de qualidades importantes de caráter. É possível até mesmo negligenciar o *desenvolvimento* do caráter por causa de um apego exclusivo à aparência exterior das coisas (Pv 11.22; cf. Mt 23.27). A beleza não deve ter mais valor que a piedade. De fato não deve ter mais valor que aqueles muitos outros atributos ou dons que compõem a pessoa humana.[3]

Dito tudo isso, no entanto, fomos criados belos e *para* a beleza. Certamente, não devemos divinizá-la, permitindo que se torne mais importante para nós do que deveria. A beleza não deve se tornar um ídolo. Mas, ao mesmo tempo, não devemos desprezá-la nem ignorá-la. Recebida como uma dádiva de Deus e inserida no contexto de tudo o que é bom na criação divina, a beleza enriquece nossa vida e torna-se, por si só, um sinal que nos aponta para o Deus cuja própria pessoalidade ela reflete.

Assim, o ser humano — portador da imagem —, dentro de uma antropologia cristã, não é apenas alguém dotado da capacidade de raciocinar e imaginar, ou de fazer escolhas morais por meio do livre-arbítrio. É também alguém que possui a capacidade de reconhecer e desfrutar a beleza e a experiência estética. Não encontraremos um tigre, belo em si mesmo, refletindo sobre a beleza dos tigres. Tampouco veremos uma orca admirando, com assombro, o esplendor do último pôr do sol ou refletindo sobre a grandiosidade da música de Johann Sebastian Bach. Nossa capacidade humana de apreciar e vivenciar a beleza é algo que pertence exclusivamente aos portadores da imagem. Nas palavras de C. S. Lewis — ainda que, ao escrever isto, estivesse fazendo a distinção entre seres humanos e anjos, e não entre seres humanos e animais —: "No entanto, aqui, neste minúsculo e encantado interior, neste salão da mente, o Criador compartilha com os homens vivos alguns segredos em uma privacidade que será para sempre nossa, não deles".[4]

Não é de admirar, então, que o destino para o qual nossa jornada com Deus está nos conduzindo seja também deslumbrantemente belo:

> Então vi um novo céu e uma nova terra, pois o primeiro céu e a primeira terra já não existiam, e o mar também não mais existia. E vi a cidade santa,

[3] Veja 1Pe 3.1-6; Pv 31.30, observando as ênfases de forma mais geral ao longo de Pv 31.10-31.

[4] Lewis, "On Being Human".

> a nova Jerusalém, que descia do céu, da parte de Deus, como uma noiva belamente vestida para seu marido.
>
> Ouvi uma forte voz que vinha do trono e dizia: "Vejam, o tabernáculo de Deus está no meio de seu povo! Deus habitará com eles, e eles serão seu povo. O próprio Deus estará com eles [...]".
>
> Ele me levou no Espírito até um grande e alto monte e me mostrou a cidade santa, Jerusalém, que descia do céu da parte de Deus. Brilhava com a glória de Deus e cintilava como uma pedra preciosa, como jaspe, transparente como cristal. [...]
>
> O muro era feito de jaspe, e a cidade era de ouro puro, transparente como vidro. O muro da cidade era construído sobre alicerces ornamentados com doze pedras preciosas [...]
>
> Então o anjo me mostrou o rio da água da vida, transparente como cristal. [...] De cada lado do rio estava a árvore da vida, que produz doze colheitas de frutos por ano, uma em cada mês.
>
> Apocalipse 21.1-3,11-12,18-19; 22.1-2

A beleza veio para ficar. É um aspecto permanente do cosmos que Deus criou e que ele voltará a criar no fim dos tempos. A única diferença é que haverá muito *mais* beleza no futuro — pois a "glória" possui diferentes graus (1Co 15.35-49).

12

GOVERNANTES

Sejam férteis e multipliquem-se. Encham e governem a terra.
Dominem sobre os peixes do mar, sobre as aves do céu
e sobre todos os animais que rastejam pelo chão.
GÊNESIS 1.28

Os esclarecimentos apresentados nos dois capítulos anteriores sobre o que significa, e o que não significa, os seres humanos serem portadores da imagem divina são importantes.[1] No entanto, é possível argumentar que esse interesse em investigar profundamente a "composição" dos portadores da imagem, às vezes, desvia a atenção do interesse imediato dos autores bíblicos na descrição da criação deles. O interesse imediato deles, em Gênesis 1—2, é nos mostrar *para que* os portadores da imagem foram criados. Gênesis 1.26 e 1.28 são os primeiros versículos a tratar dessa questão — a questão da vocação humana. Não é de surpreender que, à luz da referência no Salmo 8 aos seres humanos "coroados", essa vocação seja descrita em Gênesis 1.28 em termos de "domínio" e também de "sujeição": "Sejam fecundos, multipliquem-se, encham a terra e sujeitem-na. Tenham domínio sobre os peixes do mar, sobre as aves dos céus e sobre todo animal que rasteja pela terra" (NAA).

Essas palavras-chave ecoam a linguagem presente em outras passagens do Antigo Testamento sobre a realeza. "Domínio" é a linguagem do governo — de reis que regem seus súditos, bem como de outros tipos de regência (por exemplo, 1Rs 4.24; Is 14.2; Jr 5.31; Sl 49.14). "Sujeitar" é a linguagem da conquista — algo em que os reis antigos normalmente tinham grande

[1] Sobre o conteúdo deste capítulo, veja também meus livros *Convenient Myths*, p. 107-119, *Seriously Dangerous Religion*, p. 221-249, e *Seeking What Is Right*, p. 265-283, que discutem a questão do "domínio" bíblico.

interesse (por exemplo, Nm 32.22,29; Js 18.1; 2Sm 8.11). Assim, os seres humanos devem fazer na criação aquilo que os reis normalmente fazem em seus próprios domínios: governar e sujeitar.

Devemos, no entanto, ter cautela aqui para não interpretar essa linguagem como uma legitimação de uma postura humana agressiva e exploradora em relação ao restante da criação. O que implicava de fato a vocação dos reis no mundo antigo? Entre outras coisas, a descrição do cargo incluía o seguinte: cabia, sobretudo, ao rei assegurar o bem-estar de seus súditos e promover justiça para todos.[2] Portanto, retratar todos os seres humanos como "reis" sobre a terra em Gênesis 1 não é implicar que a humanidade tem permissão para explorar e saquear a terra. Afinal, os reis mencionados aqui governam e sujeitam *como representantes — portadores da imagem —* de Deus. Trata-se do Deus pessoal que é o único Rei verdadeiro, mas que delega esse governo a seus portadores da imagem. Gênesis, portanto, não propõe um poder absoluto e irrestrito, sem limites morais, que possa ser exercido conforme a vontade humana. A responsabilidade da humanidade é, ao contrário, exercer "domínio" em nome do Deus que criou o mundo em que ela vive. O caráter desse domínio é descrito no Salmo 72, cujos versículos iniciais expressam a seguinte esperança para a realeza davídica:

> Ajuda-o a julgar teu povo corretamente;
> que os pobres sejam tratados com imparcialidade.
> Que os montes produzam prosperidade para todos,
> e que as colinas deem muitos frutos.
> Ajuda-o a defender os pobres dentre o povo,
> a salvar os filhos dos necessitados
> e a esmagar seus opressores.
>
> Salmos 72.2-4.

O contexto mais amplo desse tipo de governo é o seguinte: "A terra e tudo que nela há são do SENHOR; o mundo e todos os seus habitantes lhe pertencem" (Sl 24.1).

Esse "governo" humano, portanto, deve necessariamente levar em conta a natureza da criação como a encontramos nos capítulos anteriores. Todas

[2] Um exemplo bíblico notável encontra-se em 1Rs 3.16-28. Veja também meu livro *1 & 2 Kings*, p. 50-52.

as criaturas, seja qual for sua "espécie", são criaturas de *Deus*. Cada uma possui sua própria utilidade e dignidade, concedidas por Deus, independentemente dos seres humanos — embora estes tenham um papel importante a desempenhar no cosmos. Considere, ainda dentro desse raciocínio, o Salmo 104, que começa com uma visão da contínua realeza de Deus, que está "vestido de glória e majestade [do hebraico *hādār*]":[3]

> Ó SENHOR, meu Deus, como és grandioso!
> Estás vestido de glória e majestade,
> envolto num manto de luz.
> Estendes a cortina estrelada dos céus,
> pões as vigas de tua casa nas nuvens de chuva.
> Fazes das nuvens o teu carro de combate,
> cavalgas nas asas do vento.
> Os ventos são teus mensageiros,
> e as chamas de fogo, teus servos.
>
> Salmos 104.1-4

Essa é a regra sob a qual todos os portadores da imagem governam. Essa é a "majestade" divina que se reflete apenas na "honra" (também *hādār* em hebraico) das criaturas humanas feitas à imagem de Deus no Salmo 8 (v. 5). Afinal, os reis — meros portadores da imagem — não têm nuvens, vento e relâmpagos como servos. Nunca estenderam "a cortina estrelada dos céus", nem construíram para si um palácio acima das nuvens de chuva.

Os versículos 5 a 13 seguem, então, descrevendo o controle soberano de Deus sobre as águas, sem o qual a terra não poderia existir de forma alguma. A seção seguinte (v. 14-23) desenvolve a ideia de que Deus supre as necessidades de toda a sua criação animal. Ambos os tipos de animais — humanos e não humanos — são importantes; cada um encontra seu próprio lugar na criação de Deus. Os "lugares" são diversos, e cada um é adequado a seus próprios habitantes. Deus não apenas provê um ambiente apropriado para os *seres humanos* na terra, mas também cuida de *todas* as suas criaturas dessa maneira. E todas as criaturas *terrenas* também se beneficiam dos arranjos de Deus nos *céus*, onde "[fez] a lua para marcar as

[3] A pronúncia é "ha-dár" (com as vogais abertas e a ênfase na segunda sílaba).

estações, e o sol sabe a hora de se pôr" (Sl 104.19). É nos ciclos consequentes de luz e escuridão, ambos bons à sua maneira, que todas as criaturas de Deus prosperam. Os seres humanos realizam seu trabalho à plena luz do dia, mas o crepúsculo e a noite são importantes para outras criaturas (Sl 104.20-22). Este não é um mundo projetado, seja no espaço ou no tempo, apenas com os interesses humanos em vista. Deus cuida de *todas* as suas criaturas, incluindo as criaturas marinhas (Sl 104.25-35).

Sem dúvida, não se trata *apenas* do fato de que cada criatura possui utilidade e dignidade concedidas por Deus, independentemente dos seres humanos. Trata-se também de que — e aqui voltamos ao capítulo anterior — a criação como um todo reflete, assim como os seres humanos, a glória e a majestade (a *beleza*) de seu Criador. Isso é algo que portadores da imagem com clareza de visão compreendem bem, e isso os leva a louvar — como no Salmo 147. Ali, o poeta exorta seus leitores: "Cantem com ações de graças ao Senhor, cantem ao nosso Deus louvores com a harpa". E por quê? "Ele cobre os céus de nuvens, provê chuva para a terra e faz o capim crescer nos montes. Alimenta os animais selvagens e dá de comer aos filhotes dos corvos quando pedem" (Sl 147.7-9). Deus também "envia a neve como lã branca e espalha a geada sobre a terra como cinzas. Lança granizo como pedras" (Sl 147.16-17). O cosmos que o rei humano deve "governar" é algo de extraordinária beleza, refletindo quem é o próprio Deus. Lembre-se do Salmo 19: "Os céus proclamam a glória de Deus; o firmamento demonstra a habilidade de suas mãos" (v. 1). Todos os habitantes do reino são, cada um à sua maneira, adoradores do Criador, como deixa claro o Salmo 148. São adoradores *ao lado de* reis, príncipes e governantes de todos os tipos (Sl 148.7-13, em especial o v. 11). Entre esses adoradores estão "criaturas das profundezas do oceano, fogo e granizo, neve e nuvens, ventos tempestuosos. [...] Montanhas e colinas, árvores frutíferas e cedros, animais selvagens e domésticos, seres que rastejam e os que voam". É razoável concluir que o caráter do governo de qualquer pessoa será (ou deveria ser) moldado por sua compreensão da natureza de seus súditos. No caso presente, esses súditos são coadoradores ("louvem todos o nome do Senhor") de um Deus cujo nome é "exaltado" (Sl 148.13).

É justamente essa compreensão de "domínio" que os seguidores de Cristo são compelidos a adotar — aqueles que tomam Jesus como seu supremo exemplo do que significa exercer a realeza.

Tenham a mesma atitude demonstrada por Cristo Jesus.

Embora sendo Deus,
    não considerou que ser igual a Deus
    fosse algo a que devesse se apegar.
Em vez disso, esvaziou a si mesmo;
    assumiu a posição de escravo
    e nasceu como ser humano.
Quando veio em forma humana,
    humilhou-se e foi obediente até a morte,
    e morte de cruz.
Por isso Deus o elevou ao lugar de mais alta honra
    e lhe deu o nome que está acima de todos os nomes,
    para que, ao nome de Jesus,
todo joelho se dobre, nos céus, na terra e debaixo da terra,
    e toda língua declare que Jesus Cristo é Senhor,
    para a glória de Deus, o Pai.

Filipenses 2.5-11

Aqui está um rei que voluntariamente renuncia suas prerrogativas para salvar seus súditos do mal. Ele é um rei-servo, "obediente até a morte" no sofrimento *com* sua criação, em vez de observá-la friamente a distância. Nosso próprio chamado como seus seguidores, é "[participar] de seu sofrimento [para que participemos] também de sua glória" (Rm 8.17). Está explicitamente claro que não devemos imitar "os governantes do mundo", exercendo poder de forma autoritária sobre nossos súditos. Na verdade, "quem quiser ser o líder entre vocês, que seja servo, e quem quiser ser o primeiro entre vocês, que se torne escravo. Pois nem mesmo o Filho do Homem veio para ser servido, mas para servir e dar sua vida em resgate por muitos" (Mt 20.25-28).

Nosso cosmos é um espaço sagrado, criado e belo, cujo bem-estar nosso Criador coloca nas mãos de seus governantes, portadores da imagem de Deus — reis-servos que são coadoradores na criação. É isso que implica o "domínio" bíblico.

13

SACERDOTES

O Senhor *Deus colocou o homem no jardim do Éden*
para cultivá-lo e tomar conta dele.

Gênesis 2.15

Se você ainda alimenta alguma dúvida quanto à minha interpretação de "domínio" em Gênesis 1, apresentada no capítulo anterior, o que Gênesis 2 acrescenta à compreensão bíblica da vocação humana deveria dissipá-la.[1] Pois, enquanto Gênesis 1 apresenta o portador da imagem como um governante, Gênesis 2 recorre a uma metáfora bem diferente. O texto-chave aqui é o versículo 15, ao qual chegaremos em breve. Antes, porém, vale a pena fazer uma pausa para observar algo importante sobre todo o trecho de Gênesis 2.4-25 em comparação com Gênesis 1.1—2.3.

Gênesis 1.1—2.3 enfatiza a importância dos seres humanos no cosmos ao colocá-los por último em uma sequência narrativa que se encerra antes do dia final de descanso. Essa sequência termina com sua criação particularmente surpreendente: eles são incomparáveis em sua natureza sobre a terra. Ou seja, Gênesis 1.1—2.3 descreve a criação como uma série de etapas criativas que chegam a um ponto culminante (um *ápice*) na criação da humanidade. Todo o restante prepara o caminho para os seres humanos.

Gênesis 2.4-25, por outro lado, descreve a criação como algo que não pode funcionar adequadamente sem os seres humanos no *centro*. Somente quando há um jardineiro, colocado por Deus em seu jardim, é que outras realidades criadas, como plantas silvestres e "grãos" (Gn 2.5), podem existir. Esta segunda palavra, "grãos", refere-se a plantas comestíveis ou àquelas

[1] Sobre o conteúdo deste capítulo, veja também meus livros *Convenient Myths*, p. 107-119, *Seriously Dangerous Religion*, p. 221-249, e *Seeking What Is Right*, p. 265-283, que discutem a questão do "domínio" bíblico.

que oferecem alimento. Gênesis 2 ajuda-nos a perceber de forma particularmente clara, então, que a humanidade foi criada *para* o restante da criação — a fim de promover seu funcionamento ideal. Nossa natureza criada, que é especial, traz consigo responsabilidades importantes em relação ao restante da criação.

Então, o que exatamente o ser humano foi criado para fazer? Aqui devemos compreender a ideia de "sacerdote" no pensamento do Antigo Testamento — uma pessoa chamada a servir a Deus e transmitir suas bênçãos aos outros, como em Números 6.24-26: "Que o Senhor o abençoe e o proteja. Que o Senhor olhe para você com favor e lhe mostre bondade. Que o Senhor se agrade de você e lhe dê paz". Um aspecto central desse papel sacerdotal era cuidar do tabernáculo, onde o Senhor havia se feito especialmente "presente" no meio de Israel. O sacerdote deveria "cuidar" (ou "tomar conta") de várias coisas (do hebraico *šāmar*) e "servir" (ou ministrar", do hebraico *'ābad*) nesse local sagrado (Nm 3.7-8). Essa é precisamente a linguagem de Gênesis 2.15 em relação a *todos os seres humanos* no templo *cósmico* de Deus. Esse versículo nos diz que Deus criou os seres humanos e os colocou em seu jardim para "cultivá-lo e tomar conta dele" [guardá-lo] (*'ābad* e *šāmar*).[2] Em Gênesis 2, portanto, a linguagem dos reis dá lugar à linguagem dos sacerdotes, que são chamados a proteger a terra enquanto a "cultivam" (*'ābad*). Esse verbo *'ābad* também pode significar "servir" a um governante, ou mesmo servir a Deus (por exemplo, Jz 9.28; Êx 3.12). Assim, em Gênesis 2, o governante de Gênesis 1 serve à terra que ele governa enquanto cumpre uma tarefa sagrada — como um sacerdote em um templo. Ele é de fato um rei-servo, transmitindo a bênção de Deus ao seu reino.

Agora está ainda mais claro que o domínio concedido aos seres humanos em Gênesis 1 certamente não se refere a *exercer poder de forma autoritária sobre* o restante da criação. Trata-se de *cuidar* da criação — imitando Deus em seu cuidado providencial da terra e de suas criaturas. Na própria narrativa de Gênesis, Noé nos oferece o primeiro retrato amplo desse cuidado. Ele é o justo conservacionista que preserva todas as formas de vida da destruição causada por um grande dilúvio. E ele faz isso, sem dúvida, por ordem do Deus que cuida de toda a sua criação:

[2] A pronúncia é "a-vád" e "sha-már" (com a ênfase, em ambos os casos, na segunda sílaba).

> Leve na arca com você um casal de cada espécie de animal selvagem e doméstico, um macho e uma fêmea, para mantê-los com vida. Um casal de cada espécie de ave, de cada espécie de animal e de cada espécie de animal que rasteja pelo chão virá até você, para que os mantenha com vida.
>
> Gênesis 6.19-20

Portanto, não é de surpreender que, ao voltarmos mais adiante ao Novo Testamento, descubramos que toda a criação ainda pertence a Deus: "Pois todas as coisas vêm dele, existem por meio dele e são para ele [...] a terra e tudo que nela há" (Rm 11.36; 1Co 10.26; cf. Ap 4.11). É neste mundo do qual Deus ainda cuida que entra a pessoa (Jesus Cristo) em quem portar a imagem divina atinge seu ponto mais elevado — "a imagem do Deus invisível" que "mantém tudo em harmonia" (Cl 1.15-20). A redenção que esse portador da imagem inaugura tem, naturalmente, um alcance que abrange toda a criação: "Pois foi do agrado do Pai que toda a plenitude habitasse no Filho, e, por meio dele, o Pai reconciliou consigo [...] *todas as coisas* [itálicos meus], tanto nos céus como na terra" (Cl 1.19-20). E toda a criação não humana agora aguarda "com grande expectativa" essa redenção cósmica (Rm 8.19,22). Não há nada nesse material que sugira que Deus tenha deixado (nos tempos do NT) de cuidar de toda a criação. Não deveríamos esperar que tivesse. Tampouco há qualquer indício aqui de que os portadores da imagem de Deus tenham sido dispensados de seu dever de cuidar de toda a criação em nome de Deus.

É nesse contexto que devemos agora retomar a ideia de "sujeição" em Gênesis 1. Pois agora é possível compreender o que essa linguagem significa e o que não significa. Ela não representa uma postura humana, diante do restante da criação, que seja contrária ao serviço e à conservação. No entanto, ressalta uma realidade importante: a de que a criação descrita em Gênesis 1—2 não é vista, biblicamente, como um "produto acabado". Não se trata de uma espécie de *spa* utópico, completo com espreguiçadeiras ao sol para seus frequentadores, em que o único trabalho humano que precisa ser feito é levantar um gim-tônica da mesa até a boca. Biblicamente, a criação não é "perfeita", tal como seres humanos autocomplacentes poderiam avaliar a perfeição. Ela é, em vez disso, "boa", conforme a avaliação de Deus. E essa "boa" criação é dinâmica, não estática.

Na verdade, trata-se de um jardim que, para florescer, exige um trabalho de jardinagem considerável e contínuo, realizado pelo jardineiro humano a quem essa tarefa foi delegada. Esse trabalho necessariamente inclui várias formas de "sujeição", à medida que os seres humanos cumprem sua missão ordenada por Deus — a missão de serem fecundos, multiplicarem-se e se espalharem por todo o planeta (Gn 1.28). De certo modo, selvas e florestas precisam ser desbravadas, e depois controladas, para que ocorram assentamentos humanos. O solo também precisa ser preparado para a agricultura — para o cultivo que surge na narrativa bíblica sob a bênção de Deus, que garante "plantio e colheita" (Gn 8.22). Os agricultores, então, devem prestar continuamente atenção em seus campos, pois só plantar, sem remover as ervas daninhas ("sujeitar"), não trará resultado. E "proteger" os animais domésticos naturalmente exige a "sujeição" de carnívoros selvagens como leões e ursos.

Em suma, há trabalho a ser feito visando o que é bom para a criação (incluindo para os seres humanos). E esse trabalho traz *mudança*. Faz parte de nossa condição de criaturas feitas à imagem de Deus imitá-lo *tanto* em seu cuidado providencial das criaturas *quanto* em sua criatividade ordenadora. Portanto, é assim que, como consequência da garantia divina de plantio e colheita, o conservacionista Noé se torna um "lavrador" bem-sucedido — ainda que não saiba lidar muito bem com esse sucesso (Gn 9.20-21).

A sujeição é necessariamente *parte* do que a governança humana do planeta exige. No entanto, apenas um leitor que não esteja prestando atenção no contexto geral de Gênesis, ou mesmo nos salmos, poderia imaginar (como alguns imaginaram) que isso torna a fé bíblica "antropocêntrica" por natureza (veja mais adiante o cap. 49). A fé bíblica decididamente *não* incentiva o antropocentrismo. Mas também não diminui a importância do ser humano em manter na terra o que a Bíblia chama de "shalom" (do hebraico *šālôm*) — "prosperidade".[3]

Sem dúvida, isso coloca nossa tradição bíblica em desacordo com algumas formas contemporâneas de pensar sobre o que é "bom" para nosso planeta — formas de pensar que defendem que a remoção do ser humano resolveria "o problema do planeta". No entanto, em todas as Cúpulas da Terra já realizadas, os representantes eram membros de uma única espécie. Pois, entre todas as criaturas de Deus, apenas os seres humanos são capazes de mudar drasticamente o mundo para o bem ou para o mal. Apenas os seres humanos também podem se preocupar com isso. E aqui ciência

[3] A pronúncia é "sha-lôm" (com o "o" fechado e a ênfase na segunda sílaba).

e teologia cristã mais uma vez convergem. O "domínio" não é apenas uma categoria teológica, mas também uma realidade biológica. A única questão é: como os seres humanos irão exercer esse domínio, e por quê? Ele será exercido de acordo com as visões não bíblicas do filósofo natural (cientista) do século 17, Francis Bacon, "que sequestrou o texto de Gênesis para autorizar o projeto do conhecimento científico e da exploração tecnológica cujos excessos nos trouxeram a crise ecológica"?[4] Ou será exercido de acordo com o pensamento consideravelmente mais cristão de alguém como o teólogo francês do século 16, João Calvino, que entendia que o "domínio" humano não é uma desculpa para saquear a terra, e que ensinava que todo ser humano deve "se considerar o mordomo de Deus em todas as coisas que possui"?[5]

[4] Bauckham, *Bible and Ecology*, p. 6.

[5] Por exemplo, Calvin, *Genesis*, p. 57, 125-126; e *Institutes*, 3.10.1, em que ele observa, em referência a 1Co 7.31, que "Paulo [...] nos adverte a usar este mundo sem abusar dele".

14

COMUNHÃO COM DEUS

Quando soprava a brisa do entardecer, o homem e sua mulher ouviram o Senhor Deus caminhando pelo jardim [...].
Então o Senhor Deus chamou o homem [...]
Gênesis 3.8-9

Já está claro a partir de nossos capítulos anteriores que, biblicamente, "nenhum homem é uma ilha" — que os seres humanos foram criados como seres sociais, feitos para se relacionar, e não como indivíduos isolados.[1] Nos próximos três capítulos, mergulharemos ainda mais nessa realidade. Começaremos com nosso relacionamento com Deus (este capítulo) antes de passarmos para nosso relacionamento com o próximo em geral (cap. 15) e, depois, para o relacionamento entre homem e mulher em particular (cap. 16).

Na fé bíblica, um Deus pessoal, trino em sua natureza (e, portanto, relacional em si mesmo), criou pessoas humanas *para* o relacionamento — antes de tudo, com *ele*. Não se trata de um relacionamento entre iguais, uma vez que Deus é Deus, e nós não somos. Mas se trata de um relacionamento *real*, já retratado em Gênesis 1—3 como algo que envolve, por exemplo, diálogo. Em seu cerne, esse relacionamento envolve confiança — confiança na bondade do Criador. Vemos essa confiança expressa em muitas ocasiões nas Sagradas Escrituras, uma vez que as pessoas louvam a Deus em reconhecimento de sua bondade. Considere, por exemplo: "Ó Senhor, tu és tão bom, tão pronto a perdoar, tão cheio de amor por todos que te buscam"; e "pois o Senhor é bom! Seu amor dura para sempre, e sua fidelidade, por todas as gerações" (Sl 86.5; 100.5).

[1] Sobre o conteúdo deste capítulo, veja também meu livro *Seriously Dangerous Religion*, p. 163-190, e parte de p. 309-346, que discutem nosso relacionamento humano com Deus.

Aqui já deparamos com diversos aspectos específicos da bondade de Deus. Há o amor de Deus, por exemplo, que não só é "abundante" (ARA), mas também inesgotável: "O amor do SENHOR não tem fim! Suas misericórdias são inesgotáveis" (Lm 3.22; cf. Sl 106.1). Também é "abundante" a fidelidade de Deus, que se estende até os céus (Sl 36.5; cf. Êx 34.6). E há ainda o perdão de Deus. "Que outro Deus há semelhante a ti, que perdoas a culpa do remanescente e esqueces os pecados dos que te pertencem? Não permanecerás irado com teu povo para sempre, pois tens prazer em mostrar teu amor" (Mq 7.18). Deus pode, com razão, se indignar diante do mal — como qualquer pessoa boa faria. Deus pode muito bem ser (felizmente!) o "Deus da vingança" que se vinga dos "perversos" quando atacam e oprimem os fracos (Sl 94.1-3). Mas, por mais determinado que esteja a confrontar tais pessoas com firmeza, ele é, ao mesmo tempo, "o Deus de compaixão e misericórdia [...] lento para [se] irar e cheio de amor e fidelidade" (Êx 34.5-7). As outras pessoas no cosmos devem adorar e reverenciar um Deus tão maravilhoso — aquele de quem todos dependemos (lembre-se!) para cada respiração que damos.

É essa confiança em Deus que os autores bíblicos consideram a essência da *fé* genuína em Deus. A fé não é simplesmente *crer* em certas verdades sobre Deus, mas, em vez disso, *confiar*-se a ele. É esse tipo de fé que é ilustrado, por exemplo, na história de Abraão, que "creu no SENHOR, e assim foi considerado justo" (Gn 15.6). Nesse caso específico, um ser humano confiou que a boa intenção de Deus em abençoá-lo com descendentes não seria frustrada. Mas Abraão também confiou a si mesmo e sua família, de outras maneiras, ao Deus que ele acreditava ser bom, e viveu de acordo com essa fé. É por isso que ele é apresentado na Bíblia como um exemplo tão importante para todos os que creem (por exemplo, em Hb 11.8-10).

É desse solo fértil da confiança de que Deus é verdadeiramente *por* nós que brota e floresce nosso amor por ele — nosso afeto, cuidado, deleite e admiração por outra pessoa (Rm 8.31). Assim como Deus amou seu povo com "amor eterno" (Jr 31.3), devemos, em resposta, amar a Deus com todo o nosso ser: "Ouça, ó Israel! O SENHOR, nosso Deus, o SENHOR é único! Ame o SENHOR, seu Deus, de todo o seu coração, de toda a sua alma e de toda a sua força" (Dt 6.4-5). Lembrando-nos de nossas reflexões anteriores sobre a "composição" do ser humano, não cometeremos aqui o erro de interpretar "coração" e "alma" (do hebraico *nepeš* e *ləbab*) como se limitassem nosso amor por Deus apenas a algumas "partes" da vida, e não a outras. Pelo contrário, *a pessoa integral* deve empenhar-se completamente em responder com amor — física, emocional, intelectual e moralmente — ao Deus pessoal.

Dessa confiança e amor por Deus, surge, em seguida, a obediência com alegria. O ser humano não é concebido, em nossa tradição bíblica, como alguém moralmente autônomo. Fomos criados para obedecer à Outra Pessoa. É por isso que Deuteronômio 6 segue seu mandamento do amor com estas palavras:

> Guarde sempre no coração as palavras que hoje eu lhe dou. Repita-as com frequência a seus filhos. Converse a respeito delas quando estiver em casa e quando estiver caminhando, quando se deitar e quando se levantar. Amarre-as às mãos e prenda-as à testa como lembrança. Escreva-as nos batentes das portas de sua casa e em seus portões.
>
> Deuteronômio 6.6-9

O antigo povo de Deus não foi resgatado do Egito para que pudesse viver como bem entendesse. Os israelitas foram salvos para uma vida moldada pelos mandamentos de Deus — na linguagem do Novo Testamento, a "lei de Cristo" (Gl 6.2). Mas, uma vez que esses mandamentos são bons, obedecer a eles é motivo de alegria. Não somos chamados à obediência por medo de represálias, caso falhemos (como um escravo poderia obedecer ao seu senhor), mas por amor e confiança. *Sabemos*, quando pensamos com clareza, que é simplesmente sensato "[ter] prazer na lei do Senhor" e nela meditar "dia e noite" (Sl 1.2). Esta é a razão:

> A lei do Senhor é perfeita
> e revigora a alma.
> Os decretos do Senhor são dignos de confiança
> e dão sabedoria aos ingênuos.
> Os preceitos do Senhor são justos
> e alegram o coração.
> Os mandamentos do Senhor são límpidos
> e iluminam a vida.
> O temor do Senhor é puro
> e dura para sempre.

As instruções do SENHOR são verdadeiras
e todas elas são corretas.

Salmos 19.7-9

É a obediência a esses mandamentos maravilhosos que, de fato, traz ao ser humano a verdadeira liberdade, à medida que se encontra "em liberdade": "Continuarei a obedecer à tua lei para todo o sempre. Andarei em liberdade, pois me dediquei às tuas ordens. [...] Como tenho prazer em teus mandamentos! Como eu os amo!" (Sl 119.44-47).

Confiança, amor, obediência — e oração. Fomos criados para andar nesse caminho junto *com* Deus, e isso certamente envolve conversar com ele (oração) ao longo da jornada. As Escrituras Sagradas nos apresentam todos os tipos de oração, oferecendo recursos para todas as circunstâncias da vida. Algumas dessas orações se concentram em louvor ou ação de graças, fundamentadas nas ações de Deus na história de seu povo, talvez, ou em aspectos do caráter de Deus: "Deem graças ao SENHOR e proclamem seu nome; anunciem entre os povos o que ele tem feito. Cantem a ele, sim, cantem louvores a ele; falem a todos de suas maravilhas" (Sl 105.1-2). Às vezes, encontramos louvor por um ato específico de livramento experimentado por um adorador: "SENHOR, meu Deus, clamei a ti por socorro, e restauraste minha saúde. SENHOR, da sepultura me tiraste e não me deixaste cair na cova da morte" (Sl 30.2-3). Em outras, o louvor diz respeito à criação do mundo por Deus, como já vimos no Salmo 8.

E, em seguida, encontramos também muitos salmos de lamento, nos quais indivíduos ou grupos falam com Deus a partir de uma situação de aflição (por exemplo, doença; ataques de inimigos). O Salmo 88 é o mais sombrio deles: "Sim, tua ira intensa me esmagou, teus terrores acabaram comigo. O dia todo, agitam-se ao meu redor como uma inundação e me encobrem por completo. Tiraste de mim meus companheiros e pessoas queridas; a escuridão é a minha amiga mais chegada" (Sl 88.16-18). O Salmo 22 é provavelmente o mais conhecido: "Meu Deus, meu Deus, por que me abandonaste? Por que estás tão distante de meus gemidos por socorro? Todos os dias clamo a ti, meu Deus, mas não respondes; todas as noites levanto a voz, mas não encontro alívio" (Sl 22.1-2). E há ainda muitos outros tipos de oração além desses.[2]

[2] Considere, por exemplo, os Salmos 120—134, que desenvolvem a ideia de peregrinação por uma terra estranha (cf. Sl 23).

Os autores do Novo Testamento ampliam e desenvolvem esses modelos de oração de diversas maneiras. Por exemplo, escrevem orações de "recordação", louvando a Deus por suas obras poderosas, ou orações mais gerais de ação de graças, como aquelas muitas vezes usadas nas cartas de Paulo para introduzir petições e intercessões.[3] Antes de ser qualquer outra coisa, tanto no Antigo quanto no Novo Testamento, a oração tem a ver com *lembrar quem é Deus*. Esse é o fundamento de tudo o mais, incluindo lembrar quem *nós* somos.

Pois o caráter de Deus não muda por volta do ano 1 d.C., tampouco os fundamentos de um relacionamento correto com ele. Por isso, ainda somos exortados no Novo Testamento a *confiar* no amor de Deus por nós. Mas, uma vez que já está claro nesse ponto da narrativa bíblica que o *Filho* é Deus assim como o *Pai*, agora devemos confiar não apenas no amor do Pai, mas também no "amor de Cristo" (Ef 3.18). Da mesma forma, devemos confiar não só na *fidelidade* do Pai, mas também na fidelidade do Filho (1Co 1.9). Assim também, a *misericórdia* de Deus no Novo Testamento é a misericórdia de Jesus Cristo (Ef 2.4; 2Jo 3). E ainda devemos *amar* a Deus no tempo do Novo Testamento (Mt 22.34-40). Mas esse amor por Deus é, igualmente, amor pelo Filho como pelo Pai (Jo 14.20-21). Da mesma forma, a *obediência* continua no centro de um relacionamento correto com Deus no Novo Testamento — mas agora é direcionada tanto ao Pai quanto ao Filho (Jo 14.23-24; Hb 5.9; 1Jo 2.3-6). Em outras palavras, confiança, amor, obediência e oração permanecem no cerne do relacionamento correto com Deus no Novo Testamento, mas, inevitavelmente, tudo isso é impactado, de alguma forma, pelas convicções que os autores do Novo Testamento tinham a respeito de Jesus — quem ele é e o que realiza.

[3] Na primeira categoria, por exemplo, Lc 1.68; At 4.24-30; 2Co 1.3; Ef 1.3; 1Pe 1.3; na segunda, Lc 2.38; Hb 13.15; Ap 11.17-18 e, depois, Rm 1.8; Fp 4.6; Cl 4.2; 1Ts 5.16-18.

15

COMUNHÃO COM O PRÓXIMO

Não é bom que o homem esteja sozinho.

Gênesis 2.18

Na fé bíblica, um Deus pessoal criou pessoas humanas *para* se relacionarem — primeiro, com o Deus trino, mas também *umas com as outras.*[1] Ao contrário de nosso relacionamento com Deus, esses relacionamentos humanos *são*, fundamentalmente, entre iguais — entre criaturas que são, todas elas, portadoras da imagem do mesmo Deus vivo.

A natureza fundamentalmente social do ser humano — e a necessidade humana especificamente de viver em sociedade com outros seres humanos — é abordada logo no início da narrativa bíblica. Em Gênesis 2.18, encontramos algo na criação que ainda não é "bom" — a despeito do comentário recorrente em Gênesis 1 sobre a bondade de cada obra diária e sobre a natureza "muito boa" do produto final (Gn 1.31). Percebemos de imediato que estamos lidando com um "flashback" em Gênesis 2.18. Voltamos a um ponto da criação anterior à existência da comunhão humana, "homem e mulher" (Gn 1.27). Nesse momento da história, há apenas uma única "criatura terrena" (do hebraico *ʾādām*), formada da "terra" (*ʾădāmâ*) — um jogo de palavras importante e cheio de significado (Gn 2.7).[2] E estamos diante de uma situação em que algo ainda não era bom: "Não é bom que o homem (*ʾādām*) esteja sozinho".

O foco da narrativa de Gênesis 2 passa a ser a natureza feminina da solução para esse problema, e voltaremos à relação entre homem e mulher, especificamente, no próximo capítulo. No entanto, não devemos deixar de

[1] Sobre o conteúdo deste capítulo, veja também meu livro *Seriously Dangerous Religion*, p. 191-219, e parte de p. 309-346, que discutem a questão da comunidade humana.

[2] A pronúncia de *ʾādām* é "ah-daam" (com o "aa" longo [vogal prolongada] e a ênfase na segunda sílaba), e de *ʾădāmâ* como "ah-da-má" (com a ênfase na terceira sílaba).

observar, neste ponto, a verdade mais ampla que é expressa aqui. A criatura terrena singular já é aquela que está em relacionamento com Deus — mas isso não é suficiente (Gn 2.7-17). Ela é, quase imediatamente, cercada por outras criaturas com as quais também estabelece relações (Gn 2.18-20).[3] Ao "dar nome" a elas, na verdade, ela lhes atribui o lugar apropriado no mundo:

> O SENHOR Deus formou da terra todos os animais selvagens e todas as aves do céu. Trouxe-os ao homem para ver como os chamaria, e o homem escolheu um nome para cada um deles. Deu nome a todos os animais domésticos, a todas as aves do céu e a todos os animais selvagens.
>
> Gênesis 2.19-20

Em todo o antigo Oriente Próximo, "dar nome" fazia parte do processo pelo qual algo passava a existir e recebia uma função no cosmos — como é o caso em Gênesis 2.[4] No entanto, ao concluir esse processo de nomeação nessa ocasião, a criatura que dá nomes descobre que nenhum *desses* relacionamentos é suficiente para ela. A criatura permanece "sozinha", mesmo estando em relacionamento tanto com Deus quanto com uma multidão de outras criaturas. Somente a sociedade *humana* pode resolver esse problema. Somente a sociedade humana pode transformar o que "não é bom" em "bom". O ser humano "bom" é, intrinsecamente, um ser-em-sociedade-humana.

Qual é a natureza dessa sociedade quando ela funciona de forma adequada? Mais uma vez, deixaremos para mais adiante as dimensões especificamente concernentes à relação entre homem e mulher dessa questão. A primeira coisa que descobrimos, em um nível mais geral, é que os seres humanos devem cuidar uns dos outros. Aprendemos isso por meio de seu oposto, em Gênesis 4:

> No tempo da colheita, Caim apresentou parte de sua produção como oferta ao SENHOR. Abel, por sua vez, ofertou as melhores porções dos cordeiros dentre as primeiras crias de seu rebanho. O SENHOR aceitou Abel e sua oferta, mas não aceitou Caim e sua oferta. Caim se enfureceu e ficou transtornado. [...]

[3] Algumas versões bíblicas, como a ARC, por exemplo, traduzem o v. 19 como: "Havendo, pois, o SENHOR Deus formado da terra todo animal do campo e toda ave dos céus", implicando que isso já havia acontecido em algum momento anterior. É muito mais provável, no entanto, que a ideia seja a de que Deus primeiro anuncia a busca por uma companhia no v. 18 e então a inicia no v. 19.

[4] Walton, *Ancient Near Eastern Thought*, p. 87-92, 188-90.

> E, enquanto estavam lá [no campo], Caim atacou seu irmão Abel e o matou.
>
> Então o SENHOR perguntou a Caim: "Onde está seu irmão? Onde está Abel?".
>
> "Não sei", respondeu Caim. "Por acaso sou responsável por meu irmão?"
>
> Gênesis 4.3-9

Abel responde à boa provisão de Deus oferecendo-lhe em sacrifício a décima parte das melhores porções das "primeiras crias de seu rebanho". Por sua vez, seu irmão Caim oferece apenas "parte de sua produção [colheita]". Caim não está em um relacionamento correto com Deus; seu sacrifício não é feito de todo o coração. A situação se agrava quando ele reage mal à resposta desfavorável de Deus a esse sacrifício e, em seguida, assassina seu irmão. Isso ilustra de forma contundente a visão bíblica recorrente de que o afastamento do único Deus verdadeiro leva, inevitavelmente, à injustiça — e de fato ao derramamento de sangue — na sociedade humana. Em contrapartida, o modo como uma pessoa *justa* responderia a um irmão é revelado no diálogo que se segue entre Deus e Caim. Isso se evidencia, sobretudo, na pergunta de Caim: "Por acaso sou responsável por meu irmão?".

Essa pergunta nunca é respondida explicitamente na narrativa, e nem precisa ser, porque, para a fé bíblica, a resposta é óbvia. *Sem dúvida*, você, que foi criado para "tomar conta" do jardim e de seus habitantes em geral (do hebraico *šāmar* em Gn 2.15), também deve ser "responsável" por seu irmão (*šāmar* em Gn 4.9). O Deus justo "toma conta" de seus adoradores contra todo mal; da mesma forma, um adorador justo deve zelar pela vida de outros portadores da imagem de Deus, de quem ele é o "próximo" (Sl 121.7). A palavra hebraica traduzida por "próximo" é *rēaʿ*. Ela pode se referir a um amigo, amado ou marido, mas também, simplesmente, a qualquer pessoa próxima a nós (Gn 38.12; Ct 5.16; Jr 3.20; 1Sm 15.28).[5] De modo mais surpreendente, o próximo inclui o *inimigo* que está ao nosso redor. Ele também deve ser tratado com dignidade como portador da imagem de Deus. Por isso, o livro de Provérbios nos ensina que, "se seus inimigos tiverem fome, dê-lhes de comer; se tiverem sede, dê-lhes de beber" (Pv 25.21). Cabe a Deus, não aos seres humanos, vingar-se de um inimigo, caso persista na hostilidade (cf., entre outros casos, 1Sm 24.11-13). Fora de

[5] A pronúncia de *rēaʿ* é "rêi-a" (com a ênfase na primeira sílaba).

um contexto legal devidamente estabelecido, isso não é algo que os seres humanos devam praticar. E, assim, o justo Jó afirma que não "[se alegrou] com a desgraça de [seus] inimigos, ou [exultou] porque lhes aconteceu algum mal", nem cometeu o pecado de amaldiçoar alguém ou "de pedir sua morte como vingança" (Jó 31.29-30). Biblicamente, esse tipo de "cuidado" está no cerne de todo relacionamento correto com meus vários "irmãos" ou "próximo" humanos neste mundo. Não cumprir esse dever é uma falta grave, e assassinar alguém é, especialmente, algo terrível. Por isso, "quem tirar a vida humana, por mãos humanas perderá [legitimamente] a vida. Pois eu criei o ser humano à minha imagem" (Gn 9.6). Na criação, a vida que carrega a imagem de Deus é especialmente preciosa.

Outros trechos das Escrituras Sagradas aprofundam o que implica "tomar conta" de nosso próximo. A última parte de Êxodo 20.1-17, que descreve os Dez Mandamentos é especialmente importante aqui. Os três primeiros mandamentos dizem respeito ao nosso relacionamento correto com Deus. O sábado é, então, descrito como o símbolo central da diferença entre a boa sociedade de Deus e sociedades opressivas, como a do Egito do faraó (onde o lema é "trabalho, trabalho, trabalho"). Nesse dia de sábado, cria-se um espaço no qual todas as criaturas podem se lembrar de que a vida é *mais* do que trabalho. E, então, encontramos inúmeras instruções que nos exortam a rejeitar a destruição do próximo e a adotar a prática de tomar conta dele. Elas incluem honrar os pais e evitar (além do assassinato) o adultério, o roubo e o falso testemunho contra o próximo. A última dessas instruções é talvez a mais fundamental de todas, sendo a base de todas as outras: não devemos "cobiçar" (ou seja, desejar algo que pertence à outra pessoa).

Esses são mandamentos importantes — mas, de uma perspectiva bíblica, não cumprem totalmente nosso dever humano para com outros seres humanos. Precisamos de outros textos que ajudem a completar esse quadro. Juntas, todas essas Escrituras exigem generosidade para com nosso próximo humano, seja ele quem for. Exigem o tipo de coração aberto enquanto buscamos o bem do próximo que Levítico 19.18 descreve como amor: "Ame o seu próximo como a si mesmo". Ou seja, não devemos pôr nossos próprios interesses acima dos interesses do nosso próximo. Em vez disso, devemos considerá-los simultaneamente como — e lado a lado com — nossos próprios interesses. O apóstolo Paulo coloca essa questão exatamente assim ao escrever aos cristãos em Filipos: "Não procurem apenas os próprios interesses, mas preocupem-se também com os interesses alheios" (Fp 2.4). Mais cedo, Jesus havia feito referência explícita ao texto de Levítico ao resumir a lei de Deus. "Mestre", perguntou-lhe alguém, "qual é o mandamento mais importante da lei de Moisés?"

> Jesus respondeu: "'Ame o Senhor, seu Deus, de todo o seu coração, de toda a sua alma e de toda a sua mente'. Este é o primeiro e o maior mandamento. O segundo é igualmente importante: 'Ame o seu próximo como a si mesmo'. Toda a lei e todas as exigências dos profetas se baseiam nesses dois mandamentos".
>
> Mateus 22.37-40

A questão sobre quem *é* o meu próximo surge explicitamente para discussão em Lucas 10:

> Certo dia, um especialista da lei se levantou para pôr Jesus à prova com esta pergunta: "Mestre, o que preciso fazer para herdar a vida eterna?".
>
> Jesus respondeu: "O que diz a lei de Moisés? Como você a entende?".
>
> O homem respondeu: "'Ame o Senhor, seu Deus, de todo o seu coração, de toda a sua alma, de toda a sua força e de toda a sua mente' e 'Ame o seu próximo como a si mesmo'".
>
> "Está correto!", disse Jesus. "Faça isso, e você viverá."
>
> O homem, porém, querendo justificar suas ações, perguntou a Jesus: "E quem é o meu próximo?".

A resposta de Jesus é, como era de esperar, "qualquer pessoa à sua volta que precise de sua misericórdia" — incluindo seus inimigos tradicionais (Lc 10.25-37). O fato de nosso próximo incluir nosso inimigo também é confirmado no Novo Testamento, em Mateus 5.43-48.

Deus criou os seres humanos para se relacionarem — não apenas com ele e com criaturas não humanas, mas também uns com os outros. Isso faz parte daquilo que nos *torna* humanos.

16

HOMEM E MULHER

Homem e mulher [Deus] os criou.

GÊNESIS 1.27

Um dos aspectos de nossa natureza social como portadores da imagem de Deus é que fomos criados não apenas para a comunidade em geral, mas para a família em particular.[1] No centro dessa instituição chamada família estão um homem e uma mulher — uma distinção binária (dimórfica) dentro da categoria dos portadores da imagem. "Assim, Deus criou os seres humanos à sua própria imagem, à imagem de Deus os criou; homem e mulher os criou." Ambos são "semelhantes a Deus" nesse estado binário.

Eles são, portanto, substancialmente "semelhantes" um ao outro de uma forma que nenhum dos dois é semelhante às outras criaturas. E agora estamos nos aprofundando nas dimensões especificamente homem-mulher do assunto que abordamos no capítulo anterior. O ser humano "bom" é, por natureza, um ser em sociedade *humana*, não apenas em *outros tipos de* sociedade. Assim, a "solidão" não pode ser resolvida, por exemplo, por meio da sociedade com animais. Consequentemente, a análise dos animais e das aves em Gênesis 2, feita com o intuito de verificar se algum deles poderia ser adequado como parceiro para a criatura formada da terra, resulta em fracasso. Embora cada uma dessas criaturas seja, em certo sentido, "semelhante" a *ʾādām* por também ser um "ser vivo" formado da "terra" (*ʾădāmâ*; Gn 2.19; cf. 2.7), nenhuma é *suficientemente* semelhante a ele. Dessa forma, destaca-se o lugar especial que os seres humanos ocupam no cosmos.

[1] Sobre o conteúdo deste capítulo, veja também meus livros *Seriously Dangerous Religion*, p. 77-103, 309-346, e *Seeking What Is Right*, p. 223-243, que discutem a questão de homem e mulher com mais profundidade.

Concluída essa análise, Deus se afasta da criação animal e passa a utilizar a matéria-prima humana à sua disposição para criar dois seres humanos, por fim, plenamente formados:

> Então o Senhor Deus o fez cair num sono profundo. Enquanto o homem dormia, tirou dele uma das costelas e fechou o espaço que ela ocupava. Dessa costela o Senhor Deus fez uma mulher e a trouxe ao homem.
>
> "Finalmente!", exclamou o homem.
>
> "Esta é osso dos meus ossos,
> e carne da minha carne!
> Será chamada 'mulher',
> porque foi tirada do 'homem'".
>
> Por isso o homem deixa pai e mãe e se une à sua mulher, e os dois se tornam um só.
>
> Gênesis 2.21-24

Para o tradutor dessa versão bíblica, além de muitos intérpretes ao longo da história, esse processo envolve a extração de uma "costela" do ser terrestre. Mas é improvável que essa seja a melhor compreensão do hebraico. É mais provável que a ideia seja a de que a criatura formada da terra tenha sido dividida ao meio, resultando em duas "metades" — uma das quais se torna o homem, e a outra, a mulher.[2] Agora são dois seres distintos, mas que, sem dúvida, existem na relação mais próxima possível. Ela é, como afirma o homem, "osso dos meus ossos, e carne da minha carne" — uma combinação de termos que, em outros contextos, se refere a um membro da própria família (Gn 2.23; 29.14). Em Gênesis 2, essa linguagem tem um significado ainda mais íntimo, pois o homem e a mulher estão destinados a se tornar novamente "um só" no casamento. Estão destinados a "retornar", por assim dizer, à sua condição original, como habitantes de um só corpo (Gn 2.24).

[2] A palavra hebraica *ṣēlā*ʿ ("tsay-lah", com a ênfase na primeira sílaba) geralmente se refere, em outros trechos do Antigo Testamento, a um lado de algo em oposição a outro. Curiosamente, as primeiras traduções do Antigo Testamento em aramaico, grego e latim escolheram palavras para traduzi-la que permitem essa interpretação (embora também admitam a ideia de "costela").

As aves e os animais encontraram seus próprios lugares no cosmos, em suas respectivas comunidades, e agora os seres humanos também encontraram o seu — todos estão devidamente "nomeados". Tudo está "bom", e os portadores da imagem agora podem prosseguir com sua tarefa conjunta de "governar e sujeitar" a terra como jardineiros reais e sacerdotais de Deus. Pois agora, juntos, estão devidamente equipados para essa tarefa. Isso não era verdade antes, quando a criatura formada da terra ainda necessitava de "ajuda" — um termo que, no Antigo Testamento, é usado com mais frequência para se referir à assistência divina concedida aos seres humanos (Gn 2.18; cf., por exemplo, Os 13.9). Trata-se, portanto, de uma palavra que sugere a insuficiência no "ser terrestre" por si só. Sozinho, ele não está apto para as tarefas importantes atribuídas à humanidade. A vocação humana no cosmos só pode ser cumprida em comunidade, e não de forma individual. E a família representa o núcleo da comunidade humana no centro de toda essa missão.

Os dois tipos de seres humanos são substancialmente "semelhantes" um ao outro. No entanto, também são significativamente *diferentes*. Gênesis 2.18 tenta captar a tensão do curioso termo hebraico *kənegdô*, que às vezes é traduzido como "idônea" (ARA).[3] Porém, essa tradução não capta a essência da palavra, que, na verdade, significa "como diante dele" (ARC). Trata-se de um uso incomum da linguagem por parte de um autor que busca comunicar semelhança e, ao mesmo tempo, diferença. A mulher que resolve o problema da "solidão" da criatura formada da terra deve ser uma auxiliadora semelhante a ele. Mas ela também deve estar "diante, em frente, a uma distância dele" — talvez até "em frente dele de forma ousada" ou "de forma desafiadora".[4]

Como exatamente o homem e a mulher são diferentes? A biologia é, sem dúvida, uma parte importante da resposta para essa pergunta. Homens e mulheres são diferentes biologicamente — e isso também contribui para sua capacidade de cumprir a vocação dada por Deus. Pois essa vocação não é apenas para governar e sujeitar, mas também para que sejam férteis, se multipliquem e encham a terra (Gn 1.28). Ao fazer tudo isso juntos, inevitavelmente, precisarão decidir, em circunstâncias específicas, quais papéis e tarefas cada um deve cumprir para ter êxito — o que, em parte, dependerá dos dons que possuem. Pois homens e mulheres, individualmente, são

[3] A pronúncia do hebraico é "ke-negg-dô" (com a ênfase na terceira sílaba).
[4] Kass, *Wisdom*, p. 73.

diferentes de maneiras que vão muito além da biologia. O modo como se "ajudam" mutuamente será influenciado por essa realidade.

É nessa "zona familiar", criada quando o homem e a mulher deixam sua família de origem para formar uma nova comunidade (Gn 2.24), que a atividade sexual encontra seu justo lugar na sociedade humana, do ponto de vista bíblico. A intimidade sexual foi criada para o relacionamento conjugal entre um homem e uma mulher que receberam de Deus a tarefa de serem férteis e se multiplicarem. Sexo é uma questão conjugal, pura e simples. A fé bíblica, portanto, se opõe à atividade sexual fora desse tipo de relacionamento — não porque a Escritura Sagrada seja puritana, mas porque mantém a questão do propósito no centro da discussão. Nesse aspecto, como em tantos outros, o Novo Testamento está em profunda continuidade com o Antigo, admitindo a visão da criação apresentada em Gênesis 1—2 como base para seu próprio ensinamento sobre a expressão sexual. A união entre homem e mulher no casamento, conforme apresentada em Gênesis, é de fato comparada explicitamente, na carta de Paulo aos Efésios, ao relacionamento de Cristo com a igreja:

> "Por isso o homem deixa pai e mãe e se une à sua mulher, e os dois se tornam um só." Esse é um grande mistério, mas ilustra a união entre Cristo e a igreja. Portanto, volto a dizer: cada homem deve amar a esposa como ama a si mesmo, e a esposa deve respeitar o marido.
>
> Efésios 5.31-33, citando Gn 2.24

Tal casamento humano, que reflete a união de Cristo com a igreja, é necessariamente um vínculo de aliança que não deve ser violado de forma alguma. Portanto, ao exortar os cristãos em Corinto a "honrar a Deus" com o corpo, o apóstolo Paulo expressa seu profundo repúdio à ideia de que algum deles pudesse se envolver em uma relação sexual com uma prostituta: "E vocês não sabem que se um homem se une a uma prostituta ele se torna um corpo com ela? Pois as Escrituras dizem: 'Os dois se tornam um só'. [...] Fujam da imoralidade sexual!" (1Co 6.16-18). No Evangelho de Mateus, até mesmo nutrir *pensamentos* sexuais sobre uma mulher com quem não se é casado é um problema: "Eu, porém, lhes digo que quem olhar para uma mulher com cobiça já cometeu adultério com ela em seu coração" (Mt 5.28). Todas as formas de prática sexual fora do relacionamento conjugal entre um homem e uma mulher são erradas, incluindo as práticas entre pessoas do mesmo sexo:

> Vocês não sabem que os injustos não herdarão o reino de Deus? Não se enganem: aqueles que se envolvem em imoralidade sexual, adoram ídolos, cometem adultério, se entregam a práticas homossexuais, são ladrões, avarentos, bêbados, insultam as pessoas ou exploram os outros não herdarão o reino de Deus.
>
> 1Coríntios 6.9-10; cf. Rm 1.26-27

Todas essas formas de prática sexual representam um abandono da ordem criada, uma vez que as pessoas estabelecem suas próprias regras sexuais em vez de se conformarem à vontade do Criador. Junto com outros tipos de práticas comuns à humanidade, essas práticas sexuais ilegítimas representam um desvio do "ensino verdadeiro" que os seguidores de Jesus Cristo, e especialmente os líderes cristãos, têm o dever de preservar e seguir:

> Pois a lei não foi criada para os que fazem o que é certo, mas para os transgressores e rebeldes, para os irreverentes e pecadores, para os ímpios e profanos. Ela é para os que matam pai ou mãe ou cometem outros homicídios, para os que vivem na imoralidade sexual, para os que praticam a homossexualidade, e também para os sequestradores, os mentirosos, os que juram falsamente ou que fazem qualquer outra coisa que contradiga o ensino verdadeiro, que vem das boas-novas gloriosas confiadas a mim por nosso Deus bendito.
>
> 1Timóteo 1.9-11

Observamos que, no pensamento bíblico, o "ensino verdadeiro" diz respeito à crença *e* à prática corretas. Não se trata apenas de uma forma de *pensar*, mas também de uma forma de *viver*.[5]

A clareza das Sagradas Escrituras sobre esses temas levou a igreja a uma igual clareza em seu ensino tradicional a respeito deles, de modo que, até tempos relativamente recentes, as Escrituras e a tradição cristãs

[5] Veja também Hill, *Washed and Waiting*; Yarhouse e Zaporozhets, *Costly Obedience*.

falavam com uma só voz sobre tais questões. Mas isso, sem dúvida, foi antes de nossa atual crise antropológica revelar toda a sua profundidade.

Como portadores da imagem do Deus vivo, homens e mulheres, fomos criados não apenas para a comunidade em geral, mas para a família em particular — pois a vida em família tem uma forma específica, dada por Deus, no cumprimento do grande desígnio de Deus para o cosmos.

17

CAÍDOS

Assim, tomou do fruto e o comeu. Depois, deu ao marido,
que estava com ela, e ele também comeu.

GÊNESIS 3.6

Meus comentários no capítulo anterior sobre os portadores da imagem abandonando a ordem criada das coisas me levam, naturalmente, a outro aspecto importante da concepção bíblica do ser humano.[1] De todas as formas, e com consequências terríveis, a humanidade entregou-se ao mal. O mal em questão entra em nossa história humana quase no início, em Gênesis 3, por meio de criaturas pessoais, mas não humanas. Seu primeiro ponto de apoio é a dúvida humana com relação à bondade de Deus.

> A serpente era o mais astuto de todos os animais selvagens que o SENHOR Deus havia criado. Certa vez, ela perguntou à mulher: "Deus realmente disse que vocês não devem comer do fruto de nenhuma das árvores do jardim?".
>
> "Podemos comer do fruto das árvores do jardim", respondeu a mulher. "É só do fruto da árvore que está no meio do jardim que não podemos comer. Deus disse: 'Não comam e nem sequer toquem no fruto daquela árvore; se o fizerem, morrerão.'"
>
> "É claro que vocês não morrerão!", a serpente respondeu à mulher. "Deus sabe que, no momento em que comerem do fruto, seus olhos se abrirão e, como Deus, conhecerão o bem e o mal."
>
> Gênesis 3.1-5

[1] Sobre o conteúdo deste capítulo, veja também meus livros *Seriously Dangerous Religion*, p. 105-161, e *Discovering Genesis*, p. 79-94, que refletem com mais profundidade sobre a natureza da "queda".

Esse é o Deus que havia dito à humanidade: "Coma à vontade dos frutos de [quase] todas as árvores do jardim" (Gn 2.16). No entanto, a astuta serpente o retrata dizendo exatamente o contrário: "Vocês não devem comer do fruto de nenhuma das árvores do jardim". Afinal, será que Deus é mesmo "por nós"? Ele é "por nós" em seus mandamentos, e especificamente naquele que diz respeito à árvore do conhecimento do bem e do mal? A tentação é responder "não" — adotar uma postura de desconfiança em relação a Deus —, e essa acaba por ser, de fato, a resposta humana. Embora já sejam, legitimamente, "semelhantes" a Deus em diversos aspectos, esses portadores da imagem não conseguem resistir à tentação de se tornarem "como Deus" de maneira mais ampla no sentido de "conhecer o bem e o mal" — ou seja, de receber a "sabedoria" que a árvore lhes daria (Gn 3.5-6). Outros textos do Antigo Testamento nos ajudam a entender que essa é a linguagem da independência adulta em relação a um pai/mãe. Observe, por exemplo, estas palavras de Deuteronômio 1.39: "Darei a terra a seus filhos pequenos, às crianças que não sabem a diferença entre certo e errado" (cf. 1Rs 3.7-9). A sabedoria mencionada em Gênesis 3 é do tipo que permite aos "adultos" fazer julgamentos autônomos. A humanidade não se contenta com o conhecimento que Deus já lhe concedeu para que cumpra sua vocação como portadores da imagem divina. Os seres humanos querem mais. Na verdade, querem *ser* deuses.

O ceticismo em relação à bondade de Deus está, em Gênesis 3, aliado à idolatria — a adoração de algo criado como se fosse um deus. A Bíblia identifica tal adoração como característica da humanidade em seu estado caído. Essa idolatria assume muitas formas. Inclui, por exemplo, uma inadequada devoção humana a — ou dependência de — outros seres humanos.[2] Assim, a idolatria não é apenas uma questão de "religião" no sentido estrito. Do ponto de vista bíblico, ela permeia todos os aspectos da vida humana — social, econômica e política. Mas, sem dúvida, também possui uma natureza explicitamente religiosa. Os seres humanos, de maneira característica, mancham a distinção entre Criador e criação ao adorarem os tipos de "imagens" dos deuses que eram amplamente encontrados nos templos do mundo antigo (e que ainda existem em todo o mundo atualmente). Esses são os "deuses"

[2] Note, por exemplo, Is 31.1-3, em que a confiança de Israel na força militar do Egito é comparável a abandonar o verdadeiro Deus e tratar os egípcios como se fossem divinos. Na verdade, porém, "os egípcios são simples mortais, e não Deus!" (v. 3).

associados a fenômenos naturais como planetas, sistemas climáticos e fertilidade. É esse politeísmo naturalista que a Bíblia de forma tão frequente (e compreensível) condena, proibindo o povo de Deus até mesmo de tentar representar o Deus invisível por meio de qualquer coisa criada (Êx 20.4-5). A determinação das Escrituras Sagradas de se distanciar desse modo de pensar sobre "os deuses" é evidente até mesmo no relato de 1Reis sobre a "presença" de Deus no templo de Jerusalém. "Contudo, será possível que Deus habite na terra?", pergunta Salomão. "Nem mesmo os mais altos céus podem contê-lo, muito menos este templo que construí!" (1Rs 8.10-12,27). *Devemos* adorar a Deus como o Criador — mas não fazemos isso:

> Sabem a verdade a respeito de Deus, pois ele a tornou evidente. Por meio de tudo que ele fez desde a criação do mundo, podem perceber claramente seus atributos invisíveis: seu poder eterno e sua natureza divina. Portanto, não têm desculpa alguma. Sim, eles conheciam algo sobre Deus, mas não o adoraram nem lhe agradeceram. Em vez disso, começaram a inventar ideias tolas e, com isso, sua mente ficou obscurecida e confusa. Dizendo-se sábios, tornaram-se tolos. Trocaram a grandeza do Deus imortal por imagens de seres humanos mortais, bem como de aves, animais e répteis.
>
> Romanos 1.19-23

Nesse texto do Novo Testamento, ouvimos com muita clareza os ecos de Gênesis 3. Em nossa busca por sabedoria, tornamo-nos tolos, substituindo o Deus vivo por ídolos.

A idolatria assume muitas formas. No entanto, em sua essência está a adoração do próprio *ser* humano como deus. É a adoração da imagem de Deus em *nós*. E então, ao nos voltarmos para dentro de nós mesmos como seres autônomos nesse sentido, geramos nossas outras formas de idolatria. Pois, na realidade, somos completamente incapazes de suprir nossa própria necessidade do divino. Cansados de olhar para dentro, portanto, passamos a olhar para outros lugares. Tornamo-nos, inevitavelmente, politeístas, recrutando múltiplos deuses para alimentar nossa fome espiritual. É esse politeísmo, e não o ateísmo, que os autores bíblicos identificam como consequência de nosso abandono do único Deus vivo. Nisso, demonstram uma clareza de visão muito maior do que a da maioria das pessoas modernas.

As consequências da idolatria são muito sérias, e Gênesis 3 começa imediatamente a explorá-las. O texto chama atenção, basicamente, para uma série de rupturas nos relacionamentos:

> "Quem lhe disse que você estava nu?", perguntou Deus. "Você comeu do fruto da árvore que eu lhe ordenei que não comesse?"
>
> O homem respondeu: "Foi a mulher que me deste! Ela me ofereceu do fruto, e eu comi".
>
> Então o SENHOR Deus perguntou à mulher: "O que foi que você fez?".
>
> "A serpente me enganou", respondeu a mulher. "Foi por isso que comi do fruto."
>
> Gênesis 3.11-13

Essa conversa deixa claro que o homem culpa tanto a mulher quanto Deus pelo problema, enquanto a mulher culpa a serpente. Gênesis 3.14-19, então, revela a todos os envolvidos outras dimensões do problema. O chamado da mulher na criação incluía conceber e dar à luz filhos; agora, esse chamado se torna mais problemático. O chamado do homem na criação incluía cultivar a terra, e esse trabalho agora passa a ser marcado por um novo nível de dificuldade. A "dor" que ambos passarão a experimentar surge, em parte, porque já não enfrentam o mundo de uma maneira simples como se ainda fossem "um só" (Gn 3.16-17). A dinâmica do próprio relacionamento entre eles mudou. Eles foram criados para trabalhar em parceria, dominando e sujeitando a terra juntos (Gn 1.27-28; 2.20-23). Agora, porém, o futuro da mulher é o de alguém que se sujeita, "dominada" pelo marido (o verbo hebraico *māšal*).[3] Esse é o mesmo verbo usado no Salmo 8 para descrever o "domínio" humano sobre as outras criaturas (Sl 8.6; cf. Gn 3.16). O homem agora se relaciona com a mulher como se ela fosse *parte* da criação, não uma cogovernante *sobre* a criação. Por sua vez, a mulher tenta controlar e até mesmo "consumir" o homem.[4] Criado para exercer domínio em parceria, o casal humano se vê agora envolvido em uma luta por poder, um tentando dominar o outro. Os dois se tornam, assim, incapazes de

[3] A pronúncia é "má-shal" (com a ênfase na segunda sílaba).

[4] Quando Gn 3.16 fala sobre o "desejo" da mulher, devemos interpretar isso com a ajuda da mesma palavra em Gn 4.7, em que ela é usada para descrever o desejo do pecado de devorar Caim.

cumprir seu papel original como jardineiros. A estreita conexão entre as consequências desses três relacionamentos agora disfuncionais é apresentada de forma poderosa em Oseias 4.1-3:

> Não há fidelidade, nem bondade,
> nem conhecimento de Deus em sua terra.
> Vocês fazem votos e não os cumprem;
> matam, roubam e cometem adultério.
> Há violência em toda parte,
> um homicídio atrás do outro.
> Por isso sua terra está de luto,
> e todos desfalecem.
> Até os animais selvagens, as aves do céu
> e os peixes do mar estão desaparecendo.

Os seres humanos se afastam do Deus vivo. Todos os tipos de disfunção humana se seguem. Mas há também, inevitavelmente, consequências terríveis para a criação não humana. A criação, em todos os aspectos, está "caída" — comprometida pelo mal desde muito cedo na história humana.

Nossas Escrituras do Novo Testamento salientam a extensão do problema, uma vez que pessoas com "coração perverso e incrédulo" se desviam do "Deus vivo" (Hb 3.12). Com isso, passam a estar sob a influência do poder sombrio do cosmos, agora identificado como "o governante" ou "o deus" de seu mundo. Esse é o deus central (Satanás) daqueles que rejeitam o verdadeiro Deus (Jo 14.30; 2Co 4.4). Na medida em que opta por ouvir sua voz, "o mundo inteiro está sob o controle do maligno" (1Jo 5.19). E do coração humano caído, comprometido com essa lealdade, vêm "maus pensamentos, homicídio, adultério, imoralidade sexual, roubo, mentiras e calúnias" (Mt 15.19).

> A vida deles se encheu de toda espécie de perversidade, pecado, ganância, ódio, inveja, homicídio, discórdia, engano, malícia e fofocas. Espalham calúnias, odeiam a Deus, são insolentes, orgulhosos e arrogantes. Inventam novas maneiras de pecar e desobedecem a seus pais. Não têm entendimento, quebram suas promessas, não mostram afeição nem misericórdia.
>
> Romanos 1.29-31

Não há fim para a lista de sofrimentos decorrentes do envolvimento humano com o mal. "Acaso não procedem dos prazeres que guerreiam dentro de vocês?", pergunta Tiago a seus leitores; "querem o que não têm, e até matam para consegui-lo. Invejam o que outros possuem, lutam e fazem guerra para tomar deles" (Tg 4.1-2). Toda a lei de Deus "pode ser resumida neste único mandamento", escreve Paulo aos gálatas: "'Ame o seu próximo como a si mesmo'". Mas eles preferem "[morder] e [devorar] uns aos outros", abrindo espaço para que corram o risco de "se destruírem" (Gl 5.14-15).

Reconhecemos este mundo que a antropologia cristã nos apresenta — e nos reconhecemos nele também. O que podemos fazer a respeito de tudo isso?

18

SALVOS

Anime-se, filho! Seus pecados estão perdoados.

MATEUS 9.2

Embora seja verdade, biblicamente, que os seres humanos são seres *caídos* vivendo em sociedades disfuncionais, também é verdade que continuam sendo seres *portadores da imagem de Deus*, cuja vida é preciosa para ele.[1] Gênesis 9.6 deixa isso claro. E embora também seja verdade que a criação não humana, de modo geral, sofre o impacto da queda humana, é igualmente verdade que o interesse de Deus por essas criaturas e seu compromisso com elas permanecem inalterados.[2] Gênesis 9.8-11 também deixa *isso* evidente: "Então Deus disse a Noé e seus filhos: 'Confirmo aqui a minha aliança com vocês, seus descendentes e *todos os animais que estavam com vocês* [itálicos meus]. [...] nunca mais a terra será destruída por um dilúvio". Deus está de fato empenhado em *salvar* sua criação caída. E na essência desse processo de salvação, na narrativa bíblica, está a criação de "alianças".

O termo "aliança" (do hebraico *bərît)* indica um acordo entre duas partes no qual se estabelece uma relação. O acordo envolve obrigações morais de ambos os lados.[3] Aqui, em Gênesis 9, é importante notar que a aliança é entre Deus e "todos os animais". Deus não desistiu de seu plano de abençoar *toda* a criação, a despeito da queda no pecado. Ele tem o firme compromisso de levar esse plano adiante. Isso inclui a parte que

[1] Sobre o conteúdo deste capítulo, veja também meu livro *Seriously Dangerous Religion*, p. 279-307, e parte de p. 309-346, que refletem sobre a esperança bíblica.

[2] Gênesis 9 também descreve uma das consequências dessa verdade: o ataque humano contra "a vida selvagem" (9.2-3). Veja também meu livro *Discovering Genesis*, p. 120-124.

[3] A pronúncia dessa palavra é "bi-riith" (com o "i" longo e a ênfase na segunda sílaba).

envolve a fertilidade humana, a multiplicação dos seres humanos e a terra cheia (Gn 9.1,7). O último desses compromissos é particularmente evidente em Gênesis 11, em que Deus frustra os planos que os homens fazem de se estabelecer na Mesopotâmia e, em vez disso, os espalha "pelo mundo inteiro" (Gn 11.8). Assim, Deus faz uma aliança com toda a criação em Gênesis 9 — a criação que ele acaba de salvar (com a ajuda de Noé) de um grande dilúvio. Deus salva a criação caída para poder abençoá-la. Esse é um tema central da narrativa bíblica que se desenrola a partir daí, e a aliança está no cerne de tudo.

Em seguida, encontramos esse tema na história de Abraão e sua família. Aqui, lemos sobre uma aliança, não com todos os seres vivos, mas, mais especificamente, com Abraão e, por meio dele, com *todos os seres humanos*. A promessa associada a essa aliança em Gênesis 12.1-3 deixa isso claro:

> O SENHOR tinha dito a Abrão: "Deixe sua terra natal, seus parentes e a família de seu pai e vá à terra que eu lhe mostrarei. Farei de você uma grande nação, o abençoarei e o tornarei famoso, e você será uma bênção para outros. Abençoarei os que o abençoarem e amaldiçoarei os que o amaldiçoarem. Por meio de você, todas as famílias da terra serão abençoadas".

É por meio de Abraão que "todas as famílias da terra serão abençoadas". É em busca do cumprimento dessa promessa que Deus separa essa única fração da raça humana — a família de Abraão — para uma missão cujas implicações ainda são cósmicas. Essa família está longe de ser perfeita; na verdade, é bastante disfuncional. Mas a promessa permanece, porque é a promessa de um Deus de aliança que está determinado a ver sua criação prosperar.

No devido tempo, os descendentes de Abraão e Sara acabam no Egito. É nesse contexto que Deus se lembra de sua aliança com Abraão (Êx 2.23-25). Isso leva ao grande livramento do Egito, conhecido como o êxodo — outro poderoso ato de Deus ao salvar seu povo. E, assim como em Gênesis 9, também em Êxodo até Deuteronômio, a salvação leva à aliança. Nessa ocasião, a aliança está associada ao ajuntamento do povo de Deus, após o êxodo, no monte Sinai. Se a aliança com Noé diz respeito a todos os animais vivos, e a aliança com Abraão diz respeito a todas as nações, a aliança do Sinai se concentra de forma muito mais estrita em *uma* nação: Israel. Mas, nessa aliança, Israel ainda é chamado a cumprir um papel muito maior, como deixa claro Êxodo 19.4-6:

> Vocês viram o que fiz aos egípcios. Sabem como carreguei vocês sobre asas de águias e os trouxe para mim. Agora, se me obedecerem e cumprirem minha aliança, serão meu tesouro especial dentre todos os povos da terra, pois toda a terra me pertence. Serão meu reino de sacerdotes, minha nação santa.

Se toda a terra continua sendo o domínio de Deus (e, de fato, o é), então a tarefa do povo de Deus, como "reino de sacerdotes", é mediar a bênção de Deus ao mundo (cap. 13). Por meio disso, eles continuarão a cumprir, em certa medida, aquilo que todos os seres humanos, como sacerdotes, são chamados a fazer em todo o jardim de Deus (Gn 2).

Em certo sentido, então, a aliança pode ter sido restringida no livro de Êxodo, mas os olhos de Deus continuam voltados para um propósito maior: a bênção de toda a criação. Em busca desse resultado, ele promulga leis que visam não apenas ajudar os israelitas a serem uma "nação santa", mas também a lidarem com a realidade de que não o são. É instituído um sistema de sacrifícios, cujo conceito mais importante envolve a expiação. No derramamento do sangue de uma vítima sacrificial, estabelece-se a paz entre Deus e os seres humanos. O princípio central aqui é o da substituição, encontrado em diversos textos bíblicos sobre o sacrifício e ilustrado em forma de narrativa em Êxodo 12.1-14. Quando a justiça de Deus recai sobre a terra do Egito, é o sangue do cordeiro sacrificial nos umbrais e vergas das portas das casas israelitas que faz com que ele "passe por sobre" elas: "Eu sou o SENHOR. Mas o sangue nos batentes das portas servirá de sinal e marcará as casas onde vocês estão. Quando eu vir o sangue, passarei por sobre aquela casa. E, quando eu ferir a terra do Egito, a praga de morte não os tocará" (Êx 12.12-13). Deus não apenas *exige* santidade, mas também estabelece medidas para lidar com a *ausência* dela. Ele intervém, no nível individual, por meio de inúmeros "atos salvíficos" diários.

Na narrativa bíblica que se segue — mesmo na ausência de santidade —, Deus continua a agir ativamente no mundo para cumprir seus bons propósitos. Com um de seus servos falhos — o rei Davi —, ele estabelece mais uma aliança, em 2Samuel 7. Aqui, a um israelita em particular é prometida uma dinastia real eterna: "Sua casa e seu reino continuarão para sempre diante de mim, e seu trono será estabelecido para sempre" (2Sm 7.16). A salvação passa agora a envolver uma linhagem real — um filho de Davi — dentro de Israel. Mais uma vez, a aliança, em certo sentido, "foi restringida": da criação como um todo, para toda a humanidade, depois para a nação de Israel, e agora, por fim, para um israelita. Mas esse restringimento sempre ocorre no contexto de um plano maior.

O descendente mais importante de Davi nessa história bíblica de salvação é, sem dúvida, Jesus de Nazaré, o "Filho de Davi" e o "rei dos judeus" (Mt 1.1; 2.2; 21.9; 27.11; 27.29,37). Crucificado pelos romanos, Jesus, não obstante, ressuscita dentre os mortos como "o Leão da tribo de Judá, o herdeiro do trono de Davi" (Ap 5.5). Assim, "o reino do mundo se tornou de nosso Senhor e de seu Cristo, e ele reinará para todo o sempre" (Ap 11.15). Jesus é o cumprimento da promessa feita a Davi — e também de todas as outras promessas de aliança no Antigo Testamento. Ao falar a uma audiência judaica no livro de Atos, por exemplo, Pedro conecta explicitamente a vinda de Cristo à promessa feita a Abraão:

> Vocês são descendentes desses profetas e estão incluídos na aliança que Deus fez com seus antepassados ao dizer a Abraão: "Por meio de sua descendência, todas as famílias da terra serão abençoadas". Quando Deus ressuscitou seu Servo, ele o enviou primeiro a vocês, o povo de Israel, para abençoá-los, fazendo cada um de vocês se afastar de seus caminhos pecaminosos.
>
> Atos 3.25-26

Então Paulo, ao escrever aos cristãos da Galácia, conecta essa mesma promessa ao mundo não judaico: "Por meio de Cristo Jesus, os gentios foram abençoados com a mesma bênção de Abraão" (Gl 3.14). Em consonância com essas promessas de aliança, Deus realizou seu ato salvífico mais decisivo e supremo, garantindo que Cristo se tornasse "a fonte de salvação eterna para todos que lhe obedecem" (Hb 5.9). Isso só é possível, conforme o pensamento bíblico em termos mais gerais, por meio do sacrifício expiatório. Como escreve Paulo à igreja em Corinto: "Cristo morreu por nossos pecados, como dizem as Escrituras" (1Co 15.3). A linguagem da aliança, de fato, ressurge nesse contexto no Novo Testamento, quando, durante uma refeição com seus discípulos, Jesus diz que o cálice que está em suas mãos é a "nova aliança, confirmada com o meu sangue"

(Lc 22.20). É precisamente por causa dessa ação salvífica, ainda no futuro de Jesus naquele momento, que ele já pode, no presente, dizer (de forma controversa) a um paralítico, em Mateus 9.2: "Anime-se, filho! Seus pecados estão perdoados".

Portanto, é verdade que os seres humanos estão caídos. Mas Deus está continuamente empenhado em salvar o que está caído. E isso inclui a criação não humana, que "aguarda com grande expectativa o dia em que os filhos de Deus serão revelados" (Rm 8.19). Por que ela espera? Porque apenas quando os portadores da imagem de Deus forem finalmente salvos, experimentando "a redenção de nosso corpo" (Rm 8.23), é que o restante da criação poderá ser, finalmente, "liberta da decadência que a escraviza" (Rm 8.21). Somente quando o "sacerdócio real" de todos os que creem for finalmente santificado é que ele poderá mediar adequadamente a bênção de Deus às outras criaturas no templo da criação (1Pe 2.9). É assim que as coisas são. Foi assim que Deus projetou o cosmos.

19

ESPERANÇOSOS

Se Deus é por nós, quem será contra nós?

Romanos 8.31

Neste ponto do livro, já deveria estar claro que nossa história bíblica é *otimista*.[1] Não é uma tragédia, mas uma comédia no sentido clássico e shakespeariano da palavra. Pode conter muitas tragédias *dentro* dela — mas tem um final inevitavelmente feliz. Não me refiro aqui a algo como a alegria forçada do final de *A vida de Brian* (1979) — um filme em que o "herói" crucificado (Brian), sem nenhuma esperança de ressurreição, começa a cantar a música "Always look on the bright side of life" [Olhe sempre para o lado positivo da vida]. Isso é, na verdade, uma paródia da verdadeira comédia. Na verdadeira comédia, a história *de fato* tem um final feliz. E toda comédia verdadeira se baseia na Comédia (bíblica) definitiva, na qual há de fato ressurreição. Finais felizes são possíveis porque um Final Feliz já foi escrito, no qual (como expressou a mística medieval Juliana de Norwich) "tudo acabará bem, e tudo acabará bem, e seja lá o que for acabará bem". Esse Final é, *inevitavelmente*, feliz porque o único Deus vivo e bom está determinado a nos conduzir até lá, e não há rivais à altura que possam detê-lo. O apóstolo Paulo proclama lindamente as implicações dessa verdade em Romanos 8.31-39:

> Se Deus é por nós, quem será contra nós? Se ele não poupou nem mesmo seu próprio Filho, mas o entregou por todos nós, acaso não nos dará todas as outras coisas? [...] E estou convencido de que nem morte nem vida, nem anjos nem demônios, nem o que existe hoje nem o que virá

[1] Sobre o conteúdo deste capítulo, veja também meu livro *Seriously Dangerous Religion*, p. 279-307, e parte de p. 309-346, que refletem sobre a esperança bíblica.

no futuro, nem poderes, nem altura nem profundidade, nada, em toda a criação, jamais poderá nos separar do amor de Deus revelado em Cristo Jesus, nosso Senhor.

Uma das implicações disso é que não devemos permitir que sejamos definidos exclusivamente pela verdade de que o mundo e nós mesmos estamos caídos — como se essa fosse a coisa mais importante a ser dita sobre a realidade. Algumas correntes da teologia cristã sucumbiram, historicamente, a essa tentação. O negativismo em relação ao mundo presente tornou-se, portanto, sua nota predominante — especialmente em se tratando de nossa própria condição humana. Elas se entregaram ao que chamo de "teologia do verme". Estou tomando emprestada essa linguagem do Salmo 22: "Mas eu sou um verme, e não um homem" (v. 6). No entanto, a realidade é que o salmista *é* um homem, e não um verme. Ele apenas se sente desumanizado pelo sofrimento — perseguido por outros seres humanos que se comportam como animais, e separado tanto de Deus quanto da comunidade humana (Sl 22.1-2,7-8,11-18). Todo o salmo é estruturado para ajudar pessoas em situação semelhante a recuperarem uma perspectiva verdadeira sobre sua situação. Ele celebra o Deus salvífico que reintegra a alma sofrida a uma comunidade de adoração que inclui "todas as famílias das nações" — os que já morreram e os que ainda nascerão (Sl 22.22-31). Na realidade, o adorador sempre foi portador da imagem do único Deus vivo, vivendo sob os cuidados dele em um mundo bom (mas caído) e destinado a um futuro glorioso. O que acontece é que ele perdeu, temporariamente, o fio de sua narrativa, habitando o Meio da história enquanto se esquece (neste caso) *tanto* do Início *quanto* do Fim.

A queda não *define* a pessoa humana, do ponto de vista bíblico. Embora a condição caída do mundo represente um desafio constante para os portadores da imagem, devemos manter o foco nas verdades maiores sobre nossa situação, incluindo nosso futuro. É, portanto, um aspecto importante da visão bíblica do ser humano o fato de que, quando pensa corretamente, ele é uma criatura otimista e esperançosa. Os contornos dessa esperança são traçados, inicialmente, de forma abrangente pelos profetas do Antigo Testamento. Mais tarde, são refinados com mais precisão pelos autores do Novo Testamento, que descrevem como diversos aspectos da visão profética já "se concretizaram", em nosso tempo presente, em Jesus Cristo. Todos esses visionários têm plena consciência do estado atualmente arruinado da criação que é retratado de forma explícita em outras passagens das Escrituras Sagradas. Eles mesmos o descrevem com riqueza de detalhes. No entanto, fazem isso no contexto da expectativa da transformação futura dos três relacionamentos rompidos descritos em Gênesis 3: o relacionamento do ser humano com Deus, o relacionamento do ser humano com os outros seres humanos e o relacionamento do ser humano com o restante da criação. Eles olham para um tempo à frente em que todos esses relacionamentos serão plenamente restaurados. E, depois, olham ainda *além*, para uma ordem completamente nova de coisas no cosmos — às vezes descrita como "os novos céus e a nova terra" (Is 66.22; 2Pe 3.13; Ap 22.1).

Quando escrevem sobre nosso relacionamento com *Deus*, os profetas do Antigo Testamento anunciam, primeiro, que Deus purificará completamente seu povo do pecado, dando-lhe um novo coração e um novo espírito que resultarão em obediência renovada (Ez 36.26-27). Haverá não apenas *perdão*, mas também *transformação*.[2] No entanto, a reconciliação que os profetas vislumbram não se limita apenas ao povo de Deus, Israel. Ela é de natureza universal, incluindo nações que antes foram os inimigos mais ferrenhos de Israel: "O Egito, meu povo [...] a Assíria, a terra que criei" (Is 19.23-25). De um modo geral, trata-se de uma transformação *radical*. Como vimos no capítulo anterior, é esse perdão "escatológico" (o perdão dos "tempos do fim") que, no tempo presente, Deus já oferece a todos — tanto judeus quanto gentios — em Jesus Cristo. O apóstolo Paulo também escreve sobre isso em Colossenses 2.13: "Vocês estavam mortos por causa de seus pecados [...]. Então Deus lhes deu vida com Cristo, pois perdoou todos os nossos pecados".

Segundo, quando escrevem sobre a *sociedade humana* no futuro, os profetas a retratam como uma sociedade completamente redimida e reconciliada. O horizonte mais imediato que vislumbram é uma comunidade de Israel restaurada, governada por um rei justo. Ezequiel, por exemplo, vislumbra um tempo em que Deus, o Pastor, reunirá suas ovelhas perdidas e porá sobre elas outro pastor, que é "meu servo Davi" (Ez 34.22-24; cf. Jr 33.15; Zc 9.9-10). Essa transformação da sociedade humana inevitavelmente envolve forçar os inimigos de Deus a se submeterem ao governo

[2] Jeremias aborda a mesma realidade em termos de uma nova *aliança* escrita no coração (Jr 31.31-34), por meio da qual a lei de Deus se torna parte do tecido da pessoa humana, e a obediência segue naturalmente.

divino. O rei justo, primeiro, libertará das mãos desses inimigos aqueles que são oprimidos por eles (Is 11.1-5; cf. Zc 12.1-9). O objetivo de longo prazo, no entanto, é que todas as nações vivam em harmonia umas com as outras, adorando o único Deus vivo (Zc 8.20-23; cf. Is 2.2-4; 66.18-23). Elas já fazem isso, de fato, na comunidade do Rei, Jesus Cristo — pois, nessa comunidade (a igreja),

> antigamente, [os gentios] estavam distantes de Deus, mas agora foram trazidos para perto dele por meio do sangue de Cristo. Porque Cristo é nossa paz. Ele uniu judeus e gentios em um só povo ao derrubar o muro de inimizade [...]. Assim, ele os reconciliou com Deus em um só corpo por meio de sua morte na cruz.
>
> Efésios 2.13-16

Terceiro, os profetas bíblicos esperam pela transformação da própria criação. Qualquer alienação atual dos seres humanos dos animais e do mundo natural será completamente superada nessa transformação (Ez 36.8-9,11,29-30,34-35; Os 2.18). Vemos isso em Isaías 11.1-9, por exemplo, em que a libertação do *povo* de seus opressores pelo rei davídico é imediatamente seguida pela paz *cósmica*. Mais tarde, Colossenses 1.19-20 nos diz que foi para realizar essa redenção cósmica que Cristo morreu: "Pois foi do agrado do Pai que toda a plenitude habitasse no Filho, e, por meio dele, o Pai reconciliou consigo *todas as coisas*. Por meio do sangue do Filho na cruz, o Pai fez as pazes com todas as coisas, tanto nos céus como na terra".

É nesse contexto de transformação futura que devemos, por fim, retornar à questão da "vida após a morte" de cada indivíduo, que deixamos em aberto no capítulo 9. À primeira vista, em Gênesis 3, parecia que qualquer esperança humana de vida além da realidade presente havia morrido com a expulsão de Adão e Eva do jardim e sua árvore da vida. No entanto, os profetas vislumbram um futuro no qual "muitos dos que estão mortos e enterrados ressuscitarão, alguns para a vida eterna" (Dn 12.2). "Teus mortos, porém, viverão", proclama o livro de Isaías; "seus corpos ressuscitarão" — encorajando, portanto, aqueles que "dormem na terra" a "[se levantar] e [cantar] de alegria" (Is 26.19). A imortalidade, afinal, não é impossível, e Paulo escreve a seus leitores em Roma sobre aqueles que corretamente a "buscam" (Rm 2.7). Ele também descreve aos coríntios um momento no fim dos tempos em que "nosso corpo mortal [precisará] ser transformado em corpo imortal [...] nosso corpo mortal [terá] sido transformado em corpo imortal" (1Co 15.53). Isso significará que "a morte foi engolida" em uma vitória que nos é dada "por meio de nosso Senhor Jesus Cristo" (1Co 15.54,57). É ele quem "destruiu o poder da morte e iluminou o caminho para a vida e a imortalidade por meio das boas-novas" (2Tm 1.10). Cristo é de fato o primeiro ser humano a *experimentar* a ressurreição corporal — *não* a fuga da "alma" do corpo, observamos — que tais textos pressupõem. Seu corpo não está no túmulo na manhã de Páscoa, e, após a ressurreição, ainda carrega as marcas que recebeu na cruz (Jo 20.1-9,24-31). Aqueles que seguem a Cristo aguardam uma ressurreição corporal semelhante, que conduz à vida eterna (Jo 6.40).

O que o ser humano deve esperar, segundo a fé bíblica? Devemos esperar todas as coisas que os profetas do Antigo Testamento esperavam — com exceção daquilo que já aconteceu por causa da vinda de Jesus. E é nessa poderosa esperança que devemos *viver*, "mais que vencedores por meio daquele que nos amou" (Rm 8.37). Esse é um dos aspectos fundamentais de uma antropologia propriamente cristã.

20

CONFESSANDO

Quem ouve minhas palavras e as pratica é tão sábio
como a pessoa que constrói sua casa sobre uma rocha firme.

MATEUS 7.24

Ao relembrarmos os capítulos 7 a 19, eu gostaria de repetir o resumo prospectivo de seu conteúdo que apresentei no capítulo 6. Nós, seres humanos, somos "matéria pessoal". Temos em comum com outras criaturas o fato de termos sido criados com intencionalidade em um cosmos ordenado por um Deus pessoal, como criaturas irredutivelmente *materiais* nas quais Deus soprou o fôlego da vida. Somos "como elas" nesse sentido. Ao mesmo tempo, somos radicalmente diferentes delas por sermos matéria *pessoal* animada por Deus — "como Deus", de maneiras extremamente importantes. Como tal, somos criaturas muito exaltadas, belas e capazes (entre outras coisas) de apreciar a beleza de várias formas que outras criaturas não podem. Como portadores da imagem do Deus vivo, dimórficos por natureza (homem e mulher), somos chamados a uma vocação específica: governar sobre a sagrada e bela criação de Deus, em relacionamento correto com ele, uns com os outros e com as outras criaturas e tomar conta dessa criação. Como seres caídos, comprometidos pelo mal, muitas vezes falhamos nessas tarefas, e toda a criação, consequentemente, sofre. Por misericórdia, Deus tem o compromisso de salvar sua criação, e, para isso, ele agiu de forma decisiva em Cristo. Os seres humanos, portanto, devem ser criaturas esperançosas — principalmente porque, em Cristo, lhes são prometidas a ressurreição corporal e a imortalidade. A matéria pessoal tem um futuro glorioso.

Se isso representa um relato verdadeiro dos fundamentos da "condição de ser humano", como são apresentados nas Sagradas Escrituras, o que significa? Ora, os seguidores de Jesus Cristo são compelidos a assumi-lo como seu — a torná-lo "uma matéria pessoal". Pois ele representa a verdade inabalável sobre nossa humanidade, que perdurará muito depois de as ondas da cultura, que tentam submergi-la e afogá-la, terem causado o pior estrago e recuado para o lugar de onde vieram.

Se isso é, de fato, o que as Sagradas Escrituras nos ensinam, então somos compelidos (em primeiro lugar) a acolher esse ensinamento *como um todo*, e não em parte. Não basta escolher apenas o que nos agrada. Não podemos sustentar uma visão elevada do ser humano como portador da imagem de Deus sem aceitar as responsabilidades atribuídas a esse portador da imagem na criação — só porque gostamos de uma ideia, mas não da outra. Não podemos ter domínio sem sacerdócio, só porque preferimos governar a tomar conta. Não podemos ter a ressurreição do corpo na vida após a morte sem os mandamentos concernentes a honrar a Deus com nosso corpo nesta vida — só porque gostamos da ideia de viver para sempre, mas não da ideia de viver sob o governo de Deus. Em todos esses casos, e em outros semelhantes, o que realmente estamos fazendo, ao escolher apenas o que nos convém, é colocar em posição de primazia em nossa vida autoridades diferentes da autoridade das Escrituras, e, portanto, da autoridade de Jesus Cristo. Tornamo-nos agentes autônomos, que decidem por si mesmos quais partes das Escrituras seguir e quais ignorar. É importante dizer isso, sobretudo no momento presente, precisamente por causa da prevalência desse cristianismo "seletivo" em nossa cultura — e da aparente e generalizada falta de compreensão quanto à sua natureza profundamente problemática. Mas ela é, de fato, profundamente problemática — *totalmente incompatível* com viver sob o senhorio de Cristo.

Somos compelidos a aceitar a verdade cristã *como um todo*, e não em parte; e (em segundo lugar) também somos compelidos a acolhê-la *como pessoas integrais*, e não fragmentadas. O cristianismo bíblico não tem a ver com o que está acontecendo em nosso coração, mas sim em nossa mente; em nossa alma, não em nosso corpo; em nosso espírito, não em nossa imaginação. Deus nos criou como pessoas integrais, e é como tal que somos chamados a amá-lo (Dt 6.5). A fé bíblica, portanto, não reconhece a ideia de ter Jesus "no coração", mas não na mente (por exemplo). Ela rejeita totalmente a noção de que a verdadeira fé é uma questão de sentimento, não de intelecto. Todas essas dicotomias devem ser rejeitadas. A fé bíblica se apresenta à pessoa integral, e é a pessoa integral que é convocada a responder adequadamente à proclamação dessa fé.

A fé bíblica exige, então, o *pensamento* correto — aceitar *aquilo* que é proclamado como a verdade sobre nossa humanidade, seja o que for que possamos inicialmente "sentir" a respeito. Ela exige também, como consequência, *viver* de forma correta — o compromisso de viver toda a nossa vida encarnada à luz da verdade bíblica, mais uma vez sem levar em conta quais possam ser nossos sentimentos a respeito. E a fé bíblica, então, pressupõe que, na jornada com Cristo, nossos sentimentos serão transformados; nossa imaginação, purificada, e assim por diante, de modo que nos tornemos, "em todos os aspectos, cada vez mais parecidos com Cristo, que é a cabeça" (Ef 4.15). Então, a fé bíblica não é, de forma alguma, a "fé" que é apresentada como "fé cristã" em muitas de nossas igrejas contemporâneas. Pois *nessa* fé, é totalmente possível ter Jesus "no coração", mas não ter quase nenhuma ideia da importância de ter o ensino verdadeiro na mente. É possível também ter algumas ideias corretas na mente, mas, ao mesmo tempo, reservar para si o direito de fazer exatamente o que quiser com o restante do corpo. E é totalmente possível que, para aqueles ao seu redor, nada disso seja um grande problema.

Pelo contrário, a fé bíblica vislumbra como parte *integral* de nossa jornada cristã a necessidade de uma *conversão* contínua (não apenas inicial) dos modos equivocados para os modos corretos de pensar *e* de viver em todos os aspectos da vida. Todo cristão é um herege em recuperação. Ou seja, todo convertido a Cristo, tendo inicialmente aceitado a verdade de Cristo e se entregado a ele com confiança, está (esperançosamente) no processo de se aprofundar no "ensino verdadeiro" (tanto crenças quanto ações) e de rejeitar ideias e práticas que até então considerava inofensivas. Por isso o apóstolo Paulo exorta os cristãos de Roma:

> Entreguem seu corpo a Deus [...]. Que seja um sacrifício vivo e santo, do tipo que Deus considera agradável. [...] Não imitem o comportamento e os costumes deste mundo, mas deixem que Deus os transforme por meio de uma mudança em seu modo de pensar, a fim de que experimentem a boa, agradável e perfeita vontade de Deus para vocês.
>
> Romanos 12.1-2

Eles já são seguidores de Cristo — mas ainda precisam ser transformados.

A mente deles, especificamente, ainda está marcada pela condição caída descrita por Paulo em Romanos 1.21-28. Está obscurecida e precisa ser renovada. Só então esses cristãos romanos serão capazes de fazer julgamentos morais corretos — de discernir "a boa, agradável e perfeita vontade" de Deus. O objetivo de tudo isso é que "imitem", não as normas culturais, mas a "vontade de Deus". A exortação de Paulo nessa carta visa, portanto, garantir que esses cristãos romanos se tornem ainda "mais cristãos" do que já são, tanto no pensamento quanto na vida.

O pensamento e a vida, sem dúvida, têm uma relação recíproca. Aquilo que acreditamos ser verdade necessariamente nos leva a agir de determinadas maneiras, e não de outras. E a forma como *vivemos* é o único meio seguro de discernir aquilo em que realmente *acreditamos* ser verdadeiro. É o único meio seguro de pôr à prova se são equivocadas as declarações que fazemos sobre o que está acontecendo em nosso coração/mente, muitas vezes enganosos. Na fé bíblica, crença e ação são dois lados da mesma moeda. Como afirma C. K. Barrett: "O cristão descobre a vontade de Deus não para contemplá-la, mas para cumpri-la".[1] A renovação da mente, se for genuína, conduz a um determinado modo de viver. "Mesmo a mente renovada precisa de muita instrução" para esse fim; "por isso, os conselhos e exortações detalhados dos parágrafos seguintes [após Rm 12.1-2]."[2]

Então, para concluir a Parte 2: somos compelidos, pelos termos de nosso discipulado cristão, a aceitar a verdade bíblica sobre nossa humanidade *como um todo* e como *pessoas integrais*, não em parte. Não se trata de ser "conservador" ou "progressista" — rótulos que, por si só, indicam até que ponto engajamentos idólatras já se apoderaram de nosso coração e mente. Pois não deveria fazer parte da ambição de um verdadeiro cristão ser conservador ou progressista, e, consequentemente, pertencer a um desses dois "grupos" identitários. O verdadeiro cristão busca apenas ser um membro fiel da comunidade reunida em torno de Cristo. Isso, às vezes, exigirá que sejamos conservadores, e, em outras, que não sejamos, em relação à cultura ao nosso redor. Tal fidelidade pode muito bem exigir um esforço considerável de cada uma de nossas partes — um compromisso diário com a transformação por meio da renovação de nossa mente mediante leitura, reflexão, oração e assim por diante. Pois muitos de nós vivem em ambientes culturais profundamente moldados por ideias sobre a condição de ser humano que são contrárias ao evangelho. Muitos de nós, na verdade, frequentam *igrejas* que agora também estão profundamente moldadas por essas mesmas ideias. E nunca é fácil para indivíduos pensarem e agirem "fora do grupo",

[1] Barrett, *Romans*, p. 215.
[2] Barrett, *Romans*, p. 215.

isto é, resistirem à pressão de seus pares. Mas também não foi nada fácil para os primeiros cristãos. Precisamos fazer nossa confissão verdadeiramente cristã, seja como for, com a clara compreensão de que a verdadeira fé cristã nunca teve a ver com ajustar levemente nossa visão de mundo para encontrar espaço para um Jesus restrito ao "nosso coração". E, em seguida, precisamos continuar a investigar as implicações dessa confissão.

A Parte 3 é dedicada à parte dessa contínua investigação. Ela considerará ainda as implicações de uma antropologia propriamente cristã — em primeiro lugar, para nossa adoração a Deus e para nossa compreensão dos direitos de suas criaturas (caps. 21—22). Em seguida, consideraremos a vida humana "de forma cronológica", à medida que ela se desenrola no tempo, do começo ao fim (caps. 23—24). Depois, refletiremos sobre ela de "maneira mais geográfica" (por assim dizer), em termos da vida de um homem ou de uma mulher (cap. 25) que está entrelaçada com diferentes comunidades. Consideraremos, por sua vez, a família (caps. 26—27), a igreja (caps. 28—29), o trabalho (caps. 30—32) e a sociedade em geral (caps. 33—34). Concluiremos com algumas exortações relacionadas a tudo isso (cap. 35). O que implica uma antropologia cristã sobre como devemos abordar essas diversas áreas importantes de nossa vida?

Como na Parte 2, muitos leitores encontrarão, na Parte 3, ideias que serão novas para eles e que, talvez, em um primeiro momento, lhes pareçam perturbadoras ou confusas. Em alguns casos, talvez até se sintam ofendidos. Se esse for o *seu* caso, "não entre em pânico!". Pois, se estes capítulos estiverem fundamentados na verdade de Deus, você acabará por perceber isso e descobrirá como essa verdade se aplica à sua vida. E se, pelo contrário, estes capítulos *não* estiverem fundamentados na verdade de Deus — bem, nesse caso, você não precisa se preocupar nem um pouco com eles. Mas cada um de nós deve lembrar, por outro lado, que às vezes sentir-se ofendido (em particular) é o primeiro passo na jornada de troca de ideias ruins por ideias boas, e de modos errados de viver por modos corretos. O próprio Cristo ofendeu muitas pessoas.

PARTE 3

E AINDA

21

ADORAÇÃO

Entreguem seu corpo a Deus [...]. Que seja um sacrifício vivo e santo, do tipo que Deus considera agradável. Essa é a verdadeira forma de adorá-lo.

Romanos 12.1

Aprendemos no capítulo 9 que Deus criou os seres humanos como "entidades psicossomáticas". E acompanhamos brevemente as implicações do que isso significa em se tratando de *amar* a Deus. Devemos amar a Deus com todo o nosso "coração", "alma" e "força" — com todo o nosso ser, e não apenas com algumas "partes" (Jr 31.3; Dt 6.5). Devemos amar a Deus física, emocional, intelectual e moralmente. Quero seguir essa mesma linha agora ao considerar a *adoração* a Deus. Claramente, as Sagradas Escrituras nos ensinam que, para nos relacionarmos de forma correta com Deus, devemos adorá-lo (Hb 12.28). Mas o que é a adoração cristã?

Não é de surpreender que o apóstolo Paulo descreva a "adoração" em Romanos 12 de maneira muito semelhante à forma como o Antigo Testamento anteriormente descreveu o "amor". Ele escreve: "Portanto, irmãos, suplico-lhes que entreguem seu corpo a Deus, por causa de tudo que ele fez por vocês. Que seja um sacrifício vivo e santo, do tipo que Deus considera agradável. Essa é a verdadeira forma de adorá-lo" (Rm 12.1). Para Paulo, a adoração não é algo que fazemos em uma área especial da vida, separada do restante. Não é, sobretudo, algo que *fazemos* de fato — pelo menos, se tivermos em mente ações ou rituais religiosos específicos. Adorar é, fundamentalmente, entregar todo o nosso ser a Deus. É isso que Paulo descreve em Romanos 12 como "a verdadeira forma de adorá-lo".

A palavra grega por trás da tradução de "verdadeira forma" aqui é *logikós*, que significa "racional". Está relacionada à nossa palavra "lógico" em português. Na época de Paulo, era uma das expressões favoritas do pensamento filosófico grego (especialmente do estoicismo).[1] Ela se refere ao que é apropriado aos seres humanos, em distinção das outras criaturas, e ao que nos relaciona especificamente com Deus. Na visão de mundo estoica, o que relaciona os seres humanos à divindade é nossa racionalidade. Ao usar essa mesma palavra, o autor cristão Paulo, sem dúvida, não pretende se referir à adoração oferecida *apenas* pela mente. Mas ele está certamente defendendo a adoração que *inclui* a mente como parte da realidade física da vida diária.

Portanto, para o cristão, a adoração é um modo de vida. Tudo o que fazemos, em nosso lar e em nossos relacionamentos familiares, em nossas relações sociais mais amplas, em nosso trabalho e em nossos momentos de lazer, em nosso envolvimento intelectual, em nossa música, em nossa arte e assim por diante — deve ser visto como adoração. E, se alguma coisa não puder ser considerada adoração, então devemos nos perguntar por que estamos nos dedicando a ela. Nesse sentido importante, não há distinção, na visão de mundo cristã, entre uma esfera "secular" e uma "sagrada". Como afirmou certa vez o teólogo holandês Abraham Kuyper: "Não há um único centímetro quadrado em todo o domínio da existência humana sobre o qual Cristo, que é Soberano sobre tudo, não proclame com autoridade: 'É meu!'".[2] Da mesma forma, como vimos no capítulo 13, já existe no Antigo Testamento o "serviço" no tabernáculo, mas também o "serviço" no mundo mais amplo (em ambos os casos, a palavra hebraica é *'abad*; Gn 2.15; Nm 3.7-8). *Tudo* isso faz parte do que significa adorar o Criador, que fez todas as coisas, e realizar sua vontade. Eugene Peterson consegue captar bem a conexão entre essas duas esferas supostamente separadas — "sagrada" e "secular" em *A Mensagem*, quando parafraseia uma passagem da carta aos Hebreus da seguinte forma: "Deus tem prazer especial em atos de culto — um tipo diferente de 'sacrifício' — que tem lugar na cozinha, no local de trabalho ou na rua" (Hb 13.16). *Tudo* é adoração. Essa é a questão. Adorar é, fundamentalmente, oferecer a Deus toda a sua vida, em todos os momentos.

É importante, então, que procuremos entender tudo aquilo que muitas vezes *chamamos* de "adoração" nesse contexto bíblico muito mais amplo. Pois muitas vezes *usamos* o termo e *pensamos* no tema da "adoração" de maneira incrivelmente limitada. Tendo como foco apenas um contexto,

[1] Veja o cap. 40 para obter uma breve descrição da visão de mundo estoica.

[2] Bratt, *Centennial Reader*, p. 488.

dizemos em reuniões da igreja coisas como: "Vamos começar agora nosso culto de adoração". Mas, e quanto às nossas atividades antes de chegarmos à reunião da igreja? Elas pertencem a uma categoria diferente chamada "não adoração"? E então, muitas vezes, ouve-se no mesmo contexto de reunião, em determinado momento, alguém dizer que "agora vamos entrar em um tempo de adoração" — como se o que aconteceu antes disso na reunião fosse algo totalmente distinto. Em ambos os casos, o que de fato queremos dizer com essa linguagem é apenas que vamos começar a tocar música e cantar. Ora, essas são, sem dúvida, *algumas* das formas maravilhosas pelas quais podemos adorar a Deus. Mas, biblicamente, *devem* ser entendidas como apenas *parte* da adoração cristã. Elas fazem parte da adoração cristã em sentido mais amplo, que é a entrega total de nosso ser a Deus. Se pensarmos biblicamente, tocar música e cantar não é *mais* adoração do que fazer bem nosso trabalho ou criar nossos filhos com dedicação para a glória de Deus. Música e canto devem, na verdade, ser entendidos como meios criados para apoiar e fortalecer essa vida mais ampla de adoração em vários sentidos. E, se *não* cumprem esse papel de apoio e fortalecimento de nossa vida de adoração nesses sentidos, então, francamente, não têm muita utilidade para nós. Pior, podem, na verdade, se tornar *obstáculos* para nós como seguidores de Cristo. Isso certamente acontecerá se nos levarem a pensar da forma errada sobre Deus, sobre nós mesmos e sobre o mundo, em vez de nos ajudarem a pensar da forma correta. Se nossa música e nossos cânticos forem superficiais em termos teológicos, ou simplesmente errados, então acabarão por dificultar, em vez de facilitar, nossa verdadeira e completa adoração a Deus em nossa vida diária.

Por isso, quando decidimos como "lidar" com o que temos o hábito de chamar de "cultos de adoração", é essencial que sempre nos esforcemos para lembrar claramente aquilo que estamos buscando em nossa vida cristã de forma mais ampla. É fundamental que sempre avaliemos nossas "atividades de adoração" específicas à luz da norma (ou "cânone") oferecida pela compreensão mais ampla de adoração que as Sagradas Escrituras nos recomendam com veemência. Caso contrário, nem mesmo seremos capazes de *perguntar* se nossas atividades de adoração em particular condizem com — ou estão nos ajudando a alcançar — uma adoração mais genuína em geral. No fim, talvez nem *pensemos* em fazer essa pergunta. Nossas "atividades de adoração" se tornarão simplesmente fins em si mesmas, desconectadas das demais áreas da vida. E o que fazemos em nossos "cultos de adoração" será governado pela tradição (incluindo a tradição contemporânea), em vez de ser moldado pelas Sagradas Escrituras e por uma teologia verdadeiramente cristã.

À medida que se reuniam para os cultos de adoração com tudo isso em mente, os cristãos primitivos certamente entoavam cânticos.[3] É importante, no entanto, observar o que Agostinho nos relata (em suas *Confissões*) sobre essa adoração cantada, ao menos na Milão do século 4. Seu propósito, escreve, era o "consolo mútuo e a exortação".[4] Os cânticos tinham por objetivo transmitir o verdadeiro ensinamento sobre a fé cristã. Portanto, estavam repletos de doutrina cristã. O canto fazia com que essa doutrina penetrasse profundamente no coração e na mente das pessoas. Os cânticos funcionavam, então, de modo semelhante à recitação dos primeiros credos e confissões que se desenvolveram a partir de fórmulas confessionais rudimentares já encontradas no Novo Testamento, tais como "Jesus é o Senhor!". Nesse sentido, os cânticos cristãos primitivos se assemelhavam aos sermões abrangentes e sérios que os líderes cristãos costumavam pregar naquela época. Esses sermões ofereciam tanto ensino teológico de alto nível quanto exortação pastoral. O contexto para tais sermões sérios era, por sua vez, o tempo considerável que os cristãos reunidos dedicavam anteriormente à leitura conjunta das Escrituras, conforme a exortação de Paulo a Timóteo: "Dedique-se à leitura pública das Escrituras, ao encorajamento e ao ensino" (1Tm 4.13). O escritor do século 2, Justino, o Mártir, em nosso relato mais antigo e completo de um culto de adoração cristã (em sua *Primeira apologia*), refere-se a uma prática regular de ler, no início de cada culto de adoração, "as memórias dos apóstolos ou os escritos dos profetas [...] pelo maior tempo possível".[5] Pelo maior tempo possível! Não podemos *viver* na história bíblica se não a *conhecermos* nem ouvirmos sua explicação. Não podemos *vivê-la* se não a confessarmos em palavras e cânticos como formas de lembrá-la. E tudo no culto cristão primitivo, incluindo a oração e a Eucaristia, era idealizado com estes objetivos em mente: envolver a pessoa integral na adoração.

[3] Vários textos do Novo Testamento sugerem que cantar ou entoar hinos de louvor era uma parte importante da adoração cristã desde o princípio: 1Co 14.15,26; Cl 3.16; Ef 5.19; cf. At 16.25.

[4] Augustine, *Confessions*, 9.7.15.

[5] Justin Martyr, *First Apology*, p. 67.

Eugene Peterson na versão bíblica *A Mensagem*, desta vez em sua interpretação de Romanos 12.1-2, expressa bem (mais uma vez) a natureza holística da adoração cristã, que exploraremos mais detalhadamente na Parte 3 em seus diversos aspectos. A conexão entre adoração correta e vida correta torna-se especialmente clara:

> Portanto, com a ajuda de Deus, quero que vocês façam o seguinte: entreguem a vida cotidiana — dormir, comer, trabalhar, passear — a Deus como se fosse uma oferta. Receber o que Deus fez por vocês é o melhor que podem fazer por ele. Não se ajustem demais à sua cultura, a ponto de não poderem pensar mais. Em vez disso, concentrem a atenção em Deus. Vocês serão mudados de dentro para fora. Descubram o que ele quer de vocês e tratem de atendê-lo. Diferentemente da cultura dominante, que sempre os arrasta para baixo, ao nível da imaturidade, Deus extrai o melhor de vocês e desenvolve em vocês uma verdadeira maturidade.

A primeira implicação de uma antropologia verdadeiramente cristã, então, é que os cristãos devem adorar o único Deus vivo e verdadeiro com todo o seu ser integrado e em toda a extensão de sua experiência vivida. Voltaremos a essa questão especialmente no capítulo 46, quando tratarmos das "atividades de adoração" mais adequadas para sustentar essa vida de adoração, e daquelas que não são.

22

DIREITOS

Acaso as árvores são inimigos para que vocês as ataquem?

Deuteronômio 20.19

Ao passarmos agora de nosso relacionamento com Deus à consideração mais profunda de nossos relacionamentos com outras criaturas, quero começar a lembrar uma das respostas que ofereci na Parte 2 à pergunta "O que é um ser humano?".[1] Propus que o ser humano é uma de muitas criaturas do único Deus vivo, cada qual encontrando seu lugar significativo no mundo de Deus dentro de seu próprio domínio. Todas as criaturas são de Deus, e todas são importantes para ele.

Como tal, todas as criaturas são, em termos bíblicos, dotadas de "direitos". Os seres humanos não podem simplesmente tratar as criaturas não humanas, em primeiro lugar, como bem quiserem. As árvores, por exemplo, têm direitos quando são envolvidas, sem qualquer culpa (obviamente), em guerras humanas. As árvores frutíferas, em particular, têm o direito de serem deixadas em paz (Dt 20.19-20). E os animais também têm direitos. Mesmo em um mundo no qual animais de todos os gêneros — domésticos e selvagens — se tornaram itens alimentares dos seres humanos, eles ainda são descritos em Gênesis 9.3 (de forma significativa) como "tudo o que se move e vive" (NAA).[2] É justamente nesse ponto da narrativa que somos lembrados de que as criaturas não humanas são semelhantes aos seres humanos neste aspecto: não são meramente "produtos", mas seres vivos. Isso leva de imediato, em Gênesis 9, a instruções sobre como tratar

[1] Sobre o conteúdo deste capítulo, veja mais em meu livro *Seeking What Is Right*, que apresenta uma ampla discussão sobre ética cristã, na qual a questão dos "direitos" ocupa um lugar de destaque.

[2] Veja mais em meu livro *Discovering Genesis*, p. 120-124.

adequadamente os animais — mesmo quando são transformados em alimento. O animal deve estar completamente morto antes de ser consumido.[3] Uma abordagem igualmente regida por leis é evidente mais adiante, em Levítico e Deuteronômio. Nesses textos, descobrimos que o indivíduo que age "contra a lei" nesses assuntos "será tão culpado quanto um assassino" (Lv 17.3-4; cf. Lv 17.11; Dt 12.23). A matança de animais nunca deve ser feita de maneira leviana. É algo sério.

As árvores e os animais têm direitos e, da mesma forma (em segundo lugar), os seres humanos. Por exemplo, eles têm o direito de participar das coisas boas do mundo de seu Criador, em vez de serem excluídos dessa generosidade por pessoas poderosas que querem tudo para si mesmas. Vemos essa ideia refletida em 1Samuel 8, em que o profeta Samuel adverte seus contemporâneos sobre o que significará ter um típico monarca do antigo Oriente Próximo como governante. A mensagem recorrente da retórica de Samuel é aquilo que esse rei "tomará":

> [Ele] tomará suas filhas e as obrigará a cozinhar, assar pães e fazer perfumes para ele. Tomará de vocês o melhor de seus campos, vinhedos e olivais e os dará aos servos dele. Tomará um décimo de sua colheita de cereais e uvas para distribuir entre seus oficiais e servos. Tomará seus escravos e escravas e o melhor do gado e dos jumentos para uso próprio. Exigirá um décimo de seus rebanhos, e vocês se tornarão escravos dele.
>
> 1Samuel 8.13-18

Falando sobre escravos neste mundo caído: eles também têm direitos. Um senhor não pode simplesmente tratar um escravo como bem quiser. Escravos de descendência hebraica, no Antigo Testamento, são "contratados", por exemplo, para servir apenas por um período limitado de tempo. Ao final do serviço, a menos que escolham permanecer com seu senhor, devem ser libertados (Êx 21.1-6; Dt 15.12-18). Enquanto estiverem escravizados, devem participar do descanso sabático e das refeições sacrificiais (Êx 20.10; Dt 12.12,18). Além disso, um escravo fugitivo que tenha encontrado refúgio em algum lugar não deve ser devolvido. E, se um senhor cegar

[3] Isso é garantido por meio do escoamento do sangue de sua carcaça: "Mas nunca comam carne com sangue, pois sangue é vida" (Gn 9.4).

ou quebrar o dente de um escravo, ele deve ser libertado como forma de compensação (Êx 21.26-27; Dt 23.15-16).

Em suma, no pensamento bíblico existem vários direitos humanos concedidos por Deus. O mais fundamental deles é o direito à vida. Nenhum ser humano pode tirar a vida de outro ser humano sem justa causa, porque essa vida (assim como a vida animal) pertence a *Deus* — e não a qualquer criatura de Deus. A conexão — mas também a diferença — entre esses direitos à vida, tanto de animais quanto de seres humanos, é evidente em Gênesis 9, que trata de ambos em conjunto. Quando a passagem fala sobre os direitos dos animais, esses direitos estão fundamentados, de forma geral, no fato de os animais serem "seres vivos" de Deus. Mas o direito humano à vida está fundamentado especificamente na natureza portadora da imagem de Deus: "Exigirei o sangue de todo aquele que tirar a vida de alguém. [...] Quem tirar a vida humana, por mãos humanas perderá a vida. Pois eu criei o ser humano à minha imagem" (Gn 9.5-6).

Toda vida humana portadora da imagem de Deus, homem e mulher, é profundamente significativa, e cada uma é inviolável. É algo terrível acabar com uma vida assim em um assassinato, e Deus certamente exigirá o "sangue" do autor desse ato hediondo. Pois, mesmo que ninguém mais perceba o assassinato, Deus sempre ouvirá "a voz" do sangue humano que "clama a mim da terra" (Gn 4.10). O Pai a ouve, e o Filho também, uma vez que ele se dirige, no Evangelho de Mateus, aos "descendentes dos que assassinaram os profetas". Ele antecipa um tempo em que será derramado sangue "pelo assassinato de todos os justos de todos os tempos, desde o assassinato do justo Abel até o de Zacarias [...] que vocês mataram no templo, entre o santuário e o altar" (Mt 23.31-35).

Por isso, os antigos rituais religiosos que envolviam sacrifício humano, por exemplo, foram proibidos no Antigo Testamento (2Rs 16.3; 17.17,31). A vida humana não deveria ser tratada como um "produto" a ser desperdiçado com "deuses". Esse também é o motivo pelo qual os profetas bíblicos condenavam reis que viam a vida humana como um objeto descartável em prol da realização de seus próprios desejos. Uma das narrativas mais impressionantes sobre essa realidade comum na antiguidade diz respeito ao rei Acabe, que deseja uma videira pertencente a um homem chamado Nabote. Nabote se recusa a entregá-la ao rei, uma vez que é "a herança que [recebeu] de [seus] antepassados" (1Rs 21.3).[4] Logo em seguida, Jezabel,

[4] Veja mais em meu livro *1 & 2 Kings*, p. 157-160.

esposa de Acabe, organiza uma conspiração envolvendo "dois homens de mau caráter", cuja tarefa era acusar falsamente Nabote de um crime. Ele é apedrejado até a morte, e Acabe toma posse da videira. A quem se poderia recorrer diante de um governo e sistema legal tão corruptos? Bem, Deus envia Elias para lidar com a situação, prometendo trazer desgraça sobre Acabe: "[Eu] o exterminarei, e destruirei todos os seus descendentes do sexo masculino em Israel, tanto escravos como livres" (1Rs 21.21). Se as instituições humanas não protegerem os portadores da imagem, então Deus intervirá diretamente para fazer isso. Haverá sangue.

Sem dúvida, a realidade é que todos aqueles que adotam uma visão bíblica da pessoa humana devem de fato já estar comprometidos com o reconhecimento e a proteção do *status* igual de portadores da imagem de Deus, bem como da dignidade e dos direitos de cada pessoa humana, incluindo o direito à vida. Isso é, sobretudo, verdadeiro em se tratando dos membros mais frágeis da sociedade, que não conseguem cuidar facilmente de seus próprios interesses. Pessoas bíblicas são, necessariamente, pessoas "pró-vida" em toda a amplitude do que *significa* a vida concedida por Deus. E esse compromisso exige de nós não apenas proteger nossos semelhantes, portadores da imagem, contra o assassinato, mas também resgatá-los da fome (por exemplo), como é sugerido de forma mais ampla por este mandamento específico em Deuteronômio 14.28-29:

> Ao final de cada três anos, levem todo o dízimo da colheita daquele ano à cidade mais próxima e armazenem-no ali. Entreguem o dízimo aos levitas, que não receberão porção alguma de terra como herança entre vocês, e também aos estrangeiros que vivem entre vocês, e aos órfãos e às viúvas de suas cidades, para que eles comam até se saciarem.

A falha humana em se engajar exatamente *nesse tipo* de atividade pró-vida é algo sério no livro de Jó, como revela esta passagem em particular:

> Recusou-se a dar água ao sedento
> e comida ao faminto.
> Pensou que a terra pertencia aos poderosos
> e que somente os privilegiados tinham direito a ela.
> Mandou a viúva embora de mãos vazias
> e acabou com as esperanças dos órfãos.

Por isso está cercado de armadilhas
e estremece com temores repentinos.

Jó 22.7-10

Pessoas bíblicas sérias sempre agiram de forma diferente — de maneira imperfeita, mas substancial. E a consequência disso é que o mundo foi se tornando, aos poucos, um lugar incomparavelmente melhor, no geral, do que já foi. De fato trata-se agora de um mundo claramente moldado, em muitos aspectos significativos, por essas ideias bíblicas sobre o valor intrínseco dos seres humanos e seus direitos. Isso é simplesmente um fato — ainda que, já há algum tempo, muitas pessoas comprometidas com essas *ideias* pareçam bastante determinadas a esquecer seu verdadeiro ponto de *origem* na Bíblia.[5]

Por exemplo, quando "os povos das Nações Unidas", tendo reafirmado, na Carta, sua "*fé* [itálico meu] nos direitos fundamentais do ser humano", quiseram fazer uma declaração pública sobre isso, publicaram em 1948 a Declaração Universal dos Direitos Humanos.[6] Trata-se de um documento impregnado de pensamento bíblico — mas você jamais imaginaria isso pelo modo como o conteúdo é comunicado.[7] A "fé" coletiva mencionada é, de maneira surpreendente, deixada completamente sem definição. E isso se deve precisamente ao fato de que as pessoas responsáveis pela Declaração não conseguiram chegar a um consenso — na ausência de revelação divina — sobre qual poderia ser uma base teórica defensável para os direitos humanos. Como disse na época o filósofo francês Jacques Maritain: "Sim, nós concordamos com os direitos, mas com a condição de que ninguém nos pergunte por quê".[8] Voltaremos a esse problema significativo em todo o pensamento moderno sobre justiça no capítulo 47.

[5] Veja McLaughlin, *Secular Creed*.

[6] As palavras citadas são do preâmbulo da Declaração.

[7] Entre as ideias bíblicas estão a referência no Preâmbulo ao "reconhecimento da dignidade inerente a todos os membros da família humana e de seus direitos iguais e inalienáveis" e as declarações de que "todo ser humano tem direito à vida" (Art. 3), "todo ser humano tem o direito de ser, em todos os lugares, reconhecido como pessoa perante a lei" (Art. 6), "os homens e mulheres de maior idade, sem qualquer restrição de raça, nacionalidade ou religião, têm o direito de contrair matrimônio e fundar uma família", "a família é o núcleo natural e fundamental da sociedade e tem direito à proteção da sociedade e do Estado" (Art. 16) e "ninguém será arbitrariamente privado de sua propriedade" (Art. 17).

[8] Féron, "Human Rights and Faith".

A segunda implicação de uma antropologia cristã, então, é que os cristãos devem defender os direitos humanos com fundamentos bíblicos, e não devem ter qualquer dificuldade em explicar por que fazem isso — e por que não participarão da abolição de nenhum deles.

23

VIDA

Tu formaste o meu interior
e me teceste no ventre de minha mãe.

Salmos 139.13

Neste capítulo e no próximo, refletiremos de forma mais profunda sobre a ideia cristã do direito humano à *vida*, em particular.[1] Nosso foco será em como ela se relaciona com as visões cristãs sobre as questões do "início da vida" e do "fim da vida".

Antes de tudo: se as pessoas bíblicas são necessariamente "pró-vida" em geral, então isso, certamente, inclui a vida humana no ventre, em particular. Esses portadores da imagem em formação são, sem dúvida, algumas das pessoas vulneráveis — como os estrangeiros, os órfãos e as viúvas de nossos textos bíblicos — que devemos "proteger". Como vimos na Parte 2, toda vida vem de Deus como um dom. Como diz Salmos 100.3: "Reconheçam que o Senhor é Deus! Ele nos criou e a ele pertencemos". Ele nos formou do barro, como um oleiro molda uma peça: "Apesar de tudo, ó Senhor, és nosso Pai. Nós somos o barro, e tu és o oleiro; somos todos formados por tua mão" (Is 64.8). Não fomos nós que nos formamos. É Deus quem dá a vida, e é ele quem a tira novamente, em seu devido tempo. É por isso — como vimos no capítulo anterior — que nenhum ser humano pode tirar a vida de outro ser humano sem justa causa e antes que Deus o tenha determinado.

Mas quando, na fé bíblica, a vida individual que é cercada por tanta proteção *se inicia*? Ela se inicia no ventre. Jó aborda essa realidade: "Porventura, não me vazaste como leite e como queijo me não coalhaste? De pele e carne me vestiste e de ossos e nervos me entreteceste" (Jó 10.10-11, ARC). Aqui, o

[1] Sobre o conteúdo deste capítulo, veja mais em meu livro *Seeking What Is Right*, p. 301-323, que discute a questão do aborto.

ser humano é representado, primeiro, como "leite" (sêmen) sendo derramado em um recipiente (o ventre), no qual, ao longo do tempo, se tornará algo sólido ("queijo"). E então, segundo, essa entidade é "vestida" de carne, ossos e nervos. Jeremias também fala dessa forma sobre Deus o formando no ventre, relatando esta palavra que lhe veio de Deus: "Eu o conheci antes de formá-lo no ventre de sua mãe" (Jr 1.5). Mas talvez a passagem mais famosa, seguindo esse mesmo raciocínio, não venha de Jó nem de Jeremias, mas dos salmos. Ela se encontra no Salmo 139, que usa o mesmo verbo, como em Jó, ao se referir ao "tecer" da criança no ventre (em hebraico *sākak*).[2]

> Tu formaste o meu interior
> e me teceste no ventre de minha mãe.
> Eu te agradeço por me teres feito de modo tão extraordinário [...].
> Tu me observavas quando eu estava sendo formado em segredo,
> enquanto eu era tecido na escuridão. [...]
> cada dia de minha vida estava registrado em teu livro,
> cada momento foi estabelecido quando ainda nenhum deles existia.
>
> Salmos 139.13-16

O que é especialmente impressionante aqui é que os dias dessa pessoa já estavam, na verdade, *contados* enquanto ela ainda estava no ventre. É a partir desse ponto que a vida da criança por nascer começa a ser "contada" em sua jornada futura. E, então, devemos acrescentar outro texto bíblico que também capta o mistério no coração desse processo oculto e criativo no ventre. Assim como no Salmo 139, Eclesiastes 11.5 atribui esse processo a Deus, como um dos aspectos de sua obra criadora de todas as coisas: "Assim como é impossível entender o caminho do vento [ou melhor, 'sopro'] ou o mistério do crescimento do bebê no ventre da mãe, também é impossível entender as obras de Deus, que faz todas as coisas".

A vida humana dada por Deus começa no ventre. E isso significa que pessoas de fé bíblica são compelidas a considerar a vida dentro do ventre como algo tão sagrado quanto fora dele. Significa que somos moralmente compelidos a considerar a destruição ilegítima dessa vida humana pré-natal como um erro moral. Trata-se de uma violação do direito humano à

[2] A pronúncia da palavra hebraica *sākak* é "sá-kak" (a primeira sílaba soa com o "a" aberto e prolongado, mas sem exagero).

vida, estabelecido por Deus, que discutimos no capítulo anterior. Bebês no ventre têm um direito intrínseco à vida.

Esse direito não é *conquistado*. Deriva simplesmente do fato de que a vida da criança no ventre pertence a Deus, e a mais ninguém. É importante dizer isso de forma clara. Muitas vezes, no debate contemporâneo sobre os direitos pré-natais das crianças, argumenta-se que os bebês só começam a "acumular" direitos à medida que se desenvolvem no útero. Eles começam a adquirir o que um autor chamou de "capacidades adquiridas com o desenvolvimento", como "habilidade de raciocínio, linguagem e autoconsciência".[3] São essas "capacidades adquiridas" que, em última instância, tornam a criança "uma pessoa" digna de nossa proteção.

Mas, do ponto de vista cristão, essa abordagem está completamente equivocada. As crianças no ventre têm o direito à vida porque a vida delas pertence a Deus, e não à criatura alguma de Deus. Portanto, todos os muitos argumentos contemporâneos sobre quando (se é que em algum momento) devemos considerar a vida no ventre digna de proteção contra a interrupção são irrelevantes. São tão fora de propósito quanto outros argumentos semelhantes que questionam se determinado ser humano *já nascido* possui "pessoalidade suficiente" ou "pessoalidade restante suficiente" para "merecer" nossa proteção.

Por exemplo, o que dizer das crianças saudáveis, mas muito pequenas, com "capacidade de raciocínio, linguagem e autoconsciência" limitada ou praticamente inexistente? Em um artigo acadêmico bem conhecido, publicado em 2013, Alberto Giubilini e Francesca Minerva compartilharam com o público suas próprias opiniões sobre esse tema. Eles sustentaram que "não há diferenças moralmente significativas entre um recém-nascido e um feto no útero".[4] Nenhum dos dois seria uma "pessoa", propuseram. Por conseguinte, se o aborto é eticamente permissível, então o assassinato pós-nascimento também o é. Isso, presumivelmente, se aplicaria até que a criança atingisse cerca de dois anos de idade, uma vez que é nesse ponto que ela, geralmente, passa a ter consciência de sua própria existência e pode demonstrar interesse em continuar a viver.

Essa ideia já é horrenda por si só, e provavelmente ainda não conta com amplo apoio, mesmo em uma sociedade pós-cristã — embora o infanticídio

[3] Greasley e Kaczor, *Abortion Rights*, p. 27, 40-41.
[4] Giubilini e Minerva, "After-Birth Abortion".

em si, pelo menos no caso de bebês com deficiências, certamente seja uma ideia que vem ganhando força em alguns ambientes políticos e jurídicos contemporâneos.[5] Contudo, avancemos. Nessa visão "funcional" de "pessoalidade", a matança necessariamente para aos dois anos de idade? E quanto a menores mais velhos com deficiências intelectuais ou físicas? Eles têm "pessoalidade suficiente" para que seu direito à vida seja preservado? E quanto a adultos com deficiências de diversos tipos? E aos idosos? Onde termina esse processo de categorizar seres humanos como pessoas ou não pessoas com base em suas "capacidades"? E onde terminam as *ações consequentes* disso — considerando a "característica sórdida da psicologia social humana" que todos já deveríamos conhecer neste ponto da história: ou seja, "a tendência de dividir as pessoas em grupos distintos [de pessoas de interesses comuns] e grupos com 'os de fora' e de tratar os últimos como menos do que seres humanos"?[6] Já vimos isso antes — em inúmeras ocasiões.

O valor dos seres humanos, na fé bíblica, categoricamente não está nas "capacidades adquiridas ao longo do desenvolvimento". Tampouco está em *algo* em que possamos acreditar que torna outros seres humanos mais semelhantes aos que já pertencem ao "nosso grupo", ou mais úteis à nossa sociedade. O valor dos seres humanos está no fato simples, mas maravilhoso, de que todos somos portadores da imagem de Deus. Todos somos criaturas sob o cuidado do Criador, desde o ventre até o fim da vida. E isso garante a todos o direito à vida plena, aconteça o que acontecer com suas diversas "funções" ou "capacidades" ao longo do caminho.

Desde o início do movimento dos seguidores de Jesus, os verdadeiros cristãos compreenderam e acolheram sinceramente essa verdade. É por isso que os primeiros seguidores de Jesus adotaram uma visão radicalmente diferente da de seus próprios contemporâneos, os filósofos estoicos, com relação tanto ao aborto quanto ao infanticídio. Os estoicos felizmente apoiavam ambas as práticas. Antes do nascimento, a mãe podia fazer o que quisesse com o bebê.[7] A mulher tinha o direito de escolher. Isso porque — segundo os estoicos — o bebê fazia parte do corpo da mãe até o nascimento. Após o nascimento, acreditavam, os bebês com anomalias mentais ou físicas podiam e *deveriam* ser

[5] Lévesque, "Quebec College of Physicians Slammed".
[6] Greasley e Kaczor, *Abortion Rights*, p. 141, citando Steven Pinker.
[7] Westermarck, *Origin*, 1:415.

descartados.[8] Por não possuírem as devidas "capacidades adquiridas ao longo do desenvolvimento", eram considerados inúteis.

O primeiro documento cristão, a *Didaquê*, por sua vez, proíbe enfaticamente tanto a realização do aborto quanto o infanticídio.[9] A *Epístola de Barnabé* apresenta algo muito semelhante. Esse segundo documento deixa explicitamente claro, de fato, que o bebê no ventre *não* é parte da mãe, mas já é um "próximo" que necessita ser "preservado".[10] Não existe um "direito de escolha" que a mãe (ou mesmo o pai) tenha sobre a vida da criança no ventre — não existe um "direito de escolher" que se sobreponha ao direito à vida. Assim, os primeiros cristãos muitas vezes visitavam os depósitos de lixo de Roma para resgatar crianças deixadas para morrer ali pelos pais. Eles sabiam que cada uma delas era um precioso portador da imagem de Deus e precisava ser salva.

A igreja contemporânea, igualmente — como uma terceira implicação de sua antropologia cristã —, é chamada a ser um lugar de refúgio, segurança e apoio para crianças pequenas e ainda por nascer. Somos também chamados a cuidar de seus pais, que também são nossos semelhantes e muitas vezes necessitam de um apoio muito significativo para trilhar o caminho correto nessa área da vida em nossa cultura contemporânea. Em particular, a mãe tem tanto direito à vida quanto qualquer outra pessoa. Portanto, se ela optar por realizar uma cirurgia necessária (por exemplo) que levará, como consequência (mas não como objetivo), à morte de seu filho ainda no ventre, isso é trágico, mas moralmente aceitável. Nesse caso, ninguém está participando da violação de um direito à vida dado por Deus. A triste e complicada realidade é que dois "direitos à vida" entram em conflito.[11]

[8] Sêneca, *De Ira*, 1.15, em *Seneca: Moral Essays*, p. 145, que traduz o latim desta maneira: "Afogamos até mesmo crianças que nascem débeis ou anormais. Não se trata de ira, mas da razão que nos convida a separar os que são doentes dos que são saudáveis".

[9] *Didaquê* 2.2.

[10] *Epístola de Barnabé*, 19.5.

[11] Veja mais em Greasley e Kaczor, *Abortion Rights*, p. 155-157.

24

MORTE

Vocês não pertencem a si mesmos,
pois foram comprados por alto preço.

1Coríntios 6.19-20

No capítulo anterior, ao tratar de uma visão "funcional" da "pessoalidade", levantei a questão da "pessoalidade suficiente" no caso de adultos com deficiências ou idosos.[1] Isso nos leva diretamente das implicações de uma antropologia cristã para as questões do "início da vida" às suas implicações para as questões do "fim da vida".

Vivemos em uma época em que muitas pessoas acreditam ser moralmente defensável, ou até mesmo "correto", causar efetivamente a morte de outra pessoa, sobretudo em idade avançada, se essa pessoa pedir isso. Essa "eutanásia voluntária" pode ser realizada, por exemplo, por meio da administração de uma substância letal, alcançando assim "uma morte serena e tranquila" (que é o significado de "eutanásia" no grego). Se as pessoas já pensam dessa forma, provavelmente também acreditarão que o "suicídio assistido" — uma forma menos efetiva de permitir que alguém morra — não representa um problema moral. Isso envolve oferecer ajuda para que outra pessoa tire a própria vida quando ela bem entender. Isso pode ocorrer, por exemplo, ao se colocar medicamentos ao alcance de uma pessoa incapacitada fisicamente de pegá-los sozinha. Tanto a eutanásia quanto o suicídio assistido tornaram-se muito mais comuns em várias partes do mundo nas últimas décadas do que eram anteriormente. Como uma antropologia bíblica molda nosso modo de pensar e de viver em se tratando dessas questões?

[1] Sobre o conteúdo deste capítulo, veja mais em meu livro *Seeking What Is Right*, p. 301-323, que discute a questão do suicídio.

As suposições cristãs fundamentais aqui são exatamente as mesmas do caso do aborto. A vida humana é um dom de Deus, e somente Deus (ou aqueles autorizados por ele) pode tirá-la. Nesse momento, "o pó voltará à terra e o espírito [fôlego] voltará a Deus, que o deu" (Ec 12.7). Deus determinou que esta parte de nossa existência chegue ao fim. "Nós somos administradores e não proprietários da vida que Deus nos confiou", como afirma o Catecismo da Igreja Católica; "não podemos dispor dela".[2] Somos apenas os "protetores" dessa vida — de nossa própria vida — assim como somos apenas protetores da vida na boa criação de Deus em geral. Não somos "proprietários" de nada.

Não é de admirar, portanto, que não encontremos nenhuma base nas Sagradas Escrituras para pensar que tirar a própria vida possa ser moralmente aceitável. Considere as narrativas em que o suicídio é descrito. Em todos os casos, os envolvidos são caracterizados como pessoas de má reputação. Em nenhum caso suas ações são louváveis.

Em Juízes 9.52-54, o rei assassino Abimeleque comete suicídio com a ajuda de seu servo, depois que uma pedra de moinho cai sobre sua cabeça e racha seu crânio. Ele está morrendo, mas prefere acelerar a morte para que ninguém possa dizer que foi uma *mulher* que o matou. Em 1Samuel 31.4-5, o rei Saul, desesperadamente agarrado ao poder, apesar de Deus rejeitar a ele e à sua dinastia, se mata para evitar o julgamento de Deus que logo viria pelas mãos dos filisteus. Em 2Samuel 17.23, o conselheiro real Aitofel — um traidor que quer ver o rei Davi morto — se mata porque Absalão não aceita seu conselho. Em 1Reis 16.15-20, o famoso rei efêmero Zinri, que reinou por sete dias sobre o norte de Israel, se mata para não ser capturado por seus inimigos. Ele também está sob o julgamento de Deus nesse ponto da história, porque fez "o que era mau aos olhos do SENHOR. Seguiu o exemplo de Jeroboão".[3] E, em Mateus 27.3-5, Judas, tomado de remorso por trair Jesus, se enforca.

Essa é uma galeria de delinquentes que cometem suicídio. Todas essas histórias associam a ação a outras realidades negativas. Ao mesmo tempo, não há nada em nossa tradição narrativa bíblica nem um pouco parecido com o caso do filósofo grego Sócrates (469–399 a.C.), cujo suicídio é retratado pelo personagem Fédon, de Platão, como nobre e justo. Pelo contrário,

[2] "O suicídio", no *Catecismo da Igreja Católica*, §2280. Veja também papa João Paulo II, *Evangelium Vitae*.

[3] Veja meu livro *1 & 2 Kings*, p. 128-131.

encontramos, pelo menos, um suicídio evitado no Novo Testamento, quando um carcereiro de Filipos é dissuadido de se matar por causa de uma falha no dever (At 16.27-29). Também encontramos ensinamentos cristãos explícitos que fortemente se opõem a qualquer prática desse tipo.

Paulo diz aos cristãos romanos, por exemplo, que "não vivemos nem morremos para nós mesmos" (Rm 14.7-8). Aos cristãos de Corinto, ele pergunta: "Vocês não sabem que seu corpo é o templo do Espírito Santo, que habita em vocês e lhes foi dado por Deus? Vocês não pertencem a si mesmos, pois foram comprados por alto preço" (1Co 6.19-20). Quando o assunto é o sofrimento, especificamente — o que é de extrema relevância no contexto da eutanásia voluntária e do suicídio assistido —, as Sagradas Escrituras não defendem que se fuja da vida para evitar a dor. Pelo contrário, elas nos exortam a suportá-la em nome da "visão maior". Paulo escreve em Romanos 5.3-5, por exemplo, que nós, cristãos, "nos alegramos ao enfrentar dificuldades e provações, pois sabemos que contribuem para desenvolvermos perseverança, e a perseverança produz caráter aprovado, e o caráter aprovado fortalece nossa esperança, e essa esperança não nos decepcionará". Temos "esperança" de que, mesmo no sofrimento, Deus está fazendo todas as coisas cooperarem para o bem.

A igreja primitiva pós-apostólica adotou a mesma posição. Ela fez isso mesmo sabendo que viver como cristão no império romano podia ser *extremamente* difícil. A vida podia chegar ao *fim*, em particular, em circunstâncias muito dolorosas. Ainda assim, o autor cristão de *O pastor de Hermas* (um texto do início do século 2) deixa claro que o suicídio "por causa do sofrimento" é um pecado grave. Ele também considera "culpada do sangue" daquele que sofre qualquer pessoa que não consegue ajudá-lo a seguir um caminho *diferente*. Mais tarde, no mesmo século, Tertuliano, ao discutir a ideia de que o cristão deve dar a quem lhe pede, toma o cuidado de estabelecer limites para esse dever. Isso certamente não significa, por exemplo, dar "veneno ou uma espada a quem anseia pela morte".[4]

Assim, as Escrituras e a tradição cristãs nos levam a considerar o suicídio como moralmente errado. Conclui-se que ajudar os outros a cometê-lo, ou agir como agente para que ele aconteça, também é errado. "A cooperação voluntária no suicídio é contrária à lei moral."[5] Isso há muito tem

[4] Tertuliano, *De Fuga in Persecutione*, 13.2.
[5] *Catecismo da Igreja Católica*, §2282.

sido considerado dessa forma no mundo cristianizado — e não apenas por causa do pensamento especificamente cristão. A questão também é explicitamente abordada no Juramento de Hipócrates, o mais conhecido dos textos médicos da Grécia antiga e ainda hoje utilizado em cerimônias de graduação de muitas escolas de medicina. A frase relevante é esta: "Não darei um remédio mortal a ninguém, mesmo que me peça, nem farei sugestão nesse sentido". Como observa Leon Kass: "O médico hipocrático rejeita a ideia de que a escolha do paciente pela morte possa tornar correto matá-lo — ou ajudá-lo no suicídio".[6] Ele também afirma que "a medicina nunca teve, sob nenhuma interpretação, o encargo de *causar ou executar a morte propriamente dita.* Os médicos não podem servir à sua arte ou ajudar seus pacientes [...] fazendo-os desaparecer".[7] Portanto, os médicos, há muito tempo, resistem a qualquer envolvimento em tais práticas.

A pressão, no entanto, agora é para que eles mudem de opinião e de prática. Sem dúvida, muitos farão isso, na ausência de convicções fortemente fundamentadas na metafísica em sentido contrário — convicções que os levariam a arriscar a carreira e os meios de subsistência por uma questão de princípio. É, portanto, muito importante enfatizar o ensinamento cristão sobre esse ponto. Um profissional cristão da área de saúde (ou de fato qualquer outro cristão) não pode, com razão, se envolver no suicídio assistido. É igualmente errado que esse profissional ou qualquer outro cristão participem de qualquer forma de eutanásia voluntária. Existem muitas outras formas melhores — e mais tradicionais — de praticarmos a compaixão para com os que sofrem. Podemos, por exemplo, procurar garantir excelentes cuidados paliativos para os que estão morrendo. Aqui, o objetivo da intervenção não é matar ou facilitar que o indivíduo tire a própria vida, mas sim "otimizar a qualidade de vida até que a morte ocorra, e oferecer conforto na morte".[8] Mas o que verdadeiros cristãos não podem fazer é aceitar participar da cura de um mal (o sofrimento) por meio de outro (a morte prematura).

A qualquer preço, portanto, devemos nos manter afastados da crescente indústria da morte que está surgindo em muitas partes do mundo, na qual

[6] Kass, "No Deadly Drug", p. 32.

[7] Kass, "No Deadly Drug", p. 35.

[8] Foley, "Compassionate Care, Not Assisted Suicide," p. 297. Veja mais em Canadian Society of Palliative Care Physicians, <http://www.cspcp.ca/cspcp-key-messages-re-hastened-death/>, e Christian Medical and Dental Society of Canada, <www.cmdscanada.org>, para obter mais informações, incluindo um vídeo ("The Gift").

nem é o sofrimento que está no centro da discussão, mas sim a "escolha". O que se enfatiza é o *direito* individual à morte — um daqueles vários "direitos" que apareceram por mágica nos tempos pós-cristãos simplesmente pela afirmação de que existem. Só porque uma pessoa deseja a morte, ou pensa que deseja — segundo consta —, ela deveria tê-la, por um número cada vez maior de razões, incluindo doença mental. No Canadá, tal como estão as coisas neste momento, "pessoas que sofrem de doenças mentais, pobreza ou dor crônica muitas vezes não conseguem ajuda — mas podem ser mortas".[9] Esse tipo de "serviço" é, sem dúvida, *mais* uma prática que os médicos, por tradição, sempre recusaram. Eles têm sido firmemente contrários a "fazer o que os pacientes querem apenas porque querem".[10] Mas agora a pressão está aumentando, e a linguagem dos direitos tem por objetivo intensificá-la.

Margaret Somerville conectou os temas discutidos nos dois últimos capítulos ao observar que a questão cultural evoluiu rapidamente da pergunta "o bebê deve viver?" para "os avós devem morrer?" — ou de fato qualquer outra pessoa que "queira" morrer ou possa ser pressionada a pensar que quer.[11] Há uma inevitabilidade nisso. Quando a visão da pessoa humana como alguém dotada de um valor intrínseco começa a ser substituída por outra, e a crença na natureza absolutamente sagrada e inviolável da vida humana começa a ser corroída, isso necessariamente afeta as questões relacionadas ao direito à vida em todo o espectro da existência humana. A quarta implicação de se sustentar uma antropologia cristã é que, para o bem de todos, devemos promover ativamente uma visão diferente acerca da existência humana — tanto no fim da vida como em seu início — das visões da sociedade que atualmente começam a prevalecer.

[9] Van Maren, "Canada's Killing Regime".
[10] Callahan, "Physician-Assisted Suicide", p. 63-64.
[11] Somerville, *Death Talk*, p. 23.

25

GÊNERO

Vocês não sabem que seu corpo é o templo do Espírito Santo, que habita em vocês e lhes foi dado por Deus?

1Coríntios 6.19

À medida que começamos agora a considerar algumas das implicações de uma antropologia cristã para os relacionamentos humanos no período *entre* a concepção e nossos últimos dias, voltamo-nos primeiro à questão do masculino e do feminino.[1] Um aspecto de nossa natureza social como portadores da imagem de Deus é que fomos criados, não apenas para a comunidade em geral, mas para a família em particular (cap. 16). E no centro dessa instituição estão um homem e uma mulher: "Assim, Deus criou os seres humanos à sua própria imagem, à imagem de Deus os criou; homem e mulher os criou" (Gn 1.27). A humanidade é masculina *e* feminina. Cada ser humano é masculino *ou* feminino. Há uma distinção binária (dimórfica) dentro da classe dos portadores da imagem.

A ciência moderna pode nos dar muitas informações sobre essa diferenciação binária no nível biológico. Sem dúvida, os cientistas reconhecem que, muito raramente, bebês podem nascer com características anatômicas incomuns. Mas, mesmo nos casos mais incomuns, "eles geralmente se enquadram no binário feminino/masculino, e [...] ninguém claramente ultrapassa esse limite".[2] A questão é que esses pequenos portadores da imagem ainda se destinam a produzir "gametas" completamente diferentes uns dos outros — as células reprodutivas capazes de se unir às

[1] Sobre o conteúdo deste capítulo, veja mais em meu livro *Seeking What Is Right*, p. 325-365, que discute extensivamente a questão da identidade humana.

[2] Byrne, "Is Sex Binary?".

do sexo oposto na reprodução sexual.[3] Isso leva o biólogo evolucionista Colin Wright a afirmar de forma categórica que "o sexo nos seres humanos é funcionalmente binário [...] o resultado final do desenvolvimento sexual nos seres humanos é inequivocamente masculino ou feminino em mais de 99,98% das vezes".[4]

A ciência aqui está apenas descrevendo de forma detalhada e analítica o que as pessoas comuns percebem de maneira mais ampla enquanto cuidam da própria vida no mundo. É um mundo ainda povoado — por enquanto — por machos e fêmeas facilmente distinguíveis, em geral. Portanto, é surpreendente que a própria noção de um binário masculino-feminino tenha recentemente se tornado controversa em todo o mundo. Precisamos tentar dar uma explicação razoável para isso.

A porta para nossa nova situação foi aberta inicialmente por meio de uma nova utilização nos círculos acadêmicos modernos da palavra "gênero". Durante a maior parte de sua história, "gênero" funcionou como sinônimo de "sexo biológico". Depois, passou a se confundir com a palavra "identidade", referindo-se à pessoa que alguém "realmente é". O termo composto, "identidade de gênero", portanto, passou a se referir à pessoa que alguém "realmente é". Como define o dicionário *Merriam-Webster*, identidade de gênero é "a sensação interna de uma pessoa de ser homem, mulher, alguma combinação de homem e mulher, ou nem homem nem mulher".[5] Seu "sexo" pode muito bem ser "mulher biológica". Mas qual é sua verdadeira "identidade de gênero"? E, assim, chegamos à ideia da pessoa "transgênero": aquela "cuja identidade de gênero difere do sexo que tinha ou com o qual foi identificada no nascimento".[6] Nessa visão, quem realmente sou pode ou não ter relação com meu corpo físico. Talvez eu descubra que, na verdade, estou em um corpo completamente errado e precise tomar medidas por meio de medicamentos e cirurgia para corrigir essa falha.

Para ser claro, não é o desconforto com o próprio corpo, nem mesmo a sensação de estar preso no corpo "errado", que é algo novo na experiência humana. Profissionais da área médica há muito reconhecem a condição hoje conhecida como "disforia de gênero". Ela surgia relativamente raras

[3] Byrne, "Is Sex Binary?".
[4] Wright, "The New Evolution Deniers".
[5] *Merriam-Webster*, "Gender Identity".
[6] *Merriam-Webster*, "Transgender".

vezes, sobretudo em crianças mais novas, e desaparecia, na maioria dos casos, com o início da puberdade.[7] O que é novo nos tempos mais recentes é, primeiro, a explosão de casos de disforia de gênero entre pessoas de todas as idades, e especialmente meninas adolescentes. Segundo, houve uma mudança notável no clima de opinião pública em relação à forma como a questão é tratada. Enquanto as intuições de uma pessoa sobre sua "verdadeira identidade" eram vistas como motivo para buscar ajuda profissional, agora elas são consideradas (mesmo no caso de crianças muito pequenas) como indicativo da "própria verdade do assunto". O "tratamento" que quase sempre se segue é, inevitavelmente, voltado a fazer com que o corpo dado pareça, no devido tempo, mais com o de um homem ou de uma mulher (dependendo da escolha). Em menores pré-púberes, isso começa com o uso de bloqueadores da puberdade. Mais tarde, vêm a terapia hormonal e a cirurgia. Alguns aspectos do tratamento só são reversíveis com dificuldade, e outros (como a mastectomia dupla) não são reversíveis. Na mesma velocidade impressionante com que surgiu uma nova ordem de coisas nessa área do "gênero", formou-se também uma vasta estrutura legal, destinada a suprimir o debate público sobre o tema e qualquer forma de discordância.

Neste mundo de "gêneros" em constante multiplicação (81, segundo uma contagem recente — mas cada vez maior aparentemente a cada semana), o que a antropologia cristã exige de nós?[8] Pois bem, em nenhum dos textos bíblicos que tratam de nossa natureza como portadores da imagem de Deus há qualquer fundamento para a noção de que um ser humano possua um "gênero" que não esteja intrinsecamente ligado ao seu sexo biológico criado por Deus. É verdade que, nas Sagradas Escrituras, assim como na vida, pessoas de cada sexo expressam sua masculinidade e feminilidade de maneiras culturalmente específicas. Contudo, as Escrituras não nos apresentam razão alguma para entender essas diferenças de expressão como implicações da existência de múltiplos gêneros dissociados do sexo biológico.

As Escrituras não nos dão qualquer base para acreditarmos que a "verdadeira" identidade de uma pessoa nascida com um corpo feminino seja,

[7] "A maioria das crianças com suspeita de disforia de gênero não apresenta a condição após chegarem à puberdade." Veja <https://www.nhs.uk/conditions/gender-dysphoria/treatment/>, acessado em 8 de julho de 2019.

[8] A Path, "63 Genders".

na realidade, masculina, ou vice-versa. Tampouco encontramos nelas qualquer fundamento para redefinirmos o corpo que Deus nos deu a fim de torná-lo mais semelhante ao do sexo oposto. Na verdade, a antropologia cristã insiste (lembre-se!) que os seres humanos são "entidades psicossomáticas" (cap. 9). Ela não incentiva a crença em qualquer forma de "dualismo entre o corpo e a pessoa", por meio do qual meu corpo não seria realmente meu "eu", mas o "eu" residiria, em vez disso, em algum lugar "dentro" de meu corpo, esperando para irromper em uma existência autêntica. Assim, qualquer noção de que a verdadeira identidade de uma pessoa está "dentro" dela e tem pouca ou nenhuma relação com sua forma corporal é *bastante problemática* do ponto de vista verdadeiramente cristão. Nosso corpo, tal como nos foi dado por Deus, é de fato templo do Espírito Santo.

Sendo assim, os cristãos são chamados a rejeitar a ideologia transgênero e, em vez disso, a viver e ensinar aos outros nossa visão muito diferente da "humanidade como homem e mulher".[9] Essa é a quinta implicação de nossa antropologia cristã. Ao fazermos isso, precisamos tentar alcançar e unir forças com grupos de pessoas que sofrem de disforia de gênero — não necessariamente pessoas religiosas — e que também não consideram nem um pouco útil uma abordagem ideológica do problema. Elas desejam que a condição continue a ser tratada *como* uma condição para a qual há ajuda e apoio disponíveis.[10] Essa é uma das formas pelas quais nós, cristãos, podemos cuidar de nosso próximo em meio ao caos atual.

Outro aspecto importante de nosso cuidado com o próximo será enfrentar de forma mais firme do que nunca as mentiras perniciosas sobre o corpo (especialmente feminino) que geraram grande parte da angústia que atualmente faz o transgenerismo parecer tão atraente. Não é coincidência que a explosão da "disforia de gênero de início rápido" entre meninas adolescentes tenha ocorrido em um momento da história em que elas têm acesso praticamente irrestrito às redes sociais. Entre outras coisas, o envolvimento delas com essas mídias muitas vezes as torna dolorosamente autoconscientes sobre seu tipo de corpo e personalidade, ao mesmo tempo que as apresenta a inúmeras outras pessoas que se submeteram a diferentes tipos de cirurgia

[9] Veja mais em Roberts, *Transgender*, e Evangelical Alliance, *Trans Formed*.

[10] Por exemplo, a Gender Dysphoria Alliance, em <https://www.genderdysphoriaalliance.com/>, que endossa "as realidades do sexo biológico" e acredita que "as práticas clínicas devem se basear em evidências revisadas por pares, não em ativismo ou ideologia".

justamente para "serem quem gostariam de ser". Trata-se de uma forma de contágio social, e, como qualquer contágio, devemos fazer nossa parte — se amamos nosso próximo — para interromper sua transmissão.[11]

Também precisamos cuidar de nosso próximo em outros sentidos. Precisamos cuidar das crianças muito pequenas cuja infância está sendo destruída por professores irresponsáveis que parecem pensar que uma das maiores necessidades de uma criança é questionar seu verdadeiro gênero. Antes, o mundo era povoado por adultos como a designer alemã Alma Siedhoff-Buscher (1899–1944), que, para "poupar a criança da confusão interior", decidiu usar em seus brinquedos apenas duas cores básicas (verde e branco). "Ela queria que as crianças rissem quando brincassem, que tivessem espaço e que a imaginação corresse solta" — ou seja, que fossem crianças.[12] Agora, o mundo está cheio de adultos que acreditam ser uma boa ideia apresentar às crianças — crianças!! — uma vasta gama de possibilidades (não de cores, mas) de gênero. Precisamos proteger as jovens crianças dessa insanidade. Também precisamos cuidar dos menores mais velhos que estão no processo de tomar decisões catastróficas sobre medicamentos e cirurgias sob a influência de outros adultos irresponsáveis, e de pais que não sabem a quem recorrer na crise. E precisamos nos aproximar e cuidar de todas as pessoas machucadas que reconheceram tarde demais a falsa promessa do transgenerismo, que, consequentemente, "desfizeram a transição" e que agora não têm comunidade que as aceite em sua "estranha" condição nem lá nem cá.[13]

Talvez não precisemos lidar com esse problema por muito tempo. Já há sinais de que um número cada vez maior de pessoas está começando a duvidar da base objetiva da ideologia de gênero. Afinal de contas, por que deveríamos aceitar piamente como verdade (elas perguntam) — e na ausência de qualquer evidência propriamente científica — qualquer alegação sobre uma identidade de gênero "real" desvinculada do sexo da pessoa? As

[11] Podem ser citados muitos exemplos históricos desse "contágio" — por exemplo, a "onda de suicídios" que varreu a Europa no final do século 18 após o lançamento do romance *Os sofrimentos do jovem Werther*, de Goethe, "como se o próprio ato de suicídio fosse, de algum modo, contagioso". Marsden, "Social Contagion".

[12] Estas citações foram extraídas de uma exposição no Museu Bauhaus em Weimar, na Alemanha, que visitei em outubro de 2022.

[13] Veja, por exemplo, a entrevista de Jordan Peterson com a corajosa Chloe Cole em <https://youtu.be/6O3MzPeomqs>.

percepções que as pessoas têm de si mesmas — especialmente os menores — não podem simplesmente estar *erradas*? Pensávamos assim — e disciplinas como a psiquiatria, e a medicina, de modo mais geral, dependem dessa possibilidade. Não podemos simplesmente concordar de forma sensata (ou moral) com os sentimentos que as pessoas têm sobre si mesmas — seu "autodiagnóstico". O rei medieval Carlos VI, da França, por exemplo, acreditava que era feito de vidro, e "dizem que ele se envolvia em cobertores para evitar que suas nádegas se quebrassem".[14] Ele realmente era feito de vidro? Ou estava equivocado em sua interpretação da realidade?

[14] Shepherd, "The People Who Think They Are Made of Glass".

26

FILHOS

Ensine seus filhos no caminho certo.

Provérbios 22.6

No contexto realista apresentado no capítulo 25, devemos agora considerar mais a fundo a questão dos filhos. Fomos criados para a comunidade, em geral, e para a família, em particular (cap. 16). Isso significa, entre outras coisas, que fomos feitos para "[ser] férteis e [multiplicar-nos]". Assim, quando podem — e nem todos podem —, os casais devem ter filhos. Isso também faz parte do que significa ser "pró-vida" — que, juntos com outras criaturas, em sua sexualidade binária, devemos *gerar* vida e, assim, cumprir o grande desígnio cósmico de Deus. Os autores bíblicos reconhecem, naturalmente, que, no mundo caído como o conhecemos, gerar descendentes pode trazer dores significativas. Ainda assim, a tônica predominante nas Escrituras, quando se trata de filhos, é de alegria. Os filhos são uma bênção de Deus, que "dá uma família à mulher estéril e a torna uma mãe feliz" (Sl 113.9). Os filhos "são um presente do Senhor, uma recompensa que ele dá", e os netos "são coroa de honra para os idosos" (Sl 127.3; Pv 17.6). A promessa ao homem que teme a Deus é que "sua esposa será como videira frutífera que floresce em seu lar. Seus filhos serão como brotos de oliveiras ao redor de sua mesa" (Sl 128.3).

O que devemos *fazer* com esses filhos? Devemos tratá-los como portadores da imagem de Deus que são importantes para ele. Jesus disse: "Deixem que as crianças venham a mim. Não as impeçam, pois o reino dos céus pertence aos que são como elas" (Mt 19.14). Não devemos [tratar nossos] filhos de modo a irritá-los", mas ser amáveis com eles e evitar desanimá-los (Ef 6.4; Cl 3.21; 1Ts 2.7). Devemos amá-los, mas também corrigi-los (Tt 2.4; 1Tm 3.4). Em resumo, devemos educá-los "com a disciplina e a instrução que vêm do Senhor" (Ef 6.4).

As crianças não nascem completamente formadas. Primeiro, elas ainda têm um grande desenvolvimento físico pela frente, incluindo o desenvolvimento cerebral. A ciência moderna nos ensina muita coisa a respeito. O desenvolvimento do cérebro é um processo longo que começa duas semanas após a concepção e continua até os vinte e poucos anos de idade. No útero, ele é, em grande parte, estimulado pela genética, mas, mais tarde, a maior parte é fortemente influenciada por nossa experiência como seres sociais. As interações com o mundo exterior nos primeiros anos da infância, quando o cérebro é, sobretudo, "plástico", são particularmente importantes. Elas moldam a "base" sobre a qual funções cerebrais mais complexas serão construídas posteriormente. Mas o cérebro também mantém uma grande capacidade de se "reorganizar" em resposta a experiências muito posteriores.

Paralelamente ao desenvolvimento *físico*, as crianças também passam pelo desenvolvimento *emocional*, *moral* e *espiritual*. Uma criança também não nasce completamente formada nesses aspectos. E é por isso que só admitimos crianças na sociedade plenamente adulta à medida que atingem estágios de desenvolvimento em que temos confiança de que podem lidar com responsabilidades de adultos. Onde vivo no Canadá, por exemplo, não se pode dirigir um veículo nem consentir atividade sexual antes dos dezesseis anos, enquanto a idade legal para o consumo de bebidas alcoólicas é dezenove.

A questão é que as crianças precisam ser efetivamente "educadas" pelos pais a quem Deus as confiou como dádiva. Precisam ser proativamente "criadas" — instruídas em todos os aspectos "no caminho certo" (Pv 22.6). Isso é de grande importância; as crianças não conseguem se educar sozinhas. E as Sagradas Escrituras as exortam, de fato, a reconhecer isso por *si mesmas* e, portanto, a cooperar com o processo de instrução, que só pode lhes fazer bem: "Meu filho, preste atenção à correção de seu pai e não deixe de lado a instrução de sua mãe" (Pv 1.8). As Escrituras, de modo algum, incentivam os jovens a abandonar esse projeto a fim de (por exemplo) olhar para dentro de si mesmos para descobrir "quem são".

Na verdade, no centro desse processo de instrução, biblicamente falando, está a *transmissão insistente* de uma compreensão verdadeira sobre quem *é* a criança. Os autores bíblicos dão grande ênfase à importância desse aspecto da tarefa dos pais. Eles já sabem que a natureza do ser humano sempre foi uma questão *controversa* em meio à "guerra de mitos" na qual o povo de Deus está constantemente envolvido (cap. 1). Por isso, já sabem que as crianças não vão simplesmente "assimilar" uma compreensão correta de si mesmas junto com o ar cultural que respiram. Elas precisam ser *ensinadas* a compreender corretamente quem são, e isso precisa ser sempre *reforçado*. Ao mesmo tempo, precisam ser continuamente lembradas daquilo em que *não* devem acreditar sobre quem são, e por que não devem.

Por isso, o povo de Deus no Antigo Testamento não apenas é instruído, quando adulto, a se lembrar dos eventos do êxodo (por exemplo), recusando-se ativamente a "se esquecer" de sua verdadeira identidade; os israelitas também são orientados a passar esses eventos "adiante a seus filhos e netos" (Dt 4.9). É por isso que as crianças, nos tempos do Antigo Testamento, participavam do ritual da Páscoa — para que pudessem fazer perguntas sobre seu significado e receber as respostas corretas (Êx 12.26). É por isso que os israelitas ensinavam os mandamentos de Deus "com frequência a seus filhos" ao longo de cada dia e em todas as circunstâncias.[1] Sem dúvida, os pais, nos tempos antigos, também instruíam seus filhos em outras áreas importantes — como o exercício de uma profissão.[2] Mas era muito mais importante que os jovens soubessem quem *eram* do que entenderem o que deveriam *fazer* como profissão. Eles eram filhos de Abraão e Sara. Não eram egípcios nem babilônios.

A sexta implicação de nossa antropologia cristã, então, é que devemos receber os filhos com alegria no mundo de Deus como sua dádiva para nós, e devemos nos empenhar com todas as nossas forças para criá-los de acordo com a verdade bíblica. Isso inclui, fundamentalmente, a verdade sobre sua própria natureza humana. Devemos nos empenhar para incutir neles a antropologia cristã que acreditamos ser verdadeira, e devemos trabalhar arduamente para dissuadi-los de outras opiniões que consideramos falsas. É natural que queiramos ter êxito nisso, se de fato acreditamos que é importante (e bom) para nossos filhos *aceitarem* o que é verdadeiro e rejeitarem o que é falso.

Então, qual é o conteúdo desse "currículo" tal como o apresentamos até agora neste livro? Devemos ensinar aos nossos filhos que o mundo no qual nasceram é, em todos os aspectos, a criação de um Deus pessoal.

[1] Dt 6.7 fala sobre fazer isso "quando estiver em casa e quando estiver caminhando, quando se deitar e quando se levantar".

[2] Por exemplo, 1Sm 16.11; 2Rs 4.18; Mc 6.3. "No judaísmo tardio, a responsabilidade dos pais de ensinar uma profissão aos filhos era enfatizada pela máxima: 'Quem não ensina uma profissão ao filho, ensina-lhe o banditismo' (b. Qidd. 29a)" [*Talmude Babilônico, tratado Kiddushin, p. 29a*]. Lemaire, "Education", p. 307.

Precisamos, então, exortá-los a adorar esse único Deus verdadeiro e vivo com todo o seu ser integrado e em toda a extensão de sua experiência de vida. Devemos explorar com eles a integridade e a beleza de toda a criação, e ensiná-los sobre sua responsabilidade para com ela. Devemos incentivá-los a *se* verem como portadores da imagem de Deus — integrados, belos e preciosos — e amados por ele. Devemos instruí-los sobre o que isso significa para o modo como pensam, por exemplo, sobre sexo e gênero. Devemos ensiná-los sobre os direitos humanos sob o governo de Deus, e sobre nosso consequente dever para com os outros, desde o ventre até o túmulo. Devemos orientá-los quanto à sua condição caída e como lidar com ela, instruí-los sobre a gloriosa verdade acerca de nossa salvação em Cristo e o que isso significa, e exortá-los a viver na esperança cristã.

No entanto, esse currículo não pode consistir apenas em "o quê". Ele também precisa ser uma questão de "como". O objetivo é educar nossos filhos como pessoas cristãs *integradas* em conformidade com uma verdadeira compreensão cristã da pessoa. Receio que tropeçaremos logo no início se tentarmos transmitir essa verdade de forma *desintegrada*. Pois sempre ensinamos às crianças aquilo em que realmente acreditamos, tanto teológica quanto antropologicamente, tanto pelo *modo* como ensinamos quanto pelo *conteúdo* que transmitimos. Assim, se buscamos alcançar apenas a mente delas, comunicamos que suas imaginações não são importantes. Se buscamos ensinar apenas por meio de imagens, damos a entender que imagens são muito mais importantes do que palavras. Se enfatizamos apenas os fatos e nunca apresentamos a beleza aos nossos filhos, se enfocamos a ciência e nunca os introduzimos às maravilhas da arte, se os ensinamos a expressar suas opiniões de forma eficaz, mas nunca a orar — em todos esses casos, estamos diminuindo seu valor como portadores da imagem do Deus vivo.

Mesmo que discutamos todos esses pontos, mas falharmos em ajudar nossos filhos a verem como tudo está organicamente relacionado no mundo maravilhoso de Deus como uma única e gloriosa Verdade, então estaremos falhando com eles. Na verdade, estaremos conduzindo-os ao erro quanto à Verdade. E considerando que o cérebro deles está sendo moldado ao longo do curso de nosso currículo, ao cometermos esses erros estaremos também, o tempo todo, tornando cada vez mais difícil para nossos filhos corrigirem essa situação mais tarde, quando forem adultos plenamente formados. Isso não é impossível, é claro. Os cristãos não são deterministas, e a própria ciência do cérebro confirma que não devemos ser. O cérebro não é uma entidade fixa.[3] Ainda assim, é uma verdade geral que, se "[ensinar] seus filhos no caminho certo", então, "mesmo quando envelhecerem, não se desviarão dele" (Pv 22.6). Isso é verdade tanto para o bem quanto para o mal, infelizmente. E isso torna imperativo que, como pais, estejamos *muito* conscientes, ao longo de toda a infância e adolescência de uma pessoa, do *destino* que consideramos "certo" — e de como vamos tentar garantir que ela chegue lá.

[3] Por exemplo, pesquisas recentes sugerem que o nascimento de um filho impacta o tamanho do cérebro do pai. Veja "Dads' Brains Change Size".

27

EDUCAÇÃO

[Salomão] podia falar com entendimento sobre plantas de toda espécie, desde o grande cedro do Líbano até o pequeno hissopo que cresce nas fendas dos muros. Também tinha conhecimento de animais, aves, répteis e peixes.

1Reis 4.33

No capítulo anterior, refletimos sobre o dever cristão dos pais de criar os filhos de acordo com a verdade bíblica.[1] Quero começar o presente capítulo desenvolvendo este ponto: que é, de fato, dever dos *pais* realizar essa tarefa nobre e necessária. Nossos filhos são uma dádiva de Deus para *nós*. É *nossa* responsabilidade, e de mais ninguém, assegurar que sejam educados "com a disciplina e a instrução que vêm do Senhor" (Ef 6.4). Essa é a sétima implicação de nossa antropologia cristã — intimamente ligada à sexta.

Não é, por exemplo, responsabilidade de *governo* algum cuidar da criação de nossos filhos. Como afirma corretamente (e de forma bíblica!) a Declaração Universal dos Direitos Humanos, a *família*, e não o Estado, é "o núcleo natural e fundamental da sociedade" (Art. 16). As famílias, então, muitas vezes buscam "proteção" do Estado — proteção à qual de fato têm "direito" (Art. 16). Pois "ninguém será sujeito à interferência na sua vida privada, na sua família, no seu lar" (Art. 12). Isso inclui especificamente a interferência na educação: "Os pais têm prioridade de direito na escolha do gênero de instrução que será ministrada a seus filhos" (Art. 26).

Ora, os pais cristãos precisarão, sem dúvida, contar com a ajuda de outras pessoas na educação de seus filhos. Cada um de nós tem seus limites em termos de conhecimento. Assim, quando se trata de explorar com

[1] Sobre o conteúdo deste capítulo, veja mais em meu livro *Seeking What Is Right*, p. 349-365, que descreve a cultura educacional com a qual muitos de nós estamos lidando atualmente.

nossos filhos toda a integridade e beleza da criação, por exemplo (cap. 26), poucos de nós conseguirão fazer isso bem em toda a extensão das ciências e ao longo de uma vida pré-adulta. Da mesma forma, poucos pais estão individualmente bem preparados para levar uma criança a conhecer de forma profunda toda a arte, literatura e música. No entanto, uma compreensão abrangente do mundo de Deus exige atenção a todas essas áreas e a outras mais. Portanto, os pais cristãos precisarão da ajuda de outras pessoas. A pergunta é: *quais* pessoas? E a resposta, em termos ideais, é dupla. Primeiro, serão amigos que compartilham conosco a mesma visão sobre "o quê" e "como" educar os filhos "com a disciplina e a instrução que vêm do Senhor". Segundo, serão amigos que possam contribuir com seu próprio *know-how* de maneira harmoniosa para esse projeto nobre e integrativo.

Uma escola cristã pensada de maneira ideal, por exemplo, é um grupo reunido de pessoas dedicadas exatamente a essa iniciativa. E esse é um excelente ambiente para a educação complementar de seu filho fora de casa — se você conseguir encontrar uma escola que seja, de fato, dessa natureza. Infelizmente, a educação cristã real, na prática, varia em seu grau de proximidade com esse ideal. Seu currículo pode não ser holístico de uma maneira plenamente cristã, e pode não ser ensinado de forma integrativa. Em casos extremos, pode ser, por um lado, cristão, mas com uma visão extremamente limitada. Por outro, pode ser indistinguível da educação secular em quase todos os aspectos, pelo menos dentro da sala de aula — ou seja, não é muito cristão. Pois não tornamos uma educação "cristã" pelo simples acréscimo desse adjetivo depois do substantivo e pela realização de algumas atividades religiosas recorrentes ao longo do ano letivo. Tampouco alcançamos esse objetivo de uma educação cristã apenas por termos instrutores cristãos ensinando o que ainda é, em essência, um currículo moderno "desintegrado".

Talvez existam, pelo menos, duas maneiras confiáveis de discernir se determinada escola está indo além desse básico. A primeira é observar até que ponto ela está indo bem ou mal, como instituição, no sentido de reconhecer e lidar de forma decisiva com as pressões culturais e políticas do momento — sejam quais forem. Há evidências de uma robusta mentalidade institucional cristã que indique posturas e comportamentos institucionais distintivamente cristãos — por exemplo, em relação aos direitos humanos ou ao movimento transgênero? A segunda maneira confiável de discernir isso é observar o tipo de graduados que a escola forma. Esses ex-alunos possuem uma mente cristã sólida e crítica, aliada a um coração cristão sensível, e são capazes de aplicar uma fé cristã viva em todas as áreas do pensamento e da vida? Ou eles se formam se parecendo muito com graduados de escolas seculares? Eles são, por exemplo — como o rei Salomão —, sábios quando falam sobre "animais, aves, répteis e peixes", mas lhes falta o tipo de sabedoria bíblica que sustente uma longa obediência na mesma direção sob o governo de Deus (1Rs 4.33; cf. 1Rs 11)?

Como pais, precisamos saber a quem estamos confiando nossos filhos quando estão fora de nosso campo de visão, e o que podemos esperar disso. Mesmo que tenhamos a intenção de escolher uma escola cristã para nos ajudar na formação de nossos filhos, precisamos saber disso. Mas é *ainda mais* essencial se decidirmos optar por uma escola pública ou particular que seja de natureza secular — e o fato é que muitos pais não têm opções realistas além dessas. Uma vez que, entre essas duas opções, a mais comum é a escola pública e gratuita, concentrarei meus comentários aqui nessa realidade.

O que os pais cristãos descobrirão sobre as escolas públicas depende muito do local e do momento em que estão criando seus filhos. Até muito recentemente, em grande parte do mundo cristianizado, por exemplo, o *êthos* e o currículo dessas escolas ainda eram fortemente influenciados pela fé cristã. Por isso, a noção de que a família é, de fato, "o núcleo natural e fundamental da sociedade" era amplamente aceita. Também era comum a ideia de que os professores atuam *in loco parentis* (no lugar dos pais) *apenas para propósitos específicos*. Eles "substituem" os pais ao ensinar matemática, por exemplo — mas não quando o assunto é educar as crianças no que diz respeito a ética sexual. A instrução religiosa e moral oferecida nas escolas públicas, consequentemente, era minimalista por natureza, em respeito aos limites apropriados entre escola e lar. Por isso, os pais cristãos podiam enviar seus filhos às escolas públicas com uma confiança considerável de que receberiam uma educação apropriada "de denominador comum" em muitas disciplinas que poderiam ser integradas, sem muita dificuldade, ao currículo cristão mais amplo vivido e ensinado em casa. Meus próprios filhos passaram por esse tipo de ensino público em nossa cidade ainda no início dos anos 2000, e minha esposa e eu não nos lembramos de ter precisado "desconstruir" muita coisa com eles ao fim de cada dia para integrar a fé à aprendizagem.

É possível que você ainda esteja vivendo, em grande parte, nesse tipo de ambiente. No mundo ocidental em geral, no entanto, a situação como um todo mudou de forma radical e surpreendentemente rápida nos sistemas de educação pública ao longo da última década. As escolas públicas estão cada vez mais cheias (ao que parece) de adultos confiantes, até mesmo dogmáticos, que têm ideias muito claras sobre como desejam exatamente moldar as jovens vidas que lhes foram confiadas. Eles aparentemente não se veem atuando *in loco parentis* em nenhum sentido significativo. Muitos herdaram (talvez sem perceber) ideias de filósofos como Platão e Karl Marx (1818–1883). Por isso, consideram as crianças sob seus cuidados, antes de tudo, como tuteladas do *Estado*, e apenas em segundo lugar (e de forma problemática) como filhos e filhas de seus pais. Na verdade, os pais são vistos como obstáculos à realização dos objetivos idôneos que o sistema educacional pretende para seus alunos. O professor sabe o que é melhor — sobre praticamente tudo.

Essa mentalidade foi bem ilustrada (no contexto dos Estados Unidos) durante uma terrível eleição para governador na Virgínia, em 2021. Durante um debate, um dos candidatos declarou: "Não acho que os pais deveriam dizer às escolas o que elas deveriam ensinar". Se estivéssemos falando sobre o conteúdo específico de um módulo de matemática, então, como não matemático, eu certamente concordaria. O problema, no entanto, é que o que está sendo "ensinado" nas escolas públicas em nossos dias é, muitas vezes, fortemente ideológico. A doutrinação aberta passou a fazer parte do currículo estatal tanto quanto a própria educação. Considere, por exemplo, o programa de "Orientação Sexual e Identidade de Gênero" (SOGI 123), recentemente introduzido nas escolas da região onde vivo.[2] Esse programa propõe explicitamente que as crianças da escola devem decidir por si mesmas sua orientação sexual e identidade de gênero, e que o único papel dos pais é "iniciar o diálogo e mantê-lo aberto, permitindo que [as crianças] questionem, expressem e explorem sua individualidade como desejarem".[3] Em consonância com essa mesma visão, a política de muitos conselhos escolares no Canadá é ocultar essa informação dos pais, *a menos que tenham o consentimento da criança* quando ela se identifica na escola como transgênero.[4] Isso se aplica a crianças de apenas oito ou nove anos de idade.

[2] Veja Governo da Colúmbia Britânica, "More Students Supported by SOGI-Inclusive Education".

[3] Extraído da página "For Parents" no website do SOGI 123 em <https://www.sogieducation.org/parents>.

[4] Veja, por exemplo, Blackwell, "How Canadian Schools Aid Students' Gender Transition".

Em suma: é bom contar com a ajuda de outras pessoas na criação de nossos filhos. Mas precisamos ter cuidado para não perder o fio da meada de nossa narrativa cristã ao fazer isso. E precisamos garantir que nossos filhos, sob influência extensa e às vezes nociva durante sua longa semana escolar, também não percam esse fio. Assim que envolvemos o mundo *secularizado*, em particular, na criação de nossos filhos, corremos o risco da "interferência [...] na [...] família" mencionada na Declaração da ONU. Isso ocorre especialmente porque as pessoas deste mundo secularizado podem muito bem *desprezar* a instituição da família e podem estar ativamente envolvidas na tentativa de enfraquecê-la. Precisamos entender que a educação nunca é "apenas educação". Ela sempre ocorre em meio a uma batalha entre "partes interessadas" pelo coração e pela mente de nossos filhos. Não é algo que se deva subestimar de forma alguma.

28

IGREJA

Pensemos em como motivar uns aos outros
na prática do amor e das boas obras.
E não deixemos de nos reunir, como fazem alguns.
Hebreus 10.24-25

Em vários momentos deste livro, abordei a ideia profundamente cristã de que os seres humanos são criados por Deus como seres *sociais*. Justamente por isso ser verdadeiro, o que as pessoas ao nosso redor pensam e como se comportam tem um impacto considerável sobre nós — à medida que interagimos com os sistemas escolares, por exemplo (cap. 27). Experimentos psicológicos mostram que isso é verdade mesmo quando está em questão algo muito "objetivo", como o comprimento de uma linha em um exame de vista. Mesmo em um caso envolvendo percepção direta, "ter apoio social é uma ferramenta importante no combate à conformidade".[1]

A filósofa Hannah Arendt desenvolveu essa ideia ao escrever sobre a sociedade de forma mais ampla.[2] A identidade, escreve, é sempre de natureza social e não algo que algum indivíduo possa criar isoladamente. Mas, diante da complexidade do mundo moderno, as pessoas têm preferido cada vez mais favorecer "o mundo privado da introspecção e a busca privada por interesses econômicos" à "esfera pública da ação e do discurso".[3] Isolados em espaços privados, tendo apenas íntimos por companhia, e focados em preocupações puramente pessoais com a noção equivocada

[1] Cherry, "Asch Conformity Experiments".

[2] Arendt, *Origins of Totalitarianism*. Sobre Hannah Arendt, veja mais em meu ensaio "On Refusing to Be Persons".

[3] Passerin d'Entreves, "Arendt".

de que assim experimentarão uma identidade individual mais intensa, sofremos de forma irônica, mas inevitável, uma crise de identidade — a perda de um senso do eu.

E isso nos torna suscetíveis, diz Arendt, aos extremos da ideologia e da prática totalitárias, tanto da política de esquerda quanto da de direita. "O sujeito moderno, isolado, é vulnerável aos cantos da sereia" justamente desses tipos de ideologia extrema e das novas formas de comunidade que eles oferecem.[4] Por quê? Porque abandonar a esfera pública em favor da esfera privada — recolher-se para dentro da própria mente, da própria casa — não elimina de fato a *necessidade* humana de uma comunidade mais ampla, nem da identidade pessoal que ela molda. Essa necessidade ainda precisa ser suprida. A atração da "comunidade" totalitária nesse contexto está no fato de que ela oferece simplicidade e clareza nessa busca. Ela oferece uma grande comunidade (um Estado) que inclui apenas pessoas "como eu" em termos de classe, raça ou qualquer outro critério. Fora desses limites, o terror tirânico pode, então, ser justamente desferido de várias formas contra aqueles que não "se encaixam".

Meu argumento aqui é que não fomos criados por Deus para "seguir sozinhos". Fomos feitos para a comunidade. E nosso profundo anseio humano por tal comunidade, mesmo em culturas altamente individualistas, é tão grande que, quando a encontramos, temos a tendência de querer mantê-la a qualquer custo. Isso inevitavelmente envolve "se encaixar" — e ser visto como alguém que se encaixa — em um grupo. Isso pode nos levar a caminhos muito positivos, mas também a caminhos muito negativos. Tudo depende da natureza do grupo. No extremo mais sombrio do espectro entre o bem e o mal, "o grupo" pode nos envolver não apenas em erros, mas até mesmo em loucuras. Ao discutir essa realidade, Doris Lessing escreve com discernimento sobre

> o efeito que as emoções coletivas e as condições sociais — das quais é quase impossível nos desvincular — exercem sobre nós. Muitas vezes, essas emoções coletivas são aquelas que parecem ser as mais nobres, as melhores e as mais belas. E, ainda assim, dentro de um ano, cinco anos, uma década, cinco décadas, as pessoas estarão perguntando: "Como *puderam* acreditar naquilo?".[5]

[4] McGowan, *Arendt*, p. 60.
[5] Lessing, *Prisons We Choose*, p. 13.

A realidade é que não podemos viver sem "grupos". As únicas perguntas são: "Quais serão esses grupos?" e "Qual é o provável efeito de sua inevitável influência social?".

Isso nos coloca além da questão da família cristã — o principal grupo social que pode nos manter no caminho certo, mesmo quando o erro, a loucura e as trevas nos pressionam de todos os lados — e nos leva à questão da igreja. A igreja é uma comunidade cristã local em uma escala maior do que a família cristã. Para indivíduos que não estão inseridos em famílias cristãs, a igreja é, na verdade, a principal comunidade ou "família" desse tipo. Todos os cristãos, enfim, são chamados, como seguidores de Cristo, a serem membros ativos de tal comunidade, para seu próprio bem e para o bem comum. Ela é o principal meio público pelo qual os cristãos recebem apoio social na esperança de combater a conformidade com aquilo que Paulo descreve aos cristãos romanos como "este mundo". Deus nos dá a igreja como uma dádiva que nos ajuda a não nos conformarmos, mas, ao contrário, a "[sermos transformados] por meio de uma mudança em [nosso] modo de pensar" (Rm 12.2). Usando o vocabulário de Arendt, em vez do de Paulo, a igreja é o contexto social necessário para a formação da identidade cristã, a qual só pode acontecer na companhia de outros e "só pode ter significado quando vivida em meio a outros".[6] Sendo assim, não devemos deixar de nos reunir como igreja, "como fazem alguns". Em vez disso, devemos nos reunir em uma comunidade cristã significativa para lembrar uns aos outros como é a "prática do amor e das boas obras", e para "[encorajar-nos] mutuamente" a praticá-los (Hb 10.24-25).

Quais serão as características de uma igreja capaz de oferecer esse tipo de apoio aos seguidores de Cristo? Quero propor três delas neste capítulo, deixando comentários adicionais sobre nossa vida "em Cristo" para o capítulo 29.

Antes de tudo, uma boa igreja será uma comunidade cristã que ensina, com total sinceridade, que a adoração cristã é um modo de vida, e cujas reuniões de adoração reforçam essa ideia bíblica central (conforme descrito no cap. 21). Nosso envolvimento em uma igreja que pensa e age de maneira diferente não nos ajudará em nossa própria determinação de "entregar nosso corpo como um sacrifício vivo" (Rm 12.1). Assim, as reuniões de uma boa igreja buscarão envolver a pessoa integral na adoração, sem negligenciar a beleza e a imaginação em favor do intelecto, nem o intelecto em

[6] McGowan, *Arendt*, p. 37.

favor da emoção, nem promover qualquer outro tipo de dicotomia antibíblica. Pois, se essas reuniões não envolverem a pessoa integral dessa forma, restringirão continuamente nossa visão da fé cristã, em vez de ampliá-la. Reduzirão, em vez de expandir, nossa capacidade de levar uma vida de adoração em nossa família e em outros contextos.

Já está implícita nesses comentários sobre a adoração uma segunda ideia: uma boa igreja estará comprometida com a *educação* das pessoas que fazem parte de seu rol de membros. E essa educação, para ser de fato útil, não poderá ser necessariamente de escopo mais limitado, nem de abordagem menos holística, do que aquela que os pais cristãos estão se esforçando para oferecer a seus próprios filhos (conforme descrito nos caps. 26 e 27). O currículo, portanto, deve ir muito além da simples "instrução religiosa". Deve ser amplo — com o objetivo de capacitar seus membros a pensar e viver de forma cristã em toda a extensão da vida diária. Também deve ser profundo — pelo menos, tão profundo quanto a educação que os membros da comunidade recebem no mundo fora da comunidade da igreja. Caso contrário, essa educação supostamente "cristã" continuará, mais uma vez, a estreitar a visão de seus membros em vez de ampliá-la. Esses frequentadores de igreja não terão nada a dizer, "de forma cristã", sobre áreas amplas e importantes da existência humana e, em vez disso, recorrerão ao "mundo" em busca de ideias sobre como viver nesses aspectos da vida.

Minha proposta final sobre uma boa igreja é que ela será uma comunidade que se reúne presencialmente. Aqueles que sustentam uma antropologia verdadeiramente cristã acreditam que os seres humanos, como portadores da imagem de Deus, são seres irredutivelmente *corporificados*. Não somos uma mente, ou alma ou coração que por acaso se encontram em um corpo e que podem, com a mesma facilidade, prescindir desse corpo. É como criaturas *corporificadas* que os seres humanos são criaturas *sociais*. De um ponto de vista cristão, portanto, falar em uma "comunidade virtual" é uma contradição em si mesma. A "comunidade virtual" não é uma comunidade real, e apenas alguém que nunca experimentou a segunda pode confundi-la com a primeira. Conheci várias pessoas assim, infelizmente, durante a crise da COVID-19. Elas me disseram que sua igreja havia feito uma transição tranquila do modo "presencial" para o "virtual", e que ninguém havia notado muita diferença. Na verdade, alegaram que a "igreja virtual" havia proporcionado uma "comunidade melhor" do que antes. Receio que a resposta que lhes dei, em cada caso, foi que a qualidade da comunhão que elas tinham antes de 2019 deveria ser extremamente pobre.

Na melhor das hipóteses, a "comunidade virtual" é uma solução temporária enquanto a comunidade real se mostra impossível. Eu mesmo recorri a esse tipo de solução de vez em quando, quando me comunicava pelo Zoom com meus netos que, na época, moravam em outra parte do país — mas não é *nem de longe* a mesma coisa que *estar com eles*. Da mesma forma, a "igreja" não pode ser "virtual", assim como a verdadeira educação também não pode ocorrer "a distância" (veja cap. 45). Uma boa igreja é aquela que se reúne presencialmente — e, *ao fazer isso*, reforça na mente e no coração das pessoas uma antropologia cristã, e não uma estranha à fé.

Isso é especialmente verdadeiro *se* a igreja se reúne com regularidade — e não apenas uma vez por semana, por exemplo (como se isso representasse algum tipo de resposta racional ao tsunami cultural que agora ameaça passar sobre a igreja ocidental, em particular). Pior ainda é a igreja que mal se reúne ou não se reúne de modo algum durante os feriados seculares. Pois, ao agir assim, essa igreja revela que sua compreensão operante de si mesma (sua "eclesiologia" ou "doutrina da igreja") é como o equivalente religioso de uma organização secular, oferecendo "atividades" religiosas em momentos específicos do ano. Certa vez participei de um culto, em agosto, em minha cidade natal, durante o qual foi anunciado que a igreja "retomaria" suas atividades após o verão, junto com as escolas locais, no início de setembro. Isso não reforça, por meio da prática, uma visão bíblica do que é de fato a "igreja". Infelizmente, isso, na verdade, reforça, por meio da prática, uma falsa consciência.

Resumindo sobre a "igreja" até aqui: a oitava implicação de uma antropologia cristã é que precisamos nos comprometer com o tipo de comunidade cristã local que nos ajudará (a nós e aos nossos filhos) a manter e desenvolver nossa identidade cristã, mesmo sob forte pressão cultural.

29

EM CRISTO

Não há mais judeu nem gentio, escravo nem livre, homem nem mulher, pois todos vocês são um em Cristo Jesus.

GÁLATAS 3.28

Uma boa igreja se reúne presencialmente. Quem são as "pessoas" envolvidas? São seguidores de Cristo — pessoas que estão "em Cristo Jesus" (Gl 3.28). Precisamos refletir sobre esse ponto por mais tempo do que você talvez julgue necessário. Não é óbvio? Talvez já tenha sido. Mas, especialmente em um momento cultural em muitas partes do mundo em que a "diversidade" e a "inclusão" estão no centro do discurso público, é muito fácil para os cristãos, ao pensarem sobre comunidade cristã, desviar-se de sua própria narrativa e começar a viver segundo a história de outra pessoa.

A comunidade cristã que é a igreja (em escala global) é certamente diversa, do ponto de vista bíblico, de muitas maneiras importantes. O mesmo vale, muitas vezes, para igrejas locais, embora nem toda comunidade eclesiástica local esteja enraizada, para começar, em um ambiente local surpreendentemente diverso. No entanto, deixando as circunstâncias locais de lado, o que é absolutamente claro no Novo Testamento é que características como raça, sexo e classe social não representam qualquer barreira à plena participação de uma pessoa, como membro, na igreja universal ou em uma expressão local específica dessa igreja. Não importa se alguém é judeu ou grego, escravo ou livre, homem ou mulher — se é romano ou bárbaro, rico ou pobre (Gl 3.28; Cl 3.11; Tg 2.1-4). Todo portador da imagem de Deus, redimido por Cristo e unido com ele no batismo, é igual em seu "ser" ("ontologicamente" igual, como dizem os teólogos) a qualquer outro (1Co 12.13; Gl 3.27). E esses portadores da imagem são chamados, nos escritos do Novo Testamento, não apenas a crer nessa verdade, mas também a praticá-la em sua vida comunitária. Não importa quem antes tenham sido — em sua vida na sociedade antes de encontrarem Cristo —, agora todos são "irmãos" e "irmãs" em uma nova "família" (a igreja). É por isso que Paulo, por exemplo, exorta seu amigo Filemom a receber de volta seu escravo fugitivo, Onésimo, não mais como "escravo [mas] como irmão no Senhor" (Fm 1.16).

O ponto de origem dessa diversidade está na "Grande Comissão" de Jesus, em Mateus 28.19-20: "Portanto, vão e façam discípulos de todas as nações, batizando-os [...]. Ensinem esses novos discípulos a obedecerem a todas as ordens que eu lhes dei". Ao obedecerem a essas instruções, os seguidores de Cristo aceitam, além do "mandato da criação" dado a todos os portadores da imagem em Gênesis 1—2 ("sejam férteis e multipliquem-se", e assim por diante), esse outro "mandato evangelístico". Como os dois se relacionam? O primeiro mandato (de Gênesis) descreve a vida que todos os portadores da imagem deveriam ter enquanto adoram o único Deus verdadeiro. O segundo mandato (do evangelismo) requer que todos os portadores da imagem que adoram a Deus convoquem todos os outros seres humanos a se arrependerem de seus pecados, a adorarem a Deus, não aos ídolos, e a seguirem o plano de Deus para sua vida, não seus próprios planos.

A conexão necessária entre esses dois mandatos, infelizmente, tem sido às vezes ofuscada na teologia cristã. Por exemplo, em certas ocasiões nossa proclamação do evangelho comunica muito bem aquilo *do* que as pessoas estão sendo salvas em Cristo (principalmente do juízo de Deus), mas não é tão clara quanto às dimensões plenas do propósito *para* o qual estão sendo salvas. "Arrependam-se de seus pecados e sejam salvos", insistimos. Mas o que *significa* se arrepender dos pecados? *Significa* que, ao renunciarem os ídolos para adorar o Deus vivo, as pessoas devem também se *afastar* de uma vida que *não* está fundamentada no plano de criação de Deus para nós. *Significa* que devem aceitar, em vez disso, um modo de vida diferente que *está* enraizado no plano de Deus. Os dois mandatos bíblicos estão *intrinsecamente* conectados. O próprio objetivo do evangelismo é chamar as pessoas de volta à piedade em *todas as áreas* da vida para as quais foram criadas. Se elas nunca tivessem pecado, o evangelismo seria desnecessário; e se todas fossem salvas, se tornaria novamente desnecessário. Em algumas versões da teologia cristã, os seguidores de Cristo, nesse ponto, se veriam sem saber o que fazer. Pois "fazer a igreja crescer" se tornou seu *propósito*. Eles não têm uma teologia de *criação* significativa que ofereça um contexto mais amplo para sua teologia de *redenção*.

Enfim, de um modo ou de outro, a consequência da obediência cristã à Grande Comissão é que a igreja sempre foi um corpo incrivelmente diverso — "uma imensa multidão, grande demais para ser contada, de todas as nações, tribos, povos e línguas" (Ap 7.9). Ninguém que aceita ser incluído nessa família é excluído dela nos termos de Cristo. Todo indivíduo que for incluído, nos termos de Cristo, deve ser tratado com equidade, justiça e amor, como irmão ou irmã, sem distinção de raça, sexo, classe social e assim por diante. Há diversidade, e há inclusão.

Mas o que significa ser "incluído *nos termos de Cristo*"? Significa, precisamente, que o indivíduo deve ter se afastado de um modo de vida que *não* estava sob o senhorio de Cristo, e, em vez disso, deve ter aceitado o governo dele. A inclusão em questão parte da premissa de que ele foi "unido com Cristo no batismo" e se "revestiu de Cristo", o que envolve obedecer "a todas as ordens que eu lhes dei" (Gl 3.27; Mt 28.20). Essa inclusão, portanto, não se baseia apenas em uma confissão, mas em um compromisso de ser um "discípulo". Implica, então, um compromisso pessoal com o "ensino verdadeiro" em todos os aspectos do pensamento e da vida (1Tm 1.10). Estar "em Cristo" é ter assumido o compromisso de fazer "morrer [...] e [ficar] longe da imoralidade sexual, da impureza, da paixão sensual, dos desejos maus e da ganância, que é idolatria", além de se livrar "da ira, da raiva, da maldade, da maledicência e da linguagem obscena", bem como da mentira (Cl 3.5-9). É, na verdade, justamente no contexto em que exorta os cristãos de Colossos a "[se despirem] de sua antiga natureza" e "[revestirem-se] da nova natureza e [serem] renovados à medida que aprendem a conhecer seu Criador e se tornam semelhantes a ele" que o apóstolo Paulo fala sobre diversidade na igreja (Cl 3.9-11). Ele claramente não está se referindo à diversidade de crenças ou de comportamento. *Esse* tipo de diversidade na igreja, segundo o pensamento bíblico, não é bom.

Uma boa igreja que tem reuniões presenciais é, necessariamente, uma comunidade com limites bem definidos. Sem esses limites, ela não poderia ser útil aos seguidores de Cristo (e aos filhos deles) que desejam manter e desenvolver sua identidade cristã sob forte pressão cultural. Essas pessoas precisam de uma comunidade na qual — para onde quer que se voltem, e com quem quer que seus filhos tenham contato — encontrem as mesmas crenças fundamentais e os mesmos compromissos comportamentais, seja no culto, na educação ou nas interações pessoais. É justamente quando isso acontece que a "plausibilidade" da fé cristã aumenta em todos os aspectos.

Os membros da comunidade reforçam, repetidas vezes, uns para os outros e para si mesmos, que "essa forma de pensar e de viver é verdadeira, e é boa". Nossos filhos, em particular, precisam desse tipo de experiência consistente de comunidade cristã. É algo maravilhoso — e posso testemunhar isso como pai — quando a "família" mais ampla de alguém é composta por adultos simpáticos, de caráter cristão exemplar, que reforçam, em vez de enfraquecer, a fé cristã de seu adolescente. É uma bênção especial quando eles conseguem fazer isso mesmo enquanto ouvem o adolescente reclamar para eles dos pais completamente "irracionais". Nossos filhos *precisam* desse tipo de experiência consistente de comunidade cristã. E isso se aplica se for a plausibilidade de algo extremamente importante que está em jogo — como uma visão verdadeiramente cristã sobre sexo e gênero — ou de algo de importância um pouco menor (como as regras familiares sobre "tempo de tela"). A comunidade cristã funcional ajuda os jovens, entre outras coisas, a perceber que a família deles é muito menos incomum (e até estranha) quanto eles imaginavam inicialmente.

Talvez a maior ameaça contemporânea a esse tipo de comunidade cristã funcional derive da ênfase aparentemente inofensiva, presente em alguns círculos cristãos, na "hospitalidade". O perigo aqui está justamente no fato de que a própria Escritura defende a hospitalidade, tanto para com os irmãos na fé quanto para com os "estranhos" (cf. Rm 12.13; 1Tm 3.2; 5.10; Tt 1.8; Hb 13.2; 1Pe 4.9). Quem, então, poderia ser contra isso? O problema é que essa ideia tem se desenvolvido nos últimos tempos em direções notavelmente antibíblicas, sobretudo no que diz respeito à hospitalidade para com "os marginalizados". Nessa forma de enxergar as coisas, a "hospitalidade" é interpretada como uma proibição de estabelecer quaisquer limites em torno de nossas comunidades eclesiásticas que excluam pessoas definidas (ou que se definem) de alguma forma como marginalizadas ou desfavorecidas. E isso inclui pessoas que aceitam crenças e práticas (por exemplo, relacionadas a sexo e gênero) que são impossíveis de conciliar com o "ensino verdadeiro". Ou seja, elas não são fiéis cristãos ortodoxos.

Essa é uma evolução intelectual e moral desastrosa, que tem comprometido comunidade após comunidade cristã, nos últimos tempos, quanto à sua capacidade de ser verdadeiramente uma igreja *cristã*. Nossa primeira responsabilidade como pais e líderes cristãos não é encontrar um lugar dentro das comunidades cristãs para os "marginalizados" descrentes. Nossa primeira responsabilidade é criar e manter comunidades nas quais fiéis cristãos, jovens e idosos (e diversos em tantos outros aspectos), possam crescer e avançar em uma fé com base nas Escrituras. É construir comunidades que apoiem essas pessoas em sua busca pela santidade (Fp 2.15-16). E é por isso que Paulo, diante da imoralidade sexual na igreja de Corinto, instrui os coríntios a que "eliminem o mal" do meio deles (1Co 5.1-13). Ele reconhece o perigo para toda a comunidade que há em qualquer tolerância a diferenças quanto a crenças e práticas centrais dentro de seus limites. Por conseguinte, ele certamente não recomenda a "hospitalidade". Nada na fé bíblica justifica *esse* tipo de "hospitalidade", uma vez que uma comunidade cristã saudável não pode coexistir com ela. É também por essa razão que, em sua carta à igreja em Roma, em meio a numerosas saudações aos seus irmãos na fé que estão no caminho certo, Paulo os instrui a ficar longe daqueles que não estão (Rm 16.3-23).

Assim, a nona implicação de uma antropologia cristã — intimamente relacionada à oitava — é a seguinte: precisamos nos comprometer com uma comunidade cristã local que leve extremamente a sério a manutenção de limites firmes e adequados, fundamentados no "ensino verdadeiro". Voltaremos à questão de como uma comunidade cristã deve, então, se relacionar com o próximo descrente no capítulo 33.

30

TRABALHO

Tenho motivo, portanto, para me entusiasmar com o que Cristo Jesus tem feito por meio de meu serviço a Deus.

ROMANOS 15.17

Se a Grande Comissão tem como objetivo chamar os portadores da imagem de Deus de volta ao Deus vivo e ao cumprimento de seu mandado da criação, o que exatamente esse mandado exige dos cristãos enquanto participam, não apenas da família e da igreja, mas também da "sociedade em geral"? Os próximos cinco capítulos da Parte 3 explorarão vários aspectos dessa questão. Quais são as implicações de uma antropologia cristã para a forma como pensamos sobre o trabalho, de modo geral (cap. 30), e sobre a criação de riqueza, em particular (cap. 31), no contexto de nosso cuidado com "o meio ambiente" (cap. 32)? Se nossa primeira responsabilidade como pais e líderes cristãos não é encontrar um lugar dentro de nossa comunidade cristã para os descrentes (veja cap. 29), qual é nossa responsabilidade para com eles em termos pessoais (cap. 33) e políticos (cap. 34)?

Como vimos nos capítulos 12 e 13, os seres humanos foram criados para trabalhar. O trabalho é intrínseco ao plano de criação de Deus. É um dos aspectos de nossa adoração ao Criador. Fomos criados para ter domínio sobre a terra e para sujeitá-la. Como vimos nesses capítulos, a forma como interpretamos essa linguagem é importante. Ela não justifica uma abordagem humana exploratória em relação à criação, pois somos *representantes de* Deus que portam sua imagem. Não fomos criados, portanto, para exercer poder sem restrição moral — sem considerar o caráter e a lei de Deus. Devemos, ao contrário, governar e sujeitar em atitude de adoração, lembrando que as outras criaturas de Deus adoram conosco. Devemos ter em mente que somos tanto sacerdotes quanto reis, chamados a servir e proteger tanto quanto a governar. Dito isso, no entanto, *somos* chamados a *agir* no mundo — a trabalhar. Em vários aspectos, a criação *exige* ser "sujeitada" por nós, à medida que cuidamos de nosso chamado ordenado por Deus de criar e manter o "*shalom*". E tudo isso é verdade mesmo antes de considerarmos as complicações introduzidas pela entrada do mal em nossa vida. A queda realmente complica nosso trabalho, assim como complica qualquer outra coisa em nossa vida (incluindo nosso "lazer"). Mas, sem dúvida, não se pode afirmar, biblicamente, que o trabalho faz parte da existência humana apenas por causa da queda.

O trabalho é, em vez disso, intrínseco à existência masculina e feminina no mundo de Deus. Como tal, desde o início da narrativa bíblica, ele é definido de forma muito ampla. O trabalho não é, em primeiro lugar, compreendido como um "emprego" específico em áreas específicas da vida chamadas "locais de trabalho". Em vez disso, o trabalho faz parte da vocação humana em geral. E, então, à medida que aceitamos essa vocação geral, o trabalho assume forma em inúmeras tarefas particulares. Gênesis 3.16-19 considera algumas dessas tarefas — no lar (criar filhos) e fora dele (trabalhar nos campos).[1] Ambas são *formas* de trabalho, cada uma envolvendo — em um mundo caído — novas formas de *dor*. Mas, em *todas* as áreas da vida, e não apenas nessas, os seres humanos são chamados a exercer suas responsabilidades reais e sacerdotais.

Por fim, na narrativa bíblica, lemos sobre alguns indivíduos identificados como "rei" e "sacerdote" que ocupam "posições" reais. Eles exercem essas "funções" políticas e religiosas — mas apenas como casos particulares do trabalho atribuído à humanidade como um todo. Já vimos no capítulo 13 como a linguagem em Números 3, sobre o trabalho dos sacerdotes no tabernáculo, reflete diretamente o que Gênesis 2 diz sobre a vocação sacerdotal de todos os seres humanos. Tanto os seres humanos em geral quanto os sacerdotes em particular são chamados a "cultivar" o templo de Deus e "tomar conta" dele. Os próprios sacerdotes são (naturalmente) apenas alguns dos israelitas que, como povo em seu todo, são chamados ao sacerdócio — a serem um "reino de sacerdotes" (Êx 19.6). Talvez menos óbvio, note como, em Deuteronômio 17, a "descrição do cargo" do rei israelita busca garantir que ele continue a ser um "irmão" entre os muitos

[1] A tradução comum como "gravidez" em Gn 3.16 é equivocada e deve ser evitada. Veja meu livro *Seriously Dangerous Religion*, p. 117-119.

portadores da imagem chamados a governar, sempre se lembrando do caráter de Deus e seguindo sua lei. Comparado com as normas das culturas do antigo Oriente Próximo ao redor, o rei em Deuteronômio 17.14-20 mal parece um rei. O que essa passagem realmente retrata é a liderança, sob o governo de Deus, de um portador da imagem entre iguais.

Biblicamente falando, então, o trabalho não é, em primeiro lugar, um conjunto de atividades específicas realizadas em "locais de trabalho". Ele faz parte de nossa vocação humana geral, tomando forma, posteriormente, em uma infinidade de tarefas particulares — no lar, no campo, em contextos políticos e religiosos, e assim por diante. E nenhum aspecto desse trabalho — todo ele necessariamente oferecido em adoração como "sacrifício vivo" a Deus — pode ser considerado mais ou menos espiritual, mais ou menos importante do que qualquer outro. Nossa tendência humana nessa área da vida, como em outras, é a de criar dicotomias e hierarquias. "Isto é trabalho, aquilo não é", dizemos, e "este trabalho é muito mais importante do que aquele". Quanto à *dicotomia*, administrar um negócio é considerado trabalho (por exemplo), enquanto estar em casa e criar filhos não é trabalho, mas "família". Passar o dia construindo carros é trabalho, mas passar o mesmo dia criando arte é "lazer". Quanto à *hierarquia*, o trabalho manual é muito mais importante do que o intelectual (segundo dizem); uma carreira em profissões voltadas ao cuidado do próximo é tida como moralmente superior a uma carreira no mundo dos negócios, e, acima de todos, estaria o ministério pastoral em tempo integral.

Por trás desse tipo de visão de mundo está o mesmo tipo de abordagem antibíblica e desintegradora em relação ao mundo de Deus em geral, e à pessoa humana em particular, que já mencionamos várias vezes neste livro. Pelo menos parte disso se baseia em uma distinção acentuada entre o sagrado e o secular, do tipo contra o qual me posicionei no capítulo 21, embora, no mundo fora da igreja, essa distinção persista em formas tão alteradas que se tornam irreconhecíveis. De qualquer modo, é justamente a esse tipo de distinção — quer apareça em nosso pensamento sobre adoração, trabalho ou qualquer outra coisa — que os cristãos precisam resistir. Afinal, habitamos uma história bíblica na qual não é só o trabalho de funcionários religiosos (sacerdotes) em tempo integral que é "espiritual", mas também o de alguém como Bezalel. "O SENHOR encheu Bezalel com o Espírito de Deus e lhe deu grande sabedoria, habilidade e perícia para trabalhos artísticos de todo tipo. Ele é exímio artesão, perito no trabalho com ouro, prata e bronze. Tem aptidão para gravar e encravar pedras preciosas e entalhar madeira. É mestre em todo trabalho artístico" (Êx 35.31-33). E junto com esse artesão cheio do Espírito trabalharam muitos outros os quais Deus também "capacitou com habilidade e entendimento para realizarem todas as tarefas relacionadas à construção do tabernáculo" (Êx 36.1). Foi Deus que capacitou a todos para realizar precisamente esse trabalho importante: o trabalho do artesão e do artista.

Esses não são, de forma alguma, os únicos tipos de tarefas ordenadas por Deus, no nível do "emprego" individual, que emergem nas Sagradas Escrituras como exemplos específicos do "trabalho em geral" que a humanidade é chamada a fazer na busca do que é bom para a criação. A décima implicação de uma antropologia cristã é que devemos nos comprometer a realizar esse bom "trabalho em geral", aceitando com entusiasmo, ao longo do caminho, todas as muitas tarefas que ele nos exigirá. Ao trilharmos esse caminho, descobriremos tarefas que "não são espirituais" e que não devem ser feitas? Sim! Mas elas não serão "não espirituais" por se concentrarem na vida material cotidiana na criação em vez de se concentrarem nas "coisas espirituais". Essas tarefas não serão "não espirituais" por se concentrarem naquilo que alguns consideram pequeno e mundano, em vez de se concentrarem no que é grande e glorioso. Não serão "não espirituais" por envolverem (ou não) trabalho manual ou por representarem esforços "mundanos" e não "eclesiásticos". O trabalho de um evangelista não é, em si mesmo, mais espiritual do que o trabalho de um encanador. O trabalho "não espiritual" no bom mundo de Deus é somente aquele que envolve atividades que entram em conflito com o caráter e as leis de Deus, e que, portanto, não podem ser corretamente oferecidas a Deus como adoração. Trata-se de um trabalho realizado *na* criação que desafia o plano de Deus *para* ela, em vez de promover esse plano. Em relação a *esse* tipo de trabalho, devemos dar ouvidos à exortação de Efésios 5.11: "Não participem dos feitos inúteis do mal e da escuridão".

Há muitos exemplos desse *tipo* de trabalho "do mal e da escuridão" que poderíamos explorar. Considere, por exemplo, algumas iniciativas tecnológicas motivadas pela ideologia do transumanismo. Do ponto de vista bíblico, não há nada intrinsecamente errado com a tecnologia. Desde o princípio, os seres humanos vêm utilizando "ferramentas" para ajudá-los a exercer domínio sobre a criação e sujeitá-la, e, muitas vezes, com benefícios evidentes tanto para a humanidade quanto para o restante da criação. Mas o que dizer da pesquisa e do desenvolvimento tecnológicos atualmente financiados por pessoas decididas a desconstruir a própria criação em sua presente forma? E quanto à pesquisa e ao desenvolvimento tecnológicos com o objetivo específico de produzir uma "pós-humanidade", composta por humanos radicalmente aprimorados ou por inteligências artificiais superiores ao ser humano? Isso é um empreendimento fundamentalmente anti-humanista, e é impossível imaginar como poderia, em algum momento, ser descrito como "serviço a Deus" (Rm 15.17). O ponto importante, no entanto, é este: trata-se de um trabalho não espiritual precisamente porque representa um ataque à matéria pessoal. Não se trata de um trabalho não espiritual por *envolver* materialidade. Refletiremos mais sobre isso nos capítulos 44 e 45.

31

RIQUEZA

Ele [...] os fará crescer, tornando férteis seus filhos, sua terra e seus animais. [...] Vocês terão produção farta de cereais, vinho novo e azeite, e também grandes rebanhos de bois e ovelhas.

DEUTERONÔMIO 7.13

A visão bíblica do trabalho (cap. 30) é muito mais ampla do que aquela que muitas pessoas modernas possuem. No mundo moderno, "trabalho", muitas vezes, significa especificamente "atividade que me deixa em uma situação econômica melhor do que a que tinha antes". Ao realizar esse trabalho, crio para mim mesmo — de forma temporária ou mais permanente, e em diferentes graus — o que chamamos de "riqueza". Essa riqueza pode, então, ser usada para ter acesso a bens que outras pessoas, por sua vez, trabalharam para produzir, e depois trocar ou vender. Isso é o que se entende por "trabalho" hoje em dia. Por outro lado, no pensamento bíblico — como vimos —, o trabalho faz parte de nossa vocação humana geral. Envolve uma ampla variedade de tarefas e atividades em toda a extensão da criação de Deus — no lar, no campo, em contextos políticos e religiosos, e assim por diante. A troca econômica que leva à riqueza não é intrínseca ao conceito bíblico de trabalho.

Vale a pena desenvolver essa ideia em termos do "trabalho na igreja" no contexto do Novo Testamento, uma vez que já comentei, no capítulo anterior, sobre a vida comunitária do povo de Deus no Antigo Testamento. Que tipo de trabalho se espera que o cristão realize, por exemplo, em Efésios 4? Trata-se da "obra do ministério" (ARC) ou "serviço" (ARA) (do grego *diakonía*), com o objetivo de "edificar o corpo de Cristo" (Ef 4.12-13; cf. Hb 6.10). Esse termo grego é usado em outras passagens do Novo Testamento para se referir ao próprio trabalho do apóstolo Paulo nas igrejas, bem como ao esforço de seus cooperadores (Rm 11.13; 1Co 16.15; 2Co 3.8-9; 4.1; 5.18; 6.3; Cl 4.17). Trata-se de um trabalho extraordinariamente exigente, recomendando-nos apenas "em muita paciência, em aflições, em necessidades, em angústias, em açoites, em prisões" e assim por diante (2Co 6.4-5, TB). No entanto, é um trabalho de importância fundamental, capacitando outros cristãos, por sua vez, a "[dar] todo tipo de bom fruto" (Cl 1.10; 2Ts 2.16-17). Nada desse "trabalho fiel, [de] seus atos em amor e [de] sua firme esperança em nosso Senhor Jesus Cristo" é realizado com o propósito de obter benefício material (1Ts 1.3). Paulo está, na verdade, determinado a garantir que os tessalonicenses, em particular, compreendam claramente que isso se aplica a seu próprio serviço apostólico. Enfático, ele faz com que se lembrem de que "não ficamos ociosos quando estivemos com vocês, nem nos alimentamos às custas dos outros. Trabalhamos arduamente dia e noite, a fim de não sermos um peso para nenhum de vocês" (2Ts 3.7-8).

A permuta econômica que leva à riqueza não é intrínseca ao conceito bíblico de trabalho. No entanto, esse lembrete paulino aos tessalonicenses deixa claro que trabalhar para obter benefícios materiais de fato faz *parte* de realizar "a obra de Deus" em seu mundo. Paulo e seus companheiros se dedicaram a *negócios* enquanto também trabalhavam de outras formas, acumulando riquezas que, posteriormente, gastaram em bens vendidos por outras pessoas (cf. 1Ts 2.9). Em Tessalônica, Corinto, Éfeso e, provavelmente, em muitos outros lugares também, esses primeiros líderes cristãos participaram de permutas econômicas. No caso de Paulo, isso se baseava em seu próprio ofício de fazer tendas (ou talvez, de forma mais geral, trabalhar com couro) (At 18.3; 19.12; 20.33-35; 1Co 4.12).

Nosso próprio dever cristão de nos envolvermos no mesmo tipo de atividade econômica é descrito em várias outras passagens do Novo Testamento. O ex-ladrão deve agora "[usar] as mãos para trabalhar com empenho e honestidade", instrui Paulo aos efésios (Ef 4.28; cf. 1Ts 4.11). Ele ordena aos cristãos tessalonicenses que estão "recusando-se a trabalhar" que, "em nome do Senhor Jesus Cristo", eles "trabalhem para obter o próprio sustento" (2Ts 3.11-12). A ociosidade já era um problema de longa data na comunidade de Tessalônica, o que levou a uma instrução anterior de Paulo: "Quem não quiser trabalhar não deve comer" (2Ts 3.10). Esforçar-se para manter a si mesmo e à própria família economicamente, de modo a não ser um fardo para os outros, é apenas um aspecto de nosso discipulado cristão (2Ts 3.8; 1Tm 5.6-18). Ter êxito nessa tarefa nos coloca, consequentemente, em posição de "ajudar generosamente os necessitados" e, de forma geral, realizar "a obra de Deus" no mundo (Ef 4.28; cf. 1Tm 5.10; 6.18; Tt 3.14). Por isso, não se deve permitir que ninguém fuja da responsabilidade nessa área. Essa mesma perspectiva apostólica é evidente na *Didaquê* pós-apostólica (já mencionada no cap. 23), que reconhece a atração humana por viver às custas dos outros. Se um viajante quiser se juntar a uma comunidade cristã e for habilidoso em algum ofício, "que trabalhe para ganhar seu sustento. Mas, se não tiver ofício, providencie-se o necessário de acordo com o discernimento de vocês, para que ninguém viva ociosamente como cristão em seu meio. Se ele se recusar a fazer isso, ele está comercializando Cristo; cuidado com essas pessoas".[1]

O trabalho que gera riqueza dessa forma faz parte de nossa vocação cristã — um aspecto de nossa atividade como um todo, que deve ser vista como adoração. Isso é verdade, de fato, no Novo Testamento mesmo quando se faz para outra pessoa um trabalho que não é escolhido nem remunerado. Por essa razão, Paulo pode exortar os escravos cristãos: "Em tudo que fizerem, trabalhem de bom ânimo, como se fosse para o Senhor, e não para os homens. Lembrem-se de que o Senhor lhes dará uma herança como recompensa" (Cl 3.23-24).

De várias formas, o papel importante da geração de riquezas dentro da concepção bíblica geral de trabalho não tem sido bem compreendido, historicamente. Na verdade, muitos cristãos não conseguem aceitar a geração de riquezas como um aspecto válido de sua vocação cristã. Para alguns, o problema reside simplesmente no fato de que a riqueza material é, na verdade, *material* e, portanto (supostamente), não *espiritual* — uma variação do problema discutido no capítulo 30. Mesmo quando os cristãos não chegam a esse ponto, o ensinamento bíblico de que possuir riqueza em excesso pode ter *efeitos espirituais* negativos sobre os seres humanos pesa na consciência de muitos. Isso muitas vezes levou cristãos de gerações passadas tanto a renunciar seus bens materiais, retirando-se para o deserto ou se juntando a comunidades de monges e freiras, quanto a evitar a geração de riquezas no futuro.[2]

Nos tempos modernos, essa mesma postura negativa em relação à riqueza tende a se manifestar, em formas mais brandas, na preferência mencionada no capítulo 30 pelas profissões voltadas ao cuidado de pessoas a carreiras

[1] *Didaquê* 12.2-5.

[2] Veja Mc 6.8-9, um dos textos fundamentais.

nos negócios. Ela se manifesta de forma mais forte e explícita nos ataques aos ricos, aos sistemas que contribuem para a geração de riqueza e às corporações que utilizam esses sistemas com sucesso. Nessa forma de enxergar a vida, portanto, a geração de riquezas é vista como algo errado — algo que todo cristão verdadeiro deve renunciar — ou como algo que não é *necessariamente* errado, mas que, não obstante, é provável que traga problemas para os cristãos. Assim, os cristãos deveriam, pelo menos, ser cautelosos com relação a isso. Mas, provavelmente, deveriam evitar ao máximo esse caminho, envolvendo-se com "negócios" apenas como um tipo de subproduto acidental de uma profissão voltada a coisas mais elevadas. E talvez, de forma mais radical, deveriam até mesmo participar da derrubada de todo o "sistema capitalista".

O problema com as versões mais radicais dessa postura negativa é que tudo o que temos considerado neste livro, incluindo o conteúdo anterior deste capítulo, nos impede de adotar uma atitude antagônica em relação à geração de riquezas como tal. Muito antes de chegarmos aos textos do Novo Testamento, já sabemos, com o Antigo Testamento, que o trabalho legítimo dos portadores da imagem na boa criação de Deus inclui o trabalho "econômico" e que quem adora a Deus pode esperar uma recompensa material de Deus ao realizar bem esse trabalho. Por exemplo, lemos em Provérbios 28.19 que "quem trabalha com dedicação tem fartura de alimento". De igual modo, Deuteronômio 7.13 promete a esses adoradores que Deus "os abençoará e os fará crescer, tornando férteis seus filhos, sua terra e seus animais. [...] terão produção farta de cereais, vinho novo e azeite, e também grandes rebanhos de bois e ovelhas". À luz dessas Escrituras, os cristãos não podem entender a geração de riquezas como algo fora dos limites de uma verdadeira vocação cristã, nem mesmo considerá-la uma forma inferior de vocação cristã em comparação com outras. Convém que reflitamos sobre esse assunto, entre outros, quando formos tentados a nos envolver nos tipos de ativismo social e político descritos no capítulo 48, os quais tendem a se inspirar muito mais em Karl Marx do que nas Sagradas Escrituras.

Se não devemos ser antagônicos à geração de riquezas como tal, devemos, no entanto, ser hostis a certas formas dela? Sim! Nem toda geração de riquezas é condizente com nosso chamado humano sob o governo de Deus de cuidar de nossos semelhantes. Nem toda geração de riquezas ocorre dentro dos limites que Deus ordenou para a criação de modo mais geral. Há uma geração de riquezas que se baseia na desonestidade e na ganância. Há uma geração de riquezas que é, por natureza, voraz, "gerando riqueza para os acionistas — mesmo já tendo tanta riqueza a ponto de não saberem o que fazer com ela —, ao roubar os recursos dos pobres e dos indefesos".[3]

A *posse* de riquezas, uma vez criada, deve ser considerada um obstáculo ao progresso do cristão ao longo da vida? Absolutamente! A Bíblia traz muitas advertências sobre essa realidade. A riqueza é para ser compartilhada, não guardada, uma vez que vem de Deus e continua a ser mais dele do que nossa. Somos representantes de Deus ao distribuí-la aos outros. Devemos nos lembrar aqui de um dito atribuído a John Wesley, que exortava os cristãos a ganhar tudo o que pudessem, economizar tudo o que pudessem e doar tudo o que pudessem. A relação do cristão com a riqueza *pode* se tornar um obstáculo à fé — mas isso, de forma alguma, é inevitável. O *amor* ao dinheiro é a raiz de todo mal, não o dinheiro em si (1Tm 6.10).

Como resultado de tudo isso, temos a décima primeira implicação de uma antropologia cristã, que é a de que a boa obra de Deus no mundo, da qual devemos participar, deve necessariamente incluir uma geração justa de riquezas que sempre considere todas as dimensões da história bíblica maior na qual nos encontramos.

[3] Smiley, "American Agriculture".

32

CUIDADO COM A CRIAÇÃO

Por isso sua terra está de luto,
e todos desfalecem.
Até os animais selvagens, as aves do céu
e os peixes do mar estão desaparecendo.

Oseias 4.3

A grande história bíblica na qual nos encontramos, em todas as suas dimensões, é uma narrativa não apenas sobre os seres humanos, mas sobre a criação como um todo.[1] Ao refletirmos sobre trabalho e geração de riquezas, devemos ao mesmo tempo pensar naquilo que as pessoas seculares chamam de "meio ambiente" e "questões ambientais". Trabalhamos e geramos riquezas nesse "meio ambiente", impactando-o de diversas maneiras que (outros) animais não podem, e, em contrapartida, sendo impactados por ele. Como criaturas que exercem "domínio", vivendo em um mundo sujeito a mudanças, a situação não poderia ser diferente. Mas que diferença faz para nossa forma de pensar sobre essas realidades o fato de os cristãos enxergarem o "meio ambiente" como de fato "a criação"? O que uma antropologia cristã exige de nós quando pensamos no "cuidado com a criação" e, em seguida, colocamos isso em prática?

Já faz algum tempo que um número considerável de pessoas tem se mostrado seriamente preocupado com a atual relação da humanidade com o meio ambiente de nosso planeta. No período moderno, é evidente que a humanidade tem constantemente alterado esse ambiente de forma muito mais significativa do que jamais vista antes. A preocupação agora é que tenhamos

[1] Sobre o conteúdo deste capítulo, veja mais em meus livros *Convenient Myths*, p. 107-119, *Seriously Dangerous Religion*, p. 221-249, e *Seeking What Is Right*, p. 265-283, que discutem o cuidado com a criação. Para leitura complementar, veja Moo e Moo, *Creation Care.*

ido longe demais e que — pelo bem de todas as criaturas — precisemos restringir nossas atividades e mudar nossos hábitos. Um dos aspectos dessa preocupação diz respeito ao impacto da geração de riqueza humana sobre o clima da Terra. Mas esse é apenas um entre muitos outros problemas.

As respostas de cristãos sobre essa série de questões ambientais são muitas vezes muito inconsistentes com o ensinamento bíblico, e, infelizmente, essas respostas possuem raízes históricas antigas na teologia cristã. O influente pensador medieval Tomás de Aquino, por exemplo, acreditava que "todo o universo mutável existe, em última instância, para o bem e a espécie humana".[2] O reformador protestante João Calvino — embora eu o tenha elogiado mais que a Francis Bacon no capítulo 13 — inegavelmente escreveu que o "fim para o qual todas as coisas foram criadas [...] [era] que nada do que é conveniente e necessário à vida faltasse aos homens".[3] Trata-se de uma teologia da criação que já coloca a humanidade no centro da criação de um modo que é, em diferentes graus, antibíblico — sobretudo ao propor que as outras criaturas existem apenas em função dos seres humanos. Esse tipo de teologia da *criação* muitas vezes está associado a uma visão de redenção que se concentra, inteira ou principalmente, na *salvação humana* e diz pouco ou nada sobre o cosmos como um todo. Em sua forma mais *radicalmente* antibíblica, a salvação se torna apenas sobre a libertação da *alma* humana de sua prisão na matéria maligna — ou seja, de sua prisão no *corpo*.

De um modo ou de outro, em tudo isso, a criação material como tal passa a ser de pouca ou nenhuma importância — nem mesmo nossa forma material *humana*. Nas palavras da música relativamente contemporânea mencionada no capítulo 8, somos almas aprisionadas, por ora, em um corpo, esperando pelo resgate.[4] Esse resgate ocorrerá quando, como escreve Pedro, "os céus [desaparecerem] com terrível estrondo, e até os elementos [serem] consumidos pelo fogo, e a terra e tudo que nela há [serem] expostos" (2Pe 3.10-11). Nossa alma (diz a história), então, entrará em uma eternidade espiritual muito melhor. Mesmo em suas formas menos antibíblicas, a questão sobre esse tipo de antropologia é que ela oferece pouquíssimas razões para cuidarmos da criação. "De qualquer forma, tudo será consumido pelo

[2] Benzoni, "Thomas Aquinas and Environmental Ethics", p. 446.

[3] Calvino, *Genesis*, p. 64-65, 96.

[4] O texto na íntegra pode ser encontrado em <https://genius.com/U2-yahweh-lyrics>, acessado em 24 de abril de 2019.

fogo", como dizem alguns, "então por que se preocupar tanto com isso?" Por que se interessar pelo aquecimento global, exceto pelo fato de ele ser o (suposto) anúncio dos últimos tempos? Por que se dar ao trabalho de aprovar leis para proteger o meio ambiente? Essas são perguntas pertinentes, se a Terra for "apenas uma estação temporária na estrada que leva à vida eterna, [...] sem importância, exceto como lugar de provação para entrar no céu". É difícil sustentar outro ponto de vista se a Terra foi criada apenas para que os fiéis "a usem para fins lucrativos em sua jornada rumo ao além".[5]

A antropologia cristã apresentada neste livro, no entanto, traz implicações muito diferentes. Nessa antropologia *bíblica*, os seres humanos são chamados a cuidar de toda a criação enquanto ela aguarda sua redenção final. Deus se importa com toda a criação — e nós também deveríamos. Os seres humanos aguardam uma redenção vindoura que envolve a ressurreição do corpo. A criação não humana, que atualmente "geme, como em dores de parto", também aguarda "o dia em que os filhos de Deus serão revelados" rumo ao início de um novo céu e uma nova terra (Rm 8.19-23). Os seres humanos não "escapam" do restante da criação no decorrer desses eventos. "Assim como a esperança de ressurreição é a esperança de um corpo ressurreto, a vida de ressurreição faz parte de uma criação completa" — e essa nova criação mantém uma continuidade significativa com a atual.[6] Um texto como 2Pedro 3 pode, à primeira vista, parecer nos falar de uma ruptura total entre ambas. Mas isso o colocaria em séria tensão com outros textos bíblicos que claramente negam essa ideia. Nosso corpo ressurreto, por exemplo (se for como o corpo de Jesus), será semelhante ao — bem como diferente de — nosso corpo atual. Há continuidade. O mundo presente pode muito bem estar destinado ao "fogo" — mas apenas para se tornar uma versão mais purificada de como era antes (Hb 1.10-12; 12.26-29). Note, nesse sentido, que os novos céus e a nova terra são, na verdade, exatamente *isso* — e não algo completamente diferente (2Pe 3.13). Note também que, nessa nova criação, os seres humanos ainda serão "um reino de sacerdotes", assim como somos agora (Ap 5.10).

Uma antropologia genuinamente cristã, então, exige que amemos não apenas nossos semelhantes, portadores da imagem de Deus, mas também o restante daquilo que justamente reconhecemos como criação de Deus — e

[5] Wolf, "God, James Watt, and the Public Land", p. 65.
[6] Dunn, *Romans 1–8*, p. 471.

não apenas como "o meio ambiente". Por isso, "o justo", biblicamente, "cuida de seus animais" (ou: "o justo cuida das necessidades de seus animais" [tradução livre]) (Pv 12.10; cf. Dt 22.1-6). Nessa antropologia bíblica, o bem-estar do restante da criação está, de fato, intrinsecamente ligado ao nosso próprio bem-estar e ao do nosso próximo. Tanto as Sagradas Escrituras quanto nossa própria experiência nos ensinam isso. Pois, evidente e principalmente, são as pessoas mais pobres da criação que sofrem de forma mais rápida e devastadora com os impactos negativos dos desequilíbrios "ecológicos".[7]

Tudo isso significa, necessariamente, que devemos considerar com cuidado se já cometemos erros (e/ou se estamos cometendo-os agora) no exercício de nosso "domínio" sobre a terra. Teríamos cometido erros que prejudicaram e ainda estão prejudicando a criação como um todo — e, portanto, também nossos semelhantes? Não podemos simplesmente ignorar tais questões como se não fossem importantes — por exemplo, vale considerar se certas abordagens modernas de geração de riquezas têm contribuído para o aquecimento anormal e perigoso do clima global. Basta reler as primeiras linhas de Oseias 4 para perceber o caráter intrinsecamente bíblico desse tipo de ideia: a de que as falhas humanas *podem* causar danos ao restante da criação de Deus. As únicas perguntas, então, são *se* alguma falha nossa produziu tais resultados em nosso caso, e o que podemos fazer a respeito.

Aqui, quero apenas comentar dois pontos importantes. O primeiro diz respeito à questão de "confiar na ciência" que levantei no capítulo 4. As evidências científicas relacionadas a "se contribuímos para a mudança climática" parecem apoiar de forma contundente uma resposta afirmativa.[8] Sim, contribuímos. No entanto, pesquisas recentes nos Estados Unidos, por exemplo, indicam que muitos cristãos nem mesmo acreditam que o aquecimento global seja um problema sério, muito menos que ele seja, de certa forma, "culpa nossa".[9] Sem dúvida, podemos optar por adotar uma postura

[7] Veja Kumar e Yashiro, "The Marginal Poor".

[8] Veja NASA, "Climate Change", com referências à literatura acadêmica. Muitas pessoas que antes não estavam convencidas mudaram de opinião. Isso inclui, por exemplo, o parlamentar britânico Lord Lilley, "um dos apenas cinco membros do Parlamento a se opor ao Climate Change Act, em 2008, e ex-vice-presidente de uma empresa de petróleo e gás", que recentemente admitiu que "a ciência que comprova o aquecimento global é 'robusta'". Gatten, "Use Covid-Style Messaging".

[9] Natter, "Republicans Who Couldn't Beat Climate Debate". Veja também Hanchett, "Polls suggest less environmentalism".

cética em relação à comunidade científica nesse assunto. No entanto, devemos reconhecer o risco de fazer isso sem uma razão muito convincente (veja novamente o cap. 4). Como poderemos saber se cometemos erros como portadores da imagem de Deus se não estivermos dispostos a considerar as evidências que dizem respeito a essa questão? Não *gostaríamos* de saber, para que possamos nos arrepender?

É claro que, mesmo que *houvesse* alguma dúvida quanto à extensão do aquecimento global e suas principais causas (em segundo lugar), ainda assim estaríamos obrigados, pelas Sagradas Escrituras, a responder da forma mais criativa e construtiva possível a seus efeitos negativos, na medida em que pudéssemos identificá-los. Como pessoas que adotam uma antropologia cristã, isso faz parte de nossa missão. O aquecimento global, *na medida em que está ocorrendo* e *independentemente da natureza exata de suas causas*, deve importar aos cristãos bíblicos. *Devemos* estar plenamente engajados com os demais na busca por responder a seus desafios da melhor forma possível. E isso significa que, no âmbito do discurso público, por exemplo, devemos instar nossos representantes políticos a considerar, em todas as suas tomadas de decisão, o bem comum não apenas de todas as *pessoas*, mas de todas as *criaturas*. Ao mesmo tempo, devemos insistir — como aqueles chamados a ser guardiões tanto das pessoas quanto da terra — para que nossos líderes continuem a levar em conta o bem de todos os seres humanos, *assim como* o da criação não humana. Esse imperativo *também* deve ser considerado cuidadosamente quando somos tentados a nos envolver nos tipos de ativismo social e político descritos no capítulo 48, que tendem à imprudência unilateral em suas reivindicações.

A décima segunda implicação de uma antropologia cristã é precisamente que devemos refletir sobre a geração de riquezas no contexto da criação como um todo, bem como sobre a importância da geração de riquezas *para* a criação como um todo — e, então, realizar um bom trabalho para a glória do Criador.

33

AMOR

Sem dúvida vocês fazem bem quando obedecem à lei do reino conforme dizem as Escrituras: "Ame seu próximo como a si mesmo".

TIAGO 2.8

Espero que agora esteja mais claro o que significa ser uma "pessoa trabalhadora", do ponto de vista bíblico. Nem sempre pode ser fácil identificar o trabalho específico que você deve realizar no mundo de Deus. Mas a estrutura apresentada nos três capítulos anteriores certamente deve ajudá-lo a refletir sobre a questão de saber onde todo o seu trabalho se encaixa no esquema divino das coisas e como fazê-lo para a glória de Deus. Minha experiência mostra que essa reflexão nos levará até o final, mesmo que o processo seja desafiador. Lembro-me de uma história que um amigo pastor me contou sobre uma mulher em sua comunidade que havia compreendido profundamente a ideia de que sua fé cristã deveria afetar todos os aspectos de sua vida, incluindo a forma como ela via seu trabalho. No entanto, ela estava lidando com a questão específica de como interpretar "de forma cristã" seu "trabalho com fins lucrativos" como contadora. Um dia, ela contou entusiasmada ao pastor que havia encontrado a resposta: "Meu trabalho como contadora é imitar o Deus Criador, trazendo ordem ao caos".

Neste capítulo, desenvolverei a ideia de nosso trabalho cristão no mundo de Deus, especificamente sob a perspectiva de nossa responsabilidade social para com as pessoas fora da comunidade de cristãos. No capítulo 29, fiz uma proposta sobre o que isso certamente *não* envolve. Mas o que envolve, *afinal*? Aqui, precisamos nos aprofundar mais na questão de "amar o próximo". Falei sobre esse dever pela primeira vez no capítulo 15, relacionando-o com a tarefa de "tomar conta" das pessoas, apresentada em Gênesis 4. Devemos tratar todos os nossos semelhantes de forma adequada — as pessoas próximas a nós, incluindo nossos inimigos — como portadores da imagem de Deus, assim como nós. Mas o que isso significa na prática?

O que isso significa pode parecer "óbvio" para você. Sem dúvida, cada um de nós já tem em mente uma série de atitudes e ações que se enquadram ou não no escopo do "amor". A questão é: até que ponto estamos *corretos* nessa avaliação do que o amor ao próximo exige de nós? Nosso entendimento sobre o amor realmente é fruto do ensinamento bíblico ou pelo menos parte dele vem de outras fontes? Afinal, inúmeros cristãos contemporâneos parecem acreditar que o amor ao próximo sempre exige "inclusão em" — e proíbe qualquer forma de "exclusão" de — comunidades cristãs. Mas já vimos que, biblicamente, isso não é verdade. Como mostra 1Coríntios 5, a verdade é que nosso amor por alguns semelhantes pode, na realidade, exigir a exclusão de outros, pelo menos temporariamente. Essa exclusão propriamente dita pode, na verdade, ser a atitude mais amorosa possível, a longo prazo, para com o excluído, para que "o espírito seja salvo no dia do Senhor" (1Co 5.5).[1] Portanto, essa questão de amar o próximo não é tão simples quanto às vezes imaginamos. Como toda implicação derivada de uma antropologia cristã, exige uma reflexão cuidadosa.

Ao começarmos, o mais importante a ser observado sobre o amor bíblico ao próximo é sua estreita associação com o amor a Deus: "Ame o Senhor, seu Deus" e "Ame o seu próximo como a si mesmo" (Lc 10.27). Devemos sempre avaliar o que conta como "amor ao próximo" à luz de nosso relacionamento e compromisso com Deus. Precisamos "ler" o mandamento do amor ao próximo no contexto de toda a história de Deus na qual toda a humanidade está envolvida. O que importa não é o que inicialmente *assumimos* que seja amor, nem se *sentimos* que demonstramos amor ao seguir determinada linha de ação, nem se as pessoas ao nosso redor necessariamente *concordam* que aquilo que estamos fazendo é, de fato, amoroso. O que importa é se o modo como tratamos os outros *de fato* conta como amor, considerando tudo em que cremos sobre Deus, sobre nós mesmos e sobre a criação como um todo. É apenas ao considerarmos o conselho aparentemente severo de Paulo aos coríntios nesse contexto que podemos entendê-lo — corretamente — como amor ao próximo, e não como outra

[1] Veja também outros textos sobre a exclusão para o bem de todos: 2Ts 3.6-15; 1Tm 1.20; Tt 3.10. O ideal é, sem dúvida, que o confronto com o pecado produza "a tristeza que é da vontade de Deus [que] conduz ao arrependimento" (2Co 7.10; cf. 2Tm 2.25).

coisa. Ele ama tanto a comunidade da igreja quanto o coríntio individual que precisa ser excluído. Ele ama a todos o suficiente para recomendar (sem dúvida, um passo emocionalmente difícil) que a comunidade tome medidas *em busca do* bem-estar de todos, tanto a curto quanto a longo prazo.

O amor bíblico não é indulgente; ele é firme. Não tem nada a ver com a sentimentalidade que deixa os olhos marejados, cegando-os para a realidade e nos incapacitando de lidar bem com ela. Na essência do amor bíblico está, em vez disso, a capacidade de ver as coisas como de fato são e, então, agir moralmente com base nisso. O amor bíblico é "[esperto] como [serpente] e simples como [pomba]", enquanto percorre um mundo habitado por um número considerável de "lobos" disfarçados de próximo (Mt 10.16). Ele é perspicaz. Não se caracteriza pela fraqueza, mas pela força — a força de caráter que busca o bem dos outros, custe o que custar. O amor bíblico está, sem dúvida, ligado à compaixão — aquilo que o dicionário *Merriam-Webster* define como "consciência solidária do sofrimento alheio, junto com o desejo de aliviá-lo". Diz-se que o Bom Samaritano possuía essa profunda empatia interior com a vítima que encontrou na estrada para Jericó. Isso o levou a atender às necessidades do homem até que aquele seu próximo (literalmente) voltasse a se levantar. Mas a compaixão bíblica, de fato, leva a essas ações *bíblicas* — não apenas a qualquer tipo de ação que "pareça compassiva" (como, por exemplo, pôr fim ao sofrimento daquele homem matando-o).

Nossa responsabilidade social para com as pessoas fora da comunidade de cristãos é amá-las com esse tipo de amor — um amor justo e compassivo. Para esclarecer como isso funciona na prática, permita-me agora compará-lo brevemente com algumas perspectivas presentes na sociedade contemporânea sobre o que a "compaixão" (especificamente) exige.

A primeira diz respeito ao caso do samaritano que acabei de mencionar. A "compaixão" contemporânea, não moldada pela fé bíblica, exige que adotemos uma abordagem muito liberal em relação às questões pertinentes ao fim de vida, uma vez que (segundo dizem) as pessoas não deveriam ter de suportar o que consideram um sofrimento intolerável. Todos deveriam ter o direito de agir (e de receber ajuda) para pôr fim a esse sofrimento. Réus em processos judiciais sobre eutanásia, antes das mudanças na legislação em diversos países que legalizaram, pelo menos, algumas formas de "morte por compaixão", muitas vezes citavam a "compaixão" como argumento de defesa. Por outro lado, o amor cristão exige que tentemos ajudar nosso próximo a enxergar a vida como um dom precioso de Deus, que é o único que dá a vida e pode justamente tirá-la. Também exige que o apoiemos de maneira concreta a seguir o caminho correto nesse aspecto. Requer que lhe ofereçamos o cuidado necessário para que possa completar sua jornada até o fim.

A "compaixão" contemporânea, não moldada pela fé bíblica, exige também, em segundo lugar, que cuidemos continuamente dos "marginalizados" na sociedade. Precisamos nos importar com aqueles que se encontram em grande desvantagem em vários sentidos, e até mesmo em situação crítica — sem alimento e moradia, talvez, ou com algum tipo de dependência química, entre outras dificuldades. Ora, o amor cristão concorda que temos o dever de ajudar os necessitados enquanto estiverem passando grande necessidade. Mas o amor cristão também, necessariamente, rejeita qualquer ideia de que a natureza intrínseca deles consiste em serem "vítimas indefesas", em vez de "portadores da imagem de Deus". O amor cristão se compadece de sua situação e (por exemplo) os alimenta quando não têm como se alimentar. Mas também os chama ao — e os apoia no — discipulado cristão. Nessa vida de discipulado, eles, mais uma vez, se tornam capazes (por exemplo) de alimentar *outros* com seus próprios recursos, em vez de apenas serem alimentados. Portanto, o amor cristão é, necessariamente, contrário a organizações codependentes (incluindo algumas igrejas, infelizmente) que acabam por manter os "marginalizados" em seu estado de marginalização a longo prazo, ainda que aleguem cuidar de seu bem-estar. Em certos casos, há até incentivos claramente financeiros para isso. São os "clientes" cuja existência contínua é necessária para que o financiamento dessas organizações não desapareça.

Nesses dois casos, e em muitos outros relacionados ao "próximo", o que as pessoas entendem por "compaixão" está intrinsecamente ligado à história maior que acreditam habitar. Isso é inevitável, embora seja uma verdade conscientemente suprimida em algumas abordagens modernas da religião. Escrevi em outro livro, por exemplo, sobre a maneira pela qual as pessoas encantadas com a chamada "hipótese da Era Axial", como a escritora Karen Armstrong, tentam argumentar que todas as religiões, em essência, ensinam a mesma coisa — isto é, a virtude da compaixão.[2] Receio que isso seja um absurdo. Religiões e filosofias diferentes oferecem respostas *muito* diferentes a uma série de questões importantes. Entre elas, "O que *é* compaixão?".

[2] Veja meu livro *Convenient Myths*, p. 29-39.

Nós, cristãos, precisamos ter certeza, então, de que nossas próprias crenças sobre tais questões realmente surgem de nossa própria história bíblica, e não de outro lugar.

Assim, a décima terceira implicação de uma antropologia cristã é que devemos "amar" o próximo fora da igreja. Mas o que isso significa? Estamos realmente amando essas pessoas em nossos programas sociais, por exemplo, se esses programas, em essência, têm por objetivo deixá-las nas ruas em vez de ajudá-las a seguir em frente? Estamos realmente demonstrando amor quando aliviamos nossa consciência social dando dinheiro a pedintes que depois o usam para comprar drogas, ou quando os alimentamos, permitindo assim que usem o dinheiro que obtêm de outras fontes para comprar drogas? As sopas comunitárias são uma boa ideia? Por quê? E, afinal, como nossos programas sociais devem ser equilibrados com o evangelismo? Pois, no fim das contas, do que portadores da imagem de Deus, ainda caídos, realmente "precisam" é se voltar para Cristo. Estamos realmente amando nosso próximo se não priorizamos apresentar *esse* desafio a ele? Se lhe damos pão, *em vez de* apresentar o evangelho? A cultura contemporânea, sem dúvida, nos aplaudirá se fizermos essa escolha; ela já faz isso quando vê que escolhemos esse caminho. Todavia, em que sentido *essa* escolha decorre de uma visão genuinamente cristã da pessoa humana?

34

POLÍTICA

E vi a cidade santa, a nova Jerusalém,
que descia do céu, da parte de Deus,
como uma noiva belamente vestida para seu marido.
APOCALIPSE 21.2

À medida que nos aproximamos do final da Parte 3, quero dizer algumas palavras sobre política.[1] A Grande Comissão de Jesus tem como objetivo chamar os portadores da imagem de volta a Deus e a seu mandado para a criação (cap. 29). O que exatamente esse mandado exige dos cristãos enquanto participam da "sociedade em geral", não apenas no relacionamento individual com o próximo, mas também no nível de estruturas comunitárias maiores?

Muitos cristãos parecem sustentar a opinião de que devem se manter completamente fora da política. Se com isso querem dizer que a igreja cristã não deve aspirar ser o governo federal de um Estado (por exemplo), então concordo. Se querem dizer que a principal lealdade do cristão deve ser a Cristo, e não a qualquer movimento ou partido político, também concordo. O primeiro dever do cristão é ser cristão, e não outra coisa. A primeira responsabilidade da igreja é ser igreja, e não outra coisa.

Mas e se a política não quiser ficar fora da igreja? Por exemplo: e se o governo federal de meu país (ou qualquer outro nível de governo, nesse caso) anunciar sua intenção de aprovar uma legislação que represente impor aos cristãos um conjunto específico de crenças e valores que eles necessariamente precisam rejeitar? E se a própria política tiver se tornado, essencialmente,

[1] Sobre o conteúdo deste capítulo, veja também minha abordagem sobre política em meus livros *Seriously Dangerous Religion*, p. 251-278, e *Seeking What Is Right*, especialmente p. 125-201.

um tipo particular de religião intolerante, determinada a reprimir seus concorrentes? Foi o revolucionário bolchevique Liev Trótski quem supostamente disse certa vez: "Você pode não estar interessado em guerra, mas ela está interessada em você". De igual modo, você pode não estar interessado em política — mas e se a política estiver interessada em *você*, em sua família e em sua igreja? E se a política estiver batendo à sua porta e exigindo entrar em sua casa, e, na verdade, em sua igreja? E se ela tiver a pretensão de interferir na maneira como você cria seus filhos ou aconselha seu rebanho? Você não pode ficar "de fora" de algo quando já está imerso *nele* — e quando ele está determinado a afogar você e aqueles ao seu redor. O amor ao próximo cristão, se nada mais — incluindo o próximo que é nosso próprio filho —, proíbe a passividade diante de uma situação assim. A preocupação com nossos interesses legítimos como cristãos, mencionada pelo apóstolo Paulo ao escrever aos cristãos de Filipos, também a proíbe (Fp 2.4). Precisamos estar ativamente engajados na política — debatendo com outras pessoas sobre como é uma "boa cidade" (do grego *polis*) e ajudando a construí-la.

Mas esse engajamento deve ter como premissa mais do que simplesmente nosso legítimo interesse próprio. O texto completo de Paulo diz o seguinte: "Não procurem *apenas* os próprios interesses, mas preocupem-se *também com os interesses alheios*" [itálicos meus]. A verdade é que nosso dever de amor pelo próximo que está fora da igreja *também* exige que tenhamos um interesse ativo na política. Ajudar genuinamente o próximo sem-teto que encontramos nas ruas de nossa cidade é uma grande obra cristã. Mas nosso dever para com o próximo que não frequenta a igreja não envolve também descobrir todas as disfunções sociais que podem ter contribuído para que ele esteja nas ruas, em primeiro lugar, ou para mantê-lo lá agora? Além de lidar compassivamente com as consequências de um mau planejamento social (por exemplo), o amor cristão não envolve também tentar substituí-lo por um bom planejamento? Jeremias foi chamado, enquanto estava no exílio, a "[trabalhar] pela paz e pela prosperidade da cidade para a qual [o] deportei" (Jr 29.7). O livro de Daniel oferece um exemplo narrativo extenso de alguém que respondeu a esse chamado. Os cristãos não são igualmente chamados, como pessoas em "exílio", a viver não apenas para si mesmos, mas também para os outros, na esfera pública (1Pe 2.9-12)?

As Sagradas Escrituras, na verdade, oferecem mais do que razão suficiente para que nos engajemos em uma "política de exílio" assim. O fundamento dessa política está no que aprendemos com a Bíblia sobre as próprias interações de Deus com o mundo que ainda não é plenamente seu reino — o mundo como existe agora, antes da chegada da nova Jerusalém. Trata-se, sem dúvida, de um mundo presente profundamente corrompido pelo mal. Mas Deus, que é incomparavelmente bom, compromete-se a agir nesse mundo *pelo* bem dele. Ele faz isso, em grande parte, de maneiras não coercivas que respeitam a liberdade moral de seus portadores da imagem muitas vezes perversos. Do início de Gênesis em diante, na verdade, Deus encontra continuamente formas de transformar em algo bom o mal que descobre no mundo — e até mesmo em seu próprio povo.

Por exemplo, Abraão e Sara estão longe de ser mensageiros ideais da promessa da aliança de Deus, moralmente falando. Mas a promessa permanece, porque é a promessa *de Deus* e não deles. Mais adiante, na narrativa de Gênesis, Deus trabalha com Jacó, Lia e Raquel, mesmo que a "sociedade" deles *também* seja consideravelmente disfuncional. A sociedade dos *filhos de Jacó* é, de igual modo, problemática, à medida que os conflitos familiares são transmitidos de uma geração à outra. Contudo, José, por fim, reconhece explicitamente o que Deus estava fazendo com todos eles. Ao confrontar seus irmãos assassinos, ele lhes diz: "Vocês pretendiam me fazer o mal, mas Deus planejou tudo para o bem. Colocou-me neste cargo para que eu pudesse salvar a vida de muitos" (Gn 50.20). A história de José começa em meio ao caos, mas, por causa do que "Deus planejou" em tudo isso, a narrativa termina em "*shalom*". É uma comédia divina (cap. 19).

E é assim também que a história bíblica continua em Êxodo e além dele — principalmente na estrutura social que Deus constrói ao redor de seu povo escolhido, Israel. A lei que está no centro dessas provisões não é concebida para pessoas justas, mas para pecadores. Deus elabora uma estrutura legal ordenada ao redor de seu povo pecaminoso que tem por objetivo principal conter o caos moral do povo enquanto a história de redenção continua. Há um pragmatismo notável nas ações de Deus. Ele não tenta instaurar seu reino de forma repentina e de uma só vez, por meio da criação da lei. Em vez disso, consciente da matéria-prima humana que tem à disposição, ele conduz tranquilamente os israelitas na direção da nova Jerusalém. Ele faz isso enquanto cria para eles uma estrutura social que os impede, nesse meio-tempo, de se autodestruírem completamente. Trata-se de uma política pragmática, não utópica.

Tudo isso é instrutivo para nós. Os seres humanos são portadores da imagem de Deus, chamados a agir em toda a criação divina para o bem dela. Isso inclui o que às vezes chamamos, de forma descuidada, de "sociedade secular" (como se Deus estivesse em *outro* lugar). Como portadores da imagem, somos constantemente exortados, na tradição bíblica, a "ser [santos e perfeitos] como Deus" precisamente por meio do envolvimento com o mundo (Lv 11.44; Mt 5.48). Isso implica engajamento na esfera política tanto quanto em qualquer outra área da vida. Na verdade, implica um determinado *tipo* de engajamento político. Desde o início da narrativa bíblica, Deus não se relaciona com o mundo de forma a ser tudo ou nada, mas sim "realista". Ele avalia o que pode ser alcançado de forma realista em uma sociedade amplamente composta por pessoas que não seguem seus caminhos. Esse é um paradigma sugestivo para nós, como portadores da imagem. Sugere uma política inspirada e moldada por nossa visão do reino de Deus, mas, de igual modo, realista quanto ao que pode ser alcançado em um ambiente atualmente "plural" em nossas diversas sociedades. Dá-nos também o exemplo de uma relutância em abandonar o campo político apenas porque ele é, inevitavelmente, marcado por concessões.

A décima quarta implicação de uma antropologia cristã, então, é que os cristãos precisam exercer esse "domínio", como puderem, na esfera política pública — assim como em qualquer outra esfera da vida — enquanto buscam "o bem-estar da cidade". Ao fazer isso, nós, "como Deus", procuraremos orientar a sociedade, tanto quanto possível, em direção à justiça, conter e minimizar o mal o máximo que pudermos e (onde possível) transformar o mal em bem. Faremos isso com perseverança e em favor de *todos* os nossos semelhantes, não apenas dos cristãos.

Não precisamos — e *não devemos* — pensar nessa "política" como algo que implica apenas um envolvimento político amplo como o que aparece no noticiário. Para a maioria de nós, nosso engajamento na esfera do discurso público será, em um nível muito menos espetacular — mas não, por essa razão, menos importante. Em muitas partes do mundo, ser eleito para conselhos escolares, por exemplo, é um dos objetivos mais importantes que um pai ou uma mãe pode almejar. De fato, em muitos contextos, seria francamente negligente continuar a enviar nossos filhos para a escola pública se *não* estivéssemos dispostos a nos envolver na "política" desse sistema. Precisamos garantir que nossos filhos e outras crianças estejam moralmente mais seguros nesses ambientes do que estariam se não fizéssemos nada. Nunca devemos, de forma alguma, subestimar qualquer uma das "pequenas coisas" que fazemos para Deus, nesta área ou em qualquer outra. A esse respeito, lembro-me das seções finais do romance *Middlemarch*, de George Eliot. A protagonista Doroteia sofreu muitas decepções na vida, mas seu impacto ao seguir em frente, cuidando das "pequenas coisas", é significativo:

> Sua natureza plena [...] se esgotou em canais que não tinham grande nome na terra. Mas o efeito de sua existência sobre aqueles ao seu redor foi incalculavelmente difuso: pois o bem crescente do mundo depende em parte de atos históricos; e que as coisas não estão tão mal com você e comigo como poderiam ter sido, deve-se em parte ao número daqueles que levaram fielmente uma vida escondida, e descansam em túmulos não visitados.[2]

Esta não é a política imponderada, romântica e utópica que visa derrubar "sistemas" econômicos inteiros em nome da "liberdade", sem qualquer consideração séria sobre o que vem em seguida (caps. 31 e 48). Não é também a política utópica negligente que ignora as consequências da ideologia radical do "salve o planeta" para nossos vulneráveis semelhantes humanos (caps. 32 e 49). Não é o tipo de política, por exemplo, que insiste em que "precisamos mudar tudo porque, neste exato momento, nosso sistema atual está em rota de colisão com o futuro da humanidade e de nossa civilização", mas não possui uma ideia coerente sequer sobre o que substituiria o sistema capitalista supostamente "opressor e racista" que precisa ser derrubado.[3] A política fundamentada na Bíblia é diferente. É a política séria daqueles que entendem que o reino de Deus "ainda não chegou" — mas que, *nesse contexto*, e de maneiras compatíveis com o estado atual caído e complicado das coisas do mundo, certamente buscam os ideais do reino na medida do possível.

[2] Eliot, *Middlemarch*, p. 896.
[3] McTaggart, "Greta Thunberg".

35

COMPROMISSO

Aquele que duvida é como a onda do mar,
empurrada e agitada pelo vento [...]
tem a mente dividida e é instável em tudo que faz.

Tiago 1.6-8

Estamos agora no final da Parte 3, que destacou algumas implicações importantes sobre aceitar uma compreensão verdadeiramente bíblica dos "fundamentos da condição de ser humano" (como exposto na Parte 2). Enfatizei, no final da Parte 2, a importância de *aceitar* ativamente uma compreensão cristã desses fundamentos. Sugeri que eles não chegarão ao âmago de nosso ser sem algum esforço de nossa parte. O mesmo vale para as *implicações* desses fundamentos.

Isso acontece (novamente) porque todos vivemos em sociedades caídas que, de uma forma ou de outra, são construídas não sobre a rocha da verdade de Deus acerca de nossa humanidade, mas sobre as areias movediças da mera opinião humana. Essas sociedades se baseiam, de diversas maneiras, em compreensões da condição de ser humano que são diferentes das nossas. Tudo isso é verdade, mesmo que nosso próximo jamais consiga articular exatamente quais são suas próprias antropologias, ou por que acredita nelas. Ainda assim, há sempre uma "filosofia" que molda suas crenças e comportamentos — e essa filosofia pode estar profundamente desalinhada com uma visão de mundo cristã. Assim, em tais sociedades caídas, é bem possível que as pessoas não tenham nenhuma razão convincente para defender os direitos dos bebês no útero materno ou para se opor à liberalização de opiniões e leis sobre questões relacionadas ao fim da vida. Podem considerar perfeitamente natural que o próximo se envolva em todo tipo de atividade sexual fora dos limites de um casamento entre homem e mulher, e, na verdade, que cada indivíduo escolha se gostaria de ser "homem" ou "mulher". E assim por diante. Na raiz de tudo isso, podem levar a vida indiferentes ou hostis à ideia de que existe um único Deus vivo e trino, e podem considerar absurda a noção de que a vida humana deva ser entendida como "adoração" a esse Deus.

Os cristãos vivem nessas culturas caídas, e essas culturas "gritam" para nós todos os dias a seguinte mensagem: "A sua visão da pessoa humana é absurda; por que você não adota a nossa em vez disso?". Como fazem isso, exatamente, depende, em certa medida, da cultura *específica* que estamos considerando, mas, sem dúvida, também existem realidades *globais* além das locais: televisão a cabo e via satélite, internet e redes sociais. Pesquisas sugerem que muitas pessoas realmente gostam de ouvir esses gritos culturais por meio dessas formas virtuais, e que fazem isso *com frequência*. Por exemplo, no Canadá, mais de 93% dos adultos têm, pelo menos, uma televisão em casa, na qual assistem a quase quatro horas de "conteúdo" (em média) por dia.[1] Além disso, 75% dos canadenses também navegam na internet enquanto assistem à televisão. E 73% passam, pelo menos, de três a quatro horas on-line por dia, enquanto 66% passam, pelo menos, uma hora por dia assistindo a televisão ou filmes on-line. O poder formativo de toda essa interação com o mundo digital é *imenso*. O ambiente cultural geral infiltra-se até mesmo em nossos espaços "privados" por esses meios, moldando de forma imperceptível, ao longo do tempo, nossa compreensão da realidade, nossa imaginação e nossos desejos. Nesse processo, ele nos conduz, de forma inexorável (e talvez subliminar), a conclusões sobre o que é considerado "normal" no mundo.

Nada disso precisa ser fruto de uma intenção consciente para que tenha efeitos profundos sobre as pessoas, levando-as a formar opiniões firmes sobre "aquilo em que todos acreditam" e sobre aquilo em que todos *deveriam* acreditar. Mas *há* certamente nisso a intenção consciente também. Políticos gostariam que víssemos o mundo de maneiras que lhes são vantajosas. Empresários esperam nos convencer a comprar seus produtos. Ativistas sociais desejam transformar nosso coração e nossa mente de formas que tornem mais fácil para eles mudar o mundo na direção que escolheram. Nenhum desses grupos precisa mais que saiamos fisicamente de nossa casa para nos vender o que quer que seja. Somos públicos e clientes cativos

[1] Watson, "Television in Canada".

dentro de nossa própria casa. Desde o início, era a intenção de empresas como o Facebook cativar-nos dessa maneira. Como admitiu Sean Parker (o presidente fundador da empresa), o objetivo era consumir "o máximo possível do tempo e da atenção consciente do usuário", explorando, no processo, uma clara "vulnerabilidade da psicologia humana".[2]

É possível subestimar o grau de nossa vulnerabilidade, como criaturas inerentemente sociais, a essas estratégias evangelísticas — e o nível de controle que exercem sobre nós. Pois, como mostrou o autor e ativista da mídia Duane Elgin, em 2008, "para controlar uma sociedade, não é preciso controlar seus tribunais, nem controlar seus exércitos; só é preciso controlar suas histórias. E é a televisão e a Madison Avenue [símbolo da indústria da publicidade] que estão contando a maioria das histórias, na maior parte do tempo, para a maioria das pessoas".[3] É possível subestimar o grau de nossa vulnerabilidade a todo esse "grito" cultural.

É possível subestimar, em particular, até que ponto a exposição constante a ele pode tornar o evangelho implausível até mesmo para aqueles que afirmam tê-lo recebido, fazendo, nas palavras de Tiago, com que nos tornemos "como a onda do mar, empurrada e agitada pelo vento" — uma pessoa com "a mente dividida" (Tg 1.6-8). Julgando pelo que acontece em muitos de nossos lares, é *certamente* possível que os pais não compreendam até que ponto a exposição ao "grito cultural" pode tornar o evangelho implausível para nossos *filhos*, moldando o próprio cérebro deles de forma a, aos poucos, imunizá-los contra a verdade bíblica. No capítulo 27, propus que é *nossa* responsabilidade, como pais, e de mais ninguém, cuidar para que nossos filhos sejam educados "com a disciplina e a instrução que vêm do Senhor" (Ef 6.4). Não podemos simplesmente delegar essa responsabilidade a outros. Naquele capítulo, eu tinha em mente os professores. Mas é igualmente verdadeiro que não podemos — e não *devemos* — delegar nossa responsabilidade como pais a *telas* que falam, sejam quais forem. Na verdade, precisamos limitar o acesso de nossos filhos a essas telas com o máximo de rigor e pelo maior tempo possível.

Quando meus próprios filhos eram pequenos, tínhamos uma televisão em um cômodo da casa, e assistíamos (juntos) a um único programa por

[2] Solon, "Sean Parker".

[3] Entrevista em *Consume This Movie*, dirigido por Gene Brockhoff (Well Crafted Films, 2008).

semana, *Jornada nas estrelas*. A série tinha, sem dúvida, seu próprio viés propagandístico — mas era *relativamente* inofensivo. E sua mensagem era, em todo caso, superada por aquelas de todos os bons livros que líamos naquela época, juntos e separadamente. Hoje, os pais enfrentam um ambiente geral mais desafiador em se tratando de telas, mas o princípio ainda é o mesmo. Se não levarmos essa questão a sério, acabaremos por *pensar* que somos *nós* que estamos criando nossos filhos, quando, *na verdade*, eles estão sendo criados pelas pessoas que encontram no telefone celular.

Essa é a versão familiar de um problema maior presente em muitas de nossas comunidades cristãs: o fato de que pastores imaginam que é a igreja que está catequizando o rebanho, quando, na verdade, é a Netflix. E dificilmente poderia ser diferente em igrejas cuja liderança parece acreditar que, diante das muitas e muitas horas que até mesmo os cristãos passam imersos no mundo digital, ainda faz sentido "ser igreja" de uma maneira tradicional que envolva uma reunião de adoração por semana para todos (talvez) e um encontro extra durante a semana para os mais entusiasmados.

Repetindo: os cristãos vivem em culturas caídas que gritam para nós a cada hora do dia: "A sua visão da pessoa humana é absurda". Precisamos, então, limitar ao máximo nossa exposição a esses gritos — compreendendo-os pelo que realmente são — e, ao mesmo tempo, *de forma muito deliberada e contracultural*, colocar ativamente em prática as implicações de nossa antropologia cristã em nossa vida. Em vez de permitirmos que nossa mente seja preenchida pelas perspectivas alheias sobre a condição de ser humano, "[imitando] o comportamento e os costumes deste mundo", devemos, em vez disso, nos comprometer a preenchê-la com a verdade cristã. Devemos refletir sobre isso e conversar a respeito "quando [estivermos] em casa e quando [estivermos] caminhando, quando [nos deitarmos] e quando [nos levantarmos]" — ao longo de todo o dia, em todos os seus aspectos (Dt 6.7). E devemos repeti-lo "com frequência a [nossos] filhos", buscando sua transformação "por meio de uma mudança em seu modo de pensar" e também sua capacidade de discernir "a boa, agradável e perfeita vontade de Deus" (Dt 6.7; Rm 12.2).

Será útil para nós, nesta busca por permanecermos firmes e contraculturais em nossa fé cristã, não apenas reconhecer os elementos da antropologia estranha presentes em nosso modo de pensar, mas também atribuir a esses elementos o lugar que lhes cabe no mundo intelectual. Será útil se conseguirmos "colocá-los em seu devido lugar". Isso nos leva à Parte 4 deste livro, que acrescenta à proclamação da *verdade* sobre o ser humano

— desenvolvida nas Partes 2 e 3, uma análise de muitas *mentiras* contemporâneas predominantes sobre esse tema e de onde elas vêm. É *aqui* que os "cucos" ficam sob os holofotes! Pessoas cristãs, como criaturas determinadas a proteger a integridade de nosso "ninho" cristão e a ver o florescimento de seus legítimos habitantes, precisam saber o máximo possível sobre os cucos que o ameaçam, incluindo sobre seus "hábitats naturais". Tudo isso faz parte do processo pelo qual passamos a enxergar com clareza quais das aves antropológicas em nosso ninho não nos pertencem, mesmo que *se pareçam* muito com as nossas. E isso nos ajudará a realizar melhor o trabalho de remover esses cucos de nosso pensamento. Portanto, na Parte 4 deste livro, dedicaremos um tempo à realização de uma espécie de "desfile de identificação". Aprofundaremos a análise de alguns desses "corpos estranhos" que aparecem de várias formas em nosso ninho cristão em se tratando de antropologia, e faremos um trabalho focado para entender de onde eles vêm.

PARTE 4

CORPOS ESTRANHOS

36

SIGA A CIÊNCIA

Assim você saberá a verdade
e transmitirá um relato preciso àqueles que o enviaram.

PROVÉRBIOS 22.21

Ao começarmos a Parte 4, permita-me dizer algo semelhante ao que afirmei pouco antes da Parte 2, que, para muitos leitores (usando a linguagem de *Star Wars*), pode parecer ter acontecido há muito tempo em uma galáxia muito distante. Para alguns leitores, a Parte 4 será muito desafiadora. Isso porque, ao longo de sua jornada cristã até aqui, tiveram pouca ou nenhuma exposição à história das ideias. Se esse for *seu* caso, então eu o encorajo a "insistir" nestes capítulos finais — sejam eles difíceis ou não — até o fim. Pois, se quisermos combater eficazmente os cucos em nosso ninho, precisamos entender suas origens e sua evolução. Portanto, se você achar o conteúdo difícil, "não entre em pânico!".[1] Devagar e sempre é, mais uma vez, a melhor solução. E "seguir" com um grupo de amigos pode (de novo) ser mais sábio do que "seguir sozinho", pois assim vocês podem se ajudar mutuamente com possíveis dúvidas e dificuldades. Acima de tudo, *continue*. Não pare só porque não conseguiu entender algo; em vez disso, coloque esse ponto em uma prateleira dentro de um armário mental, com a etiqueta "Para ser retomado mais tarde" — e volte a ele mais adiante. Insista nestes capítulos, e você ficará contente por tê-lo feito. E, se Deus quiser, achará mais fácil confiar em mim quando digo isso em relação à Parte 4 do que achou quando disse o mesmo em relação à Parte 2 — porque você viu que eu estava dizendo a verdade lá atrás!

Eu gostaria de começar por retomar a Parte 1 e a ideia do ser humano

[1] Adams, *Hitchhiker's Guide to the Galaxy*.

como um ser "com capacidade de compreender".[2] Portanto, se você não leu os capítulos 3 a 6 na primeira leitura, este é o momento de voltar e lê-los. Esses capítulos representam um bom ponto de partida na Parte 4, porque uma das razões pelas quais os cristãos contemporâneos têm dificuldade de se comprometer com a visão bíblica da pessoa humana é que (sem necessariamente perceberem) eles foram profundamente influenciados por certas ideias modernas sobre como adquirimos conhecimento confiável. Na realidade, essas ideias modernas *têm origem em algum lugar*. Elas possuem "hábitats naturais". Mas isso não é necessariamente evidente para pessoas habituadas apenas a "vê-las ao redor". Somos criaturas sociais; formamos nossas opiniões influenciados por outras pessoas. E o que "todos sabem" na sociedade contemporânea sobre como adquirir conhecimento confiável do mundo é que nossas "autoridades legítimas" não incluem a Bíblia. Ao interagirem diariamente com o impressionante corpo de conhecimento que a ciência moderna, em particular, reuniu, os cristãos podem facilmente começar a sentir que recorrer às Escrituras em assuntos como a natureza humana é algo "ineficiente". E esse não é um bom ponto de partida para o desenvolvimento de uma antropologia cristã robusta.

Nem sempre foi assim. A Bíblia costumava ser bem reconhecida (pelo menos, na "cristandade") de uma forma radicalmente diferente — como quase uma enciclopédia de todo conhecimento verdadeiro. Mas, quando a ciência moderna começou a desafiar essa opinião estabelecida, alguns cristãos reagiram de maneira inadequada. Em vez de acolherem o novo conhecimento científico sobre o mundo e tentarem integrá-lo à sua ideia cristã mais ampla de verdade, eles se posicionaram contra ele. Isso, sem dúvida, acelerou uma tendência na Europa pós-Reforma no sentido de entender as Sagradas Escrituras e a ciência emergente como partes necessariamente em guerra uma com a outra. Essa foi a era do "Iluminismo", que, na visão de Immanuel Kant (1784), tinha a ver com "libertar a humanidade da tutela autoimposta à autoridade externa e à disposição de usar sua razão independente".[3] As pessoas iluminadas passaram, pouco a pouco, a perceber (diziam elas) que o método científico devia agora se tornar a principal

[2] Sobre o conteúdo deste capítulo, veja mais em meu livro *Reformation and the Right Reading of Scripture*, p. 313-413, que descreve o deslocamento da fé cristã do centro da cristandade ao longo da ascensão da modernidade e da ciência moderna.

[3] Zagorin, *Religious Toleration*, p. 290.

"autoridade legítima" em relação ao conhecimento. O conhecimento precisava ser baseado em uma investigação "empírica" (envolvendo observação e experiência) que reunisse "fatos" e os posicionasse dentro de uma matriz de "leis" científicas. O que as pessoas seculares chamam de "Natureza" devia agora oferecer a estrutura dentro da qual as afirmações de verdade bíblica poderiam ser avaliadas e julgadas como úteis ou inúteis.

Esse é o hábitat natural de onde emergiu um importante "conhecimento comum" que muitos de nossos contemporâneos agora possuem. Eles sabem, por um lado, que a Bíblia é, em grande parte ou completamente, inexata e, por outro, que apenas a razão humana, trabalhando com fatos empiricamente estabelecidos, pode nos dar o conhecimento confiável. Em sua forma mais extrema, essa abordagem da vida é conhecida como "cientificismo", com seu quase total desprezo pelas afirmações de verdade que não podem ser comprovadas por testes empíricos e sua quase fé religiosa na ciência como único caminho para o verdadeiro conhecimento. Quando deparamos com essa "ave" filosófica, impulsionada pelos fortes ventos dos "fatos", passando o inverno em nossas praias cristãs ou até mesmo aparecendo em nosso ninho cristão, é precisamente sua enorme autoconfiança que pode nos levar a duvidar da validade de nossas próprias convicções "frágeis" baseadas na fé. "Diz a ciência..." com tanta confiança; o que a fé poderia acrescentar?

Quando nos surpreendemos com esse tipo de pensamento, é importante lembrar-nos de nossa discussão nos capítulos 4 e 5 sobre física e metafísica. Precisamos lembrar como a física é, *de fato* — a despeito das pretensões imperialistas do cientificismo —, capaz apenas de nos dar certos tipos de conhecimentos importantes. A ciência pode nos dizer muita coisa sobre o mundo físico, e devemos ser gratos por isso. Mas ela não pode fazer aquilo que o cientificismo aparentemente fez muitas pessoas modernas *acreditarem* que pode fazer. Ela não pode nos dar conhecimento sobre o que é "certo", por exemplo — como os seres humanos *devem* viver. Muitas pessoas modernas aparentemente imaginam o contrário, e, por isso, acreditam que podem prescindir das inconveniências de realidades como a religião. Elas supõem que o "certo" pode ser deduzido a partir do que é "normal" no mundo — o que é "natural" para certos grupos menores de pessoas, em um primeiro momento, e depois para grupos maiores até à "humanidade como um todo". Mas isso não é verdade.

Um simples momento de reflexão crítica nos revelará isso, embora, como disse certa vez um homem espirituoso e sábio, um momento é muito tempo e pensar é doloroso.[4] No entanto, aceitemos com alegria essa dor passageira. Em primeiro lugar, suponha que a investigação científica tenha estabelecido que é natural para certos grupos de pessoas praticar o canibalismo. Isso *legitimaria* o canibalismo, até mesmo para esses grupos? Como passamos do "é" para o "deveria ser" — do que elas realmente *fazem* para o que *deveriam* fazer? Mas então, suponha, em segundo lugar, que a investigação científica conseguisse, de algum modo, descobrir que *todos* os seres humanos possuem uma "tendência natural" na mesma direção canibalesca. Ou então que os seres humanos, como classe, são egoístas por natureza. Se tanto o canibalismo quanto o egoísmo são intrínsecos à natureza *humana*, ambos seriam corretos, e o vegetarianismo e a generosidade estariam errados? Isso não faz nenhum sentido moral ou lógico. E, sem dúvida, em terceiro lugar, a tarefa de descobrir empiricamente o que poderia ser "natural" para *todos* os seres humanos é, na realidade, extremamente difícil. Como poderíamos ter êxito em tal empreitada? Que tipo de estratégia de pesquisa precisaríamos desenvolver?

A ciência como ciência, em seu ímpeto por descobrir qual é o caso, não é capaz de fornecer declarações fidedignas sobre como os seres humanos *devem* viver. E isso ajuda a explicar por que, quando examinamos cuidadosamente afirmações modernas que reivindicam fundamentar na "Natureza" diversas exortações sobre o que é certo, sempre descobrimos que essas afirmações, *na verdade*, não estão enraizadas na física, mas sim na metafísica. Em outras palavras, essas afirmações modernas sobre a natureza da "Natureza" não são o que parecem à primeira vista. Talvez não seja a fé cristã — pelo menos, não de forma explícita — que lhes oferece a base, mas certamente se trata de algum tipo de "filosofia" que não se baseia na experiência empírica.

Considere, por exemplo, a Declaração de Independência dos Estados Unidos (1776). Logo no início, lemos sobre as "leis da Natureza e as do Deus da Natureza" que "dão" a determinado grupo de pessoas o direito de assumir, entre as demais nações, uma "posição igual e separada". Mas como exatamente as leis da Natureza "dão" a alguém qualquer tipo de direito? A referência à "Natureza" faz parecer, à primeira vista, que essa e outras afirmações da Declaração estão fundamentadas no esforço científico. Na realidade, porém, não estão nem um pouco fundamentadas nesse tipo de esforço, e *não poderiam* estar. As "verdades" articuladas nesse documento são, em vez disso,

[4] Agradeço ao meu amigo Eddie Larkman por ter mencionado essa frase para mim.

declaradas como "evidentes por si mesmas" — entre elas, a de que "todos os homens são criados iguais" e a de que são "dotados [...] de certos direitos inalienáveis". E agora fica particularmente claro que a ciência não está no comando. Pois a pesquisa científica *real* revela que a grande maioria das pessoas ao longo da história não acreditava que "todos os homens são criados iguais", nem que são "dotados [...] de certos direitos inalienáveis".

Agora, eu concordo, de qualquer maneira, que os seres humanos possuem direitos, e defendi esse ponto de vista no capítulo 22. Mas observe que, naquele capítulo, recorri às Sagradas Escrituras para embasar esses direitos e, de fato, para descobrir quais realmente *são* os direitos humanos. O direito de morrer não é, por exemplo, um deles (cap. 24), sejam quais forem as afirmações que as pessoas façam sobre esse tema. Os autores da Declaração, influenciados pelos desenvolvimentos europeus descritos anteriormente, não querem seguir o caminho das Escrituras. Eles estão buscando o que consideram ser uma autoridade mais forte para sustentar suas afirmações: as leis da Natureza (com o "Deus da Natureza" aparecendo como nota de rodapé). Mas o que eles realmente estão fazendo na Declaração, ao invocar essas "leis da Natureza", é *fingir* que estão fazendo afirmações científicas sobre "direitos", enquanto, na verdade, estão fundamentando essas ideias em alegações claramente metafísicas — e esperando que ninguém perceba. Infelizmente, isso estabeleceu um precedente, pelo qual hoje em dia todos os tipos de pessoas simplesmente *afirmam* que algo novo é um "direito" e desafiam os outros a contestá-lo — uma espécie de blefe de jogador de pôquer.

É assim que o cientificismo necessariamente funciona. E não devemos nos deixar intimidar por ele a ponto de pensar que nossos apelos à Escritura, em todos os domínios que ela tem o direito de considerar — são ineficazes. Todos necessariamente — quer percebam ou admitam isso, quer não — interpretam a física dentro do contexto da metafísica. Podem fazê-lo bem ou mal — mas certamente o *fazem*. Aplicar nossa fé especificamente *cristã* à ciência não é mais nem menos problemático do que aplicar qualquer outra filosofia ou "fé". E, sem dúvida, acreditamos que temos *razões* particularmente boas para sustentar que nossa metafísica cristã é *verdadeira*. Muitos cientistas modernos notáveis também acreditam nisso.

Meu objetivo ao escrever desta forma não é apenas alertá-lo sobre um cuco filosófico — o Cuco Siga a Ciência — que muitas vezes aparece no ninho cristão em se tratando de como chegamos ao conhecimento confiável.

Isso é importante, sem dúvida. Da próxima vez que ouvir alguém em sua comunidade cristã defender uma crença ou ação com base no que a ciência "provou" ser verdadeiro sobre a "natureza humana", você certamente deve contestar essa afirmação. Eis um cuco que precisa ser expulso do ninho cristão. Para os cristãos, o que é natural para a humanidade — mesmo que pudesse de fato ser descoberto (por exemplo, o egoísmo) — não ofereceria nenhuma orientação segura sobre como devemos viver.

Porém, mais do que isso: também me preocupo em mostrar até que ponto o "cientificismo" é logicamente incoerente, em seus *próprios* termos, e por que não há nada a temer nele. Assim, da próxima vez que alguém *fora de* sua comunidade cristã o incentivar a simplesmente "seguir a ciência" em algum assunto, permita-me sugerir que você responda, primeiro, dizendo que, por princípio, sempre leva muito a sério o que os cientistas dizem dentro de suas várias áreas de especialização. *Mas então* (se me permite sugerir), considere acrescentar o seguinte: "Mas não pretendo simplesmente aceitar, sem discutir, a metafísica (por exemplo, a ética e a política) que, ao que parece, você está querendo introduzir nesta conversa junto com a ciência". Isso encerrará rapidamente a conversa ou a tornará muito melhor.

37

INTUIÇÕES

Seu propósito era que as nações buscassem a Deus
e, tateando, talvez viessem a encontrá-lo,
embora ele não esteja longe de nenhum de nós.
Atos 17.27

À medida que as pessoas modernas entraram no século 19, muitas se viram satisfeitas em saber que o novo método científico e suas tecnologias consequentes estavam "entregando resultados". Mas quando tudo no mundo é governado pela razão, por fatos, leis e cálculos, o que se perde? Charles Dickens explora essa questão em seu romance *Tempos difíceis*. O professor equivocado Sr. Gradgrind, que vive na zona industrial no norte da Inglaterra, tem total confiança nos fatos e nos cálculos; é só isso que existe para ele. Aqui encontramos o cientificismo em sua forma mais severa. Ao descobrir que seus filhos participaram de um ensaio no circo que ficava próximo, ele fica consternado. "Eu esperaria encontrar meus filhos lendo poesia", queixa-se para a esposa.[1] Não é de surpreender que sua história de família não termine bem.

Esse é o contexto em que, ao continuarmos nossas reflexões sobre a pessoa "com capacidade de compreender", devemos tentar entender o que é conhecido como "Romantismo". Trata-se de um movimento influente, em grande parte do século 19, que influenciou vários aspectos da cultura, incluindo literatura, arte e música. Os românticos concentravam-se naquilo que *eles* acreditavam ter se perdido na modernidade, enfatizando, em contrapartida à mentalidade científica, o espírito individual, o subjetivo, o irracional, o imaginativo, o espontâneo e o emocional.

[1] Dickens, *Hard Times*, p. 13.

Por exemplo, o artista alemão Caspar David Friedrich (1774–1840) produziu uma das pinturas icônicas do Romantismo, "O andarilho sobre o mar de névoa" (1818). Ele captura a essência do movimento nestas palavras famosas: "O artista não deve apenas pintar o que vê à sua frente, mas também o que vê dentro de si mesmo. Se, entretanto, não vê nada dentro de si mesmo, então também deve se abster de pintar o que vê à sua frente".[2] O homem em pé em "O andarilho" está sozinho no topo de uma das estranhas formações rochosas encontradas na bela Suíça saxônica. Ele está ao ar livre, longe da vida urbana e mecanizada. Não está *analisando* a Natureza, mas sim está *na* Natureza como *parte* dela, hipnotizado pela névoa à sua frente. Está de costas para nós, não para nos excluir da experiência espiritual que está tendo, mas para que possamos compartilhá-la, vendo o mundo através de seus olhos.

Românticos como Friedrich eram céticos quanto à capacidade da razão de entregar muitos resultados humanos importantes, e não a consideravam uma autoridade. O tipo de compreensão do mundo que promoviam não era racional, mas empático. Tinha mais a ver com sentir do que com pensar. Como disse certa vez o autor alemão "protorromântico" Johann Gottfried von Herder (1744–1803), "sentir é a forma de compreender".[3] O poema "As mesas viradas", do inglês William Wordsworth, segue a mesma linha. Seu leitor é incentivado a "deixar os livros" e ir lá para fora, permitindo que "a Natureza [seja] sua professora" enquanto lhe concede "sabedoria espontânea". "Um impulso vindo de uma floresta primaveril", afirma o poeta, "pode lhe ensinar mais sobre o homem, sobre o bem e o mal moral, do que todos os sábios juntos." Só precisamos conter "nosso intelecto intrometido" e promover, em seu lugar, "um coração que observa e recebe".[4]

Este é o hábitat natural da segunda ideia principal que moldou nossa mentalidade contemporânea sobre como adquirimos conhecimento confiável — o Cuco Olhe para Dentro de Si Mesmo. A "autoridade legítima", nesse caso, não é mais a Natureza dissecada pela razão na forma de ciência — o que Wordsworth chama de "assassinato" por dissecção. Agora, trata-se da Natureza apreendida por meio da intuição, da imaginação e da emoção. E não é (nas palavras de Friedrich) apenas a Natureza como ela se apresenta *diante da* pessoa que a contempla, mas também como ela a descobre *dentro*

[2] Van Liere, "On the Brink", p. 264.
[3] Reventlow, "Towards the End of the 'Century of Enlightenment'", p. 1045.
[4] Wordsworth, "The Tables Turned".

de si mesma. Essa ave romântica fez um longo voo para chegar às nossas praias atuais e mudou um pouco de plumagem ao longo do caminho, como veremos — mas ainda é reconhecível pelo que é.

O problema do Romantismo, do ponto de vista cristão, não é que ele nos encoraje a lembrar que somos mais do que apenas "uma mente em um corpo". Essa é uma intervenção apropriada. De fato precisamos lembrar que a beleza é importante, e que é bom sair ao ar livre e aprender com a criação. Estaríamos imensamente empobrecidos, além disso, se nos faltassem todos os múltiplos dons que músicos, autores, artistas e outros românticos nos legaram. Nesses sentidos, o Romantismo não apresenta problema. O problema do Romantismo está, assim como no cientificismo, em extrapolar. O "método" romântico, assim como o científico, possui seu domínio próprio no mundo. Mas o problema de ambos os "métodos", em suas formas (habitualmente) pós-cristãs, é que não respeitam os limites desses domínios.

Na medida em que o Romantismo continua a levar a sério a ideia de manter uma *conexão* entre os mundos "exterior" e "interior", o poema de Wordsworth nos oferece um excelente exemplo da dificuldade envolvida. Wordsworth propõe que passar um tempo em uma floresta na primavera nos ensinará mais sobre nossa natureza humana, e sobre o bem e o mal, do que todas as nossas interações com autores humanos sábios ao longo dos séculos. Mas como a Natureza pode comunicar tais verdades? Já discutimos esse problema geral no capítulo anterior. O que há de novo em Wordsworth é que ele agora retrata a Natureza como uma espécie de divindade pessoal. Mas isso não nos ajuda a resolver nosso problema, especialmente porque ele não se dá ao trabalho de nos explicar por que deveríamos aceitar sua nova religião. Tampouco é útil para ele sugerir que, ao ouvirmos essa suposta deusa, a Natureza, devemos esvaziar nossa mente — que devemos suprimir nosso "intelecto intrometido". Essa mente vazia irá, misteriosamente, se preencher mais uma vez, e como — e quem irá preenchê-la?

Portanto, mesmo quando continua a levar a sério a ideia de manter uma conexão entre os "mundos" exterior e interior, o Romantismo é problemático. Mas, na prática, essa abordagem da realidade muitas vezes *não* continuou a ser levada a sério nesses termos. O resultado é que *tudo* passa a girar em torno do que encontro "dentro de mim". Na cultura contemporânea, é certamente o testemunho subjetivo da pessoa acerca dessa realidade *interior* que carrega o maior peso. Trata-se da declaração pessoal da "natureza" humana que descubro quando olho para dentro de mim mesmo. Observe a evolução das ideias aqui. Não se trata mais de verdades evidentes por si mesmas para muitos ("nós") que se conectam com o *cosmos* de forma intelectual (cap. 36) ou intuitiva. Essas verdades agora são evidentes por si mesmas apenas para a pessoa individual ("eu") que reflete sobre o próprio *eu*.

Nesse cuco romântico evoluído e de cores diferentes, ainda estamos lidando, no entanto, com *sentimentos notadamente religiosos*. Suas cores mais brilhantes e mais chamativas aparecem em sua forma contemporânea mais extrema (embora comum), conhecida como narcisismo: "uma condição mental na qual as pessoas têm uma noção inflada de sua própria importância [e] uma necessidade profunda de atenção e admiração excessivas".[5] É um momento *sagrado* na cultura contemporânea em que os indivíduos, após olharem para dentro de si mesmos, revelam aos outros a verdade sobre sua natureza humana individual. Por isso, questionar hoje em dia o relato subjetivo de uma pessoa sobre "quem ela realmente é" é, em muitos contextos, quase a mesma coisa que uma blasfêmia (isto é, um crime religioso). Em vários países, cidadãos são, na verdade, essencialmente *proibidos* de questionar esse testemunho pessoal por meio de novas leis aprovadas com o objetivo de garantir a liberdade (dessa forma contemporânea) de religião. Há, portanto, uma forte pressão social e, na verdade, legal para se considerar como evidentemente correta a afirmação de que as declarações das pessoas sobre seu "eu natural" são, por si mesmas, evidentemente verdadeiras. E, com tantos de nossos contemporâneos aparentemente tão convencidos de que a introspecção pessoal é o melhor — e talvez o único — caminho para descobrir "quem eu realmente sou", não é de surpreender (mais uma vez) que os cristãos possam facilmente passar a sentir que os apelos às Escrituras sobre esse tema são "ineficazes".

Mais uma vez, no entanto, não devemos nos intimidar. A ineficácia está inteiramente do outro lado. Pois a "natureza humana interior" é simplesmente parte da Natureza em geral, e, como a Natureza em geral, ela não pode nos ajudar a responder a toda uma série de questões importantes sobre nossa condição de ser humano. O que *é* não determina, por si só, o que *deveria* ser. Portanto, quando confrontados com a questão dos desejos "naturais", por exemplo, nossa pergunta cristã deveria ser a mesma de sempre: por que

[5] Mayo Clinic, "Narcissistic Personality Disorder".

deveríamos acreditar que esses desejos nos oferecem um guia confiável para a vida? Pode muito bem ser natural que eu queira fazer todos os tipos de coisas. Mas quais dessas coisas naturais *devo* fazer, e quais *não* devo, e por quê?

Esta é uma distinção importante feita pela maioria dos seres humanos — cristãos ou não — em, pelo menos, algumas áreas da vida. A maioria das pessoas possui fortes convicções sobre quais desejos elas e os outros não deveriam satisfazer — na verdade, sobre quais tipos de ações não são apenas antiéticos, mas também deveriam ser ilegais. Existem, de fato, pessoas dispostas a argumentar, de forma consistente, que o que é *bom* é simplesmente aquilo que um indivíduo sente ser *natural*? Se essas pessoas de fato existem, e se estão decididas a viver de acordo com essa filosofia, tudo o que posso dizer é que o restante de nós faria muito bem em evitá-las. Elas só podem nos fazer mal.

Não importa no que *outras pessoas* acreditem, enfim, é claro que pessoas verdadeiramente cristãs não podem basear a compreensão que *têm* de si mesmas nos resultados de uma investigação introspectiva sobre o que é "natural". Do ponto de vista cristão, o que sentimos ser natural é completamente irrelevante quando se trata de decidir como devemos construir nossa identidade humana e vivê-la diante de Deus. Portanto, quando comunidades cristãs abrem espaço para essa ideia romântica e estranha — quando imitam a cultura ao redor atribuindo o *status* de revelação ao relato subjetivo do próximo sobre "sua verdade" —, elas perderam seriamente o enredo do evangelho. Permitiram que o gigantesco Cuco Olhe para Dentro de Si Mesmo não apenas se instale no ninho cristão, mas ali se desenvolva. E, se ele ficar ali sem ser incomodado, consequências muito negativas inevitavelmente virão a acontecer com a fé e a vida dos legítimos habitantes do ninho, que têm o compromisso de seguir *a* Verdade. Cucos causam danos sérios.

38

O PODER DA ESCOLHA

Hoje lhes dei a escolha entre a vida e a morte,
entre bênçãos e maldições. [...] Escolham a vida.
DEUTERONÔMIO 30.19

Os dois cucos filosóficos modernos, discutidos nos capítulos 36 e 37, falham, de algum modo, em sua tentativa de fundamentar na "Natureza" o conhecimento sobre o que são os seres humanos e como eles devem viver. Precisamente no momento desse fracasso, aparece uma terceira ave importante. Esta não tem nada a dizer sobre como obtemos o conhecimento seguro. É importante, no entanto, reconhecermos sua conexão com as outras duas e o efeito que ela tende a exercer sobre a sociedade.

Este cuco começa com a mesma ideia musical de seus parentes — a de que certamente não podemos depender das Sagradas Escrituras para obter instruções confiáveis em questões como ética ou política. Contudo, sua melodia e a letra que a acompanha, em seguida, tomam outra direção, pois, nesse canto, não podemos depender da Natureza também. O que nos resta é a *escolha*. Devemos abandonar nossa busca por alcançar o conhecimento objetivo e aceitar a necessidade apenas de exercer a escolha e seguir com nossa vida. O Bem é aquilo que os seres humanos *quiserem* que seja. Estamos por conta própria e devemos *construir* nossa própria realidade. Ela não é "dada".

O primeiro hábitat natural dessa ideia foi a Grécia antiga, por volta do século 5 a.C. Lá, mestres itinerantes conhecidos como sofistas — homens como Protágoras e Trasímaco — viajavam ensinando, mediante pagamento, jovens a debater de forma eficaz. Eles acreditavam que não existe uma distinção definitiva entre as coisas como realmente são ("natureza", do grego *phýsis*) e a mera convenção ("lei", do grego *nómos*). A implicação para mestres e alunos de retórica, especificamente, é que não precisamos nos preocupar com uma correspondência entre nossas palavras e alguma realidade externa à qual possam se referir. Então, os sofistas ensinavam a retórica apenas como uma técnica — um conjunto de habilidades que poderia ajudar o orador a alcançar os objetivos que desejasse. O objetivo era simplesmente vencer debates — sem levar em consideração o conhecimento do orador sobre um assunto em particular, a veracidade e, certamente, a virtude. Como afirmou Protágoras (conforme citado em *Theaetetus*, de Platão), "o homem é a medida de todas as coisas" — o homem que deseja, fala e escolhe.

Não existe uma Natureza à qual o ser humano deva prestar contas nessas atividades, embora, como argumentador, ele obviamente funcione como membro de uma sociedade composta por seres humanos que também desejam, falam e escolhem. Desse processo de fato emerge, como expressão da vontade de um grupo em particular, a convenção social — emerge a "lei". Mas não há nada *além* dessa "vontade do povo" — seja quem possa ser esse "povo". Assim, não pode haver apelo a alguma autoridade superior, como uma "justiça" transcendental — porque tal coisa não existe. A vontade do povo é tudo. Como compreendia Trasímaco, nesse cenário, a justiça nada pode ser senão obediência às leis da sociedade, as quais os poderosos fazem existir por um ato de vontade porque *podem*. O poder dita o que é certo. A mesma ideia básica aparece mais tarde no pensamento marxista. Aqui, "lei" é compreendida meramente como um instrumento a serviço daqueles que exercem a ditadura em uma sociedade por meio do controle dos meios de produção. *O Manifesto Comunista* (1848) é explícito nesse ponto, atacando as "noções burguesas de liberdade, cultura, direito" e assim por diante como sendo ideias decorrentes meramente "do regime burguês de produção e de propriedade burguesa, assim como seu direito não passa da vontade de sua classe erigida em lei".[1]

Era precisamente esse foco na técnica da retórica, desvinculada do conhecimento, da verdade e da virtude, que tanto desagradava a Platão (seguindo a linha de Sócrates) nos sofistas. Isso o levou, consequentemente, a uma tentativa de fundamentar novamente essas realidades na transcendência — como veremos no capítulo 41. Esses esforços platônicos foram, mais tarde, sintetizados com a fé cristã que também se baseava na

[1] Veja o texto do Manifesto em <https://www.marxists.org/archive/marx/works/1848/communist-manifesto/>, acessado em 1º de novembro de 2022.

transcendência. A consequência foi uma situação na cristandade em que, por muito tempo, as ideias sofísticas sobre "natureza" e "lei" não conseguiram ganhar muito espaço.

No entanto, elas reaparecem de forma bastante notável no século 16, no pensamento do político italiano Nicolau Maquiavel (1469–1527). Em seu livro *O príncipe* (1513), Maquiavel defende o realismo ou pragmatismo na política. O príncipe deve fazer o que for necessário para assumir o controle de seu destino, deixando de lado ideias filosóficas e teológicas que atrapalham. Maquiavel via a fé cristã, em particular, como algo que dissipa o vigor que esse príncipe precisa ter para ser bem-sucedido. Concentrando-se no modo como as coisas *são* no mundo, e não em como *deveriam ou poderiam* ser, o príncipe deve simplesmente fazer o que for preciso para estabelecer sua posição no mundo.

Ideias sofísticas/maquiavélicas, mais tarde, pairaram sobre uma Europa cada vez mais pós-cristã, pousando aqui e ali até encontrarem um lar definitivo no filósofo alemão Friedrich Nietzsche (1844–1900). Nietzsche proclamou, de forma célebre, em 1882, que Deus estava morto. Em um mundo moldado pelo Iluminismo e pelo pensamento científico, já não havia mais lugar para Deus. E com a morte de Deus veio o colapso de todos os fundamentos metafísicos e teológicos da cultura ocidental. A "verdade" passou a consistir naquilo que agora podíamos claramente perceber como meras "convenções" inventadas para fins práticos. E também já não havia uma moralidade aplicável a todos os seres humanos. Existia apenas uma série de moralidades, no plural, cada uma apropriada a um papel social específico.

Esse colapso dos fundamentos da cultura ocidental era algo bom, afirmava Nietzsche. Pois, na essência de toda a vida, existe uma "vontade de poder", que o cristianismo — com sua promoção da caridade, da humildade e da obediência — havia reprimido por demasiado tempo. Do ponto de vista cristão, essas são virtudes. Mas, na opinião de Nietzsche, eram justamente os sintomas de uma vida em decadência. Assim, o herói de Nietzsche não é Jesus, mas Zaratustra — um sábio enérgico e com domínio próprio que representa o "novo homem" dos tempos pós-cristãos. Nietzsche refere-se a esse novo homem como "super-homem" (em alemão, *übermenschlich*). O super-homem exerce sua própria vontade de poder para se elevar acima das massas. Estas são limitadas pela religião tradicional e por convenções. Já o super-homem *escolhe* livremente, em vez disso, levar uma vida nobre.

A filosofia de Nietzsche, com sua visão muito particular do que significa ser humano, revelou-se extraordinariamente influente, sobretudo no mundo ocidental. Todos os tipos de pessoas que haviam perdido a confiança no "projeto do conhecimento" — e que, portanto, correm o risco de sucumbir ao niilismo que Nietzsche prenunciou como consequência dessa perda — encontraram no "projeto da vontade" uma alternativa atraente. Esse projeto oferece, à sua maneira, determinado tipo de significado e realização. Seus adeptos fizeram as pazes com a ideia de não haver Verdade, mas apenas verdades; de não haver fatos, mas apenas interpretações, e de não haver certo e errado além daquilo que o grupo ou o indivíduo *afirmam* ser certo e errado. O déficit é compensado por meio da afirmação do eu, da realização do eu e da atualização do eu — em muitos aspectos, os "valores" que estão no cerne de nossa agenda cultural contemporânea.

Por exemplo, nossa grande ênfase cultural na santidade da "escolha pessoal" (como descrito nos caps. 23—24, por exemplo) é um testemunho da influência das ideias de Nietzsche. Muitas vezes, essa não é a "escolha em conformidade com os mandamentos de Deus" (cf. Dt 30.19), nem a "escolha em conformidade com a Natureza", nem mesmo a "escolha em conformidade com minha própria natureza *pessoal*". Em vez disso, é o que poderíamos chamar de escolha pessoal *nua e crua*. É para esse lugar que as pessoas costumam ir hoje em dia, quando todos os argumentos sobre o certo e o errado baseados na realidade objetiva falham — ou quando não podem se dar ao trabalho de procurá-los: "bem, a escolha é minha". É também para esse lugar que vamos quando não queremos responsabilizar *alguém* por *seu* comportamento: "bem, é a escolha dele". O fato de que tais afirmações soam, por si mesmas, como verdades evidentes acerca de si mesmas — de que há, na linguagem de Gênesis 2, nudez e ausência de vergonha — tem muito a ver com nossa adesão cultural à filosofia de Nietzsche.

Felizmente, não acredito que a maioria das pessoas seja capaz de olhar sempre para o mundo de forma sofística/nietzschiana por muito tempo. É bem possível que defendam uma abordagem "construcionista" da realidade enquanto jantam com amigos sofisticados. Além disso, podem muito bem até gostar bastante da liberdade que essa filosofia lhes oferece em várias áreas da vida, quando as coisas estão indo bem. Mas, basta que sofram nas mãos de *outra* pessoa que também opere nessa mesma base ética, e, geralmente, a história será bem diferente. A linguagem da realidade objetiva, incluindo o certo e o errado objetivos, de repente reaparecerá com força total. "Isso é mentira!" "O que você fez foi errado!"

É até bom que continuemos a ser chamados de volta à realidade nesses sentidos. Pois, na medida em que as pessoas realmente *seguiram* a linha sofística/nietzschiana, ou permitiram que chegassem ao poder outras pessoas que estão *de fato comprometidas com* essa linha — o mundo só se tornou um lugar muito sombrio. Isso é verdade tanto no caso de regimes marxistas à esquerda quanto de regimes fascistas à direita. A vontade de poder inevitavelmente favorece, no fim das contas, as pessoas com mais poder. E essas pessoas, em geral, estão longe de ser ingênuas quanto às implicações dessa filosofia como a maioria que permanece, em um nível muito mais superficial, voltada à própria autoconstrução pessoal — e que, por meio disso, se distrai do que de fato está acontecendo no mundo. Essa é precisamente uma das razões *por que* o super-homem de Nietzsche é capaz de se elevar acima dos "últimos homens", em primeiro lugar — a grande massa da população, na descrição da realidade feita por Nietzsche, que está cansada da vida, avessa ao risco e viciada em conforto e segurança.

Nós, cristãos, não estamos imunes a ser comprometidos por elementos desse pensamento sofista/nietzschiano. Por exemplo, da próxima vez que alguém em sua comunidade cristã sugerir uma votação entre "partes interessadas" para que "o povo" determine a posição a ser adotada sobre esta ou aquela questão moral urgente, esteja ciente de que um cuco está cantando, e tome medidas firmes para expulsá-lo do ninho. Você reconhecerá o Cuco da Liberdade de Escolha, pelo menos em sua forma especificamente nietzschiana, pelo bigode proeminente e pela expressão sombria e pensativa.

39

BAGUNÇA

Sim, eles conheciam algo sobre Deus,
mas não o adoraram nem lhe agradeceram.
Em vez disso, começaram a inventar ideias tolas e, com isso,
sua mente ficou obscurecida e confusa.
ROMANOS 1.21

Deixando de lado por um instante os infiltrados em nosso próprio ninho cristão, uma das razões pelas quais se torna desafiadora a importante tarefa de identificar os três cucos filosóficos descritos nos capítulos 36—38 é que eles são difíceis de distinguir, mesmo "a distância", no "ninho cultural" contemporâneo. Esse *é* o Cuco Siga a Ciência? Pensei que fosse — mas seu canto agora o faz soar mais como o Cuco Olhe Para Dentro de Si Mesmo. E, ao escutar novamente, a melodia parece muito com a da variação do Cuco da Liberdade de Escolha.

O mundo moderno muitas vezes parece, dessa forma, uma verdadeira "bagunça" — isto é, "um lugar, condição ou situação de grande desordem ou confusão" (*Merriam-Webster*). Caracterizada pelo que Paulo chama de ideia tola, em Romanos 1, a última coisa que a cultura contemporânea oferece é qualquer tipo de consistência na abordagem intelectual de qualquer questão. Pelo contrário, parece que estamos muitas vezes lidando simplesmente com diversas formas de *desejo*, que então escolhem, entre as "autoridades legítimas" disponíveis, aquela que parece funcionar melhor para seus propósitos do momento. Mas, no momento seguinte, escolhem uma autoridade completamente diferente, sem parar para dar qualquer justificativa plausível para fazer isso.

Permita-me ilustrar essa realidade confusa e "bagunçada", descrevendo alguns aspectos da política federal recente em meu país, o Canadá. Minha pergunta é a seguinte: pelo que podemos perceber ao observar o governo do Canadá em ação nos últimos anos, algo é considerado "certo" em meu país por estar em harmonia com a Natureza, por corresponder a intuições pessoais ou por expressar a vontade individual ou coletiva?

A resposta é: "Tudo depende". Durante a crise da COVID-19, entre 2019 e 2022, por exemplo, o mantra repetido com frequência pelo governo quando estava justificando suas recomendações e exigências era que as autoridades estavam apenas "seguindo a ciência". É claro que jamais *poderia* ser tão simples assim, pelas razões examinadas no capítulo 36. A ciência pode nos dizer muito sobre a "Natureza", incluindo como funciona um coronavírus. Mas, mesmo quando não há conflitos sérios entre os cientistas quanto aos dados científicos — o que, em se tratando da COVID-19, não foi o caso —, as decisões éticas e políticas que são tomadas a partir desse conhecimento científico nunca decorrem desse conhecimento "de forma evidente por si só". E é desonesto sugerir que decorrem.

No entanto, reconheçamos que o governo canadense declarou de forma clara, nesse caso, à qual "autoridade" estava recorrendo. Mas, se ele realmente acredita que "seguir a ciência" é um princípio tão importante, poderíamos razoavelmente esperar encontrar esse mesmo princípio, fundamentalmente, moldando também a abordagem do governo em relação à legislação em outras áreas da vida canadense. Tais expectativas razoáveis logo são contrariadas. Considere a legislação aprovada no início de 2022 sobre a chamada "terapia de conversão". Essa legislação (o projeto de lei conhecido como "Bill C-4") criminalizou, entre outras atividades, qualquer tentativa de "mudar a identidade de gênero de uma pessoa para cisgênero". A palavra "cisgênero" refere-se a uma identidade de gênero que corresponde ao sexo atribuído no nascimento. A crença implícita aqui é a de que *existe*, objetivamente falando, tal coisa de uma identidade de gênero que *não* corresponde ao sexo atribuído no nascimento. Mas essa conclusão foi obtida "seguindo a ciência"? Não foi. Não há um pingo de evidência científica que sustente essa afirmação. Cientistas renomados estavam, de fato, entre os muitos profissionais que, na fase de discussão pelo comitê da Bill C-4, instaram o governo a não prosseguir com a legislação em sua forma atual. A ciência real relacionada à disforia de gênero foi claramente apresentada nesse contexto — e o governo a ignorou.[1]

[1] Para um site dedicado a manter a verdadeira ciência em evidência pública, veja *Reality's Last Stand*, que é administrado pelo biólogo evolutivo Colin Wright e publica "notícias,

As "intuições pessoais" de alguns canadenses foram consideradas mais importantes. Essa foi a "autoridade legítima" que o "desejo" escolheu com relação ao novo crime da terapia de conversão — uma transgressão definida de forma tão ampla na legislação a ponto de poder criminalizar todos os tipos de cidadãos canadenses que simplesmente estão cuidando da própria vida.

Então, "siga a ciência", quando isso lhe for conveniente — mas pare de segui-la quando ela ficar em seu caminho, e prefira, em vez disso, a "intuição" daqueles com quem você se identifica, mesmo que a ciência sugira que, para a maioria das pessoas, tais sentimentos são temporários.[2] E então, em terceiro lugar, apele, quando necessário, à "liberdade de escolha" — mas apenas de forma seletiva. Por exemplo, em 2021, o governo canadense aprovou uma nova legislação relativa à morte assistida por médico. Ao apresentar esse "serviço" ao público, o governo assegurou aos cidadãos canadenses que "tinha o compromisso de assegurar que nossas leis [...] apoiem *a autonomia e a liberdade de escolha* [dos canadenses]" [itálicos meus].[3] Mas *de quem* são essa autonomia e essa liberdade de escolha? Em 2022, uma parlamentar, preocupada com as amplas implicações da nova legislação, apresentou um projeto de lei que também dizia respeito à autonomia e à liberdade de escolha. O projeto tinha por objetivo proteger legalmente os profissionais da saúde de terem de participar, direta ou indiretamente, da morte assistida. A intenção da parlamentar era garantir que os "direitos de consciência" desses profissionais fossem respeitados. Esse projeto foi rejeitado no Parlamento — porque o atual governo federal está interessado apenas em proteger a autonomia e a liberdade de escolha de alguns canadenses, e não de outros. E isso a despeito de a Carta Canadense de Direitos e Liberdades mencionar explicitamente a liberdade de consciência como uma das "liberdades fundamentais" do cidadão.

O atual governo canadense tem se mostrado notavelmente displicente em relação a outras liberdades previstas na Carta também. Por exemplo, a Carta garante aos cidadãos canadenses a liberdade de "entrar, permanecer e deixar o Canadá". No entanto, na história recente, isso só se aplicou na prática àqueles que aceitaram a interpretação do governo sobre o que "seguir a ciência" no caso da COVID-19 implica. Da mesma forma, é só quando

artigos e outros conteúdos semanais sobre ideologia de gênero e a ciência das diferenças sexuais" (<https://www.realityslaststand.com/>).

[2] Dixon, "Going through a 'Phase'".

[3] Governo do Canadá, "Canada's New Medical Assistance in Dying (MAID) Law".

aprova as causas defendidas pelos canadenses no exercício da liberdade de "reunião pacífica" que o governo expressa entusiasmo por essa liberdade e, por fim, a mantém. Por exemplo, antes mesmo de muitos canadenses comuns envolvidos no Comboio pela Liberdade* em 2022, chegarem à capital do Canadá, o primeiro-ministro Justin Trudeau desdenhou deles:

> A pequena minoria marginal dos que estão a caminho de Ottawa, e que defendem opiniões inaceitáveis, não representa as opiniões dos canadenses que estão apoiando uns aos outros, que sabem que seguir a ciência e se esforçar para proteger uns aos outros é a melhor forma de garantir nossos direitos, nossas liberdades, nossos valores como país.[4]

Em outras palavras, os verdadeiros canadenses não têm opiniões assim e não expressam sua liberdade de escolha dessa maneira. Ao que parece, o primeiro-ministro parece saber quem é realmente "seu povo"; ele encarna as crenças e valores desse povo; e, por fim, fala em nome desses canadenses e expressa a "vontade" deles como se fosse a sua — com todos os atos de poder que se seguem. Esse tipo de apelo a uma "vontade do povo" na teoria, o que inevitavelmente se sobrepõe às vontades de indivíduos reais ou grupos de cidadãos de carne e osso, é comum na política contemporânea, e não apenas no Canadá. Muitas vezes, esse apelo é ainda mais explícito do que no caso específico que descrevi. A razão é esta: se a vontade do povo puder ser, de alguma forma, estabelecida como favorável a uma política proposta — e a indústria das pesquisas de opinião surgiu no Ocidente como uma grande aliada nesse sentido —, então é óbvio (não é?) que essa política é "certa". Pois "o certo" *é* uma questão de vontade (certo?).

Extraí meu exemplo do cenário político canadense, mas minha intenção é evocar uma realidade mais ampla da sociedade. Há pouquíssima consistência ou coerência no modo como a sociedade contemporânea aborda

* O Comboio pela Liberdade foi uma série de protestos realizados por caminhoneiros e seus apoiadores no Canadá cuja motivação foi a exigência do governo canadense de que caminhoneiros que cruzassem a fronteira estivessem vacinados contra a covid-19, sob risco de quarentena ao retorno — o que gerou insatisfação entre aqueles que viam tal medida como uma violação da liberdade individual. O protesto logo se transformou em um movimento mais amplo contra as restrições e mandatos relacionados à pandemia, incluindo passaportes vacinais, *lockdowns* e outras medidas sanitárias impostas por autoridades federais e provinciais. [N. do T.]

[4] Lilley, "Intolerant Trudeau".

questões de verdade e falsidade, certo e errado — a questão do "Bem". Há apenas desordem e confusão no ninho social. Então, é extremamente importante que os cristãos se tornem cada vez mais habilidosos em distinguir entre os três cucos que discutimos e em discernir o que eles estão tramando em um determinado momento. Tudo isso faz parte de uma postura proativa para impedir sua migração e intrusão, sob qualquer disfarce, em nosso próprio ninho cristão.

E precisamos ensinar nossos filhos a ser tornarem habilidosos da mesma maneira. Precisamos ensiná-los, como uma habilidade básica para a vida, a ter o pensamento crítico. Eles entendem até que ponto devem "seguir a ciência" quando ela alega ser fidedigna sobre a identidade humana deles, e conseguem perceber quando há exagero? Compreendem como é inútil — e, de fato, perigoso para a própria saúde — consultar suas "intuições pessoais" em questões de identidade? Entendem por que não devem absolutamente escolher a alternativa nietzschiana construcionista, compreendendo toda a escuridão que há nesse caminho de vida? Em linhas gerais, nossos filhos conseguem enxergar com clareza como nenhum desses três cucos pode entregar o que cada um alega oferecer em seu canto? Percebem que nenhum deles oferece uma alternativa viável à revelação bíblica como base para a autocompreensão humana?

Se puderem compreender tudo isso, então nossos filhos estarão muito mais aptos a resistir a esses cantos sedutores dos cucos. Pois resistirão, então, *não* apenas porque ouviram o conselho dos mais velhos de que a fé cristã *exige* resistência, mas também porque poderão perceber por si mesmos que essa é *a atitude racional e correta a se tomar*. Compreenderão que resistir é o melhor para eles, e que seria tolice não fazer isso. Afinal, nenhuma pessoa sensata se juntaria ao canto desses cucos.

Quando os jovens, munidos dessas ferramentas básicas, começam a "entender" — realmente compreender por que não precisam "ceder aos cucos" que cantam sobre sua identidade humana todos os dias —, isso pode ser transformador. Lembro-me de um adolescente em uma de minhas apresentações, a quem foi pedido que relatasse a coisa mais importante que havia aprendido ali. "Aprendi que, não importa o que alguém diga, eu não preciso olhar para dentro de mim mesmo para descobrir quem eu sou", respondeu. "Isso é um grande alívio."

40

A ILUSÃO DE DEUS

Agora, vivemos em comunhão com o Deus verdadeiro,
porque vivemos em comunhão com seu Filho, Jesus Cristo.
Ele é o Deus verdadeiro e é a vida eterna.
Filhinhos, afastem-se dos ídolos.

1JOÃO 5.20-21

Nos próximos capítulos, passaremos dos "corpos estranhos" que influenciam nosso pensamento cristão sobre o conhecimento confiável àqueles que buscam se infiltrar em nosso ninho cristão com outros objetivos. Começamos no presente capítulo discutindo mais a fundo o tema de Deus, dando continuidade especialmente aos capítulos 14 e 21. Pois, por mais surpreendente que possa parecer à primeira vista, "Deus" pode ser um cuco em nosso ninho. Ou, para ser mais preciso, *um deus* pode ser um cuco em nosso ninho. Quero dizer que o "deus" que adoramos pode, após uma investigação fundamental, não ser o Deus vivo, revelado nas Escrituras, que se encarnou em Jesus Cristo. Nossa ideia prática de Deus pode vir de "outro lugar".

Afinal, as pessoas querem dizer uma porção de coisas diferentes quando dizem que acreditam em "Deus". Esse é um dos problemas com as pesquisas de opinião que simplesmente perguntam: "Você acredita em Deus?". Não é de surpreender que, quando perguntado, um grande número de pessoas, em um país perfeitamente cristianizado como os Estados Unidos (por exemplo), concordará que acredita em Deus. Mas o que isso significa? Uma pesquisa publicada em 2006 pela Universidade Baylor tentou descobrir isso, investigando mais a fundo o *tipo de Deus* em que as pessoas acreditavam. Descobriu-se que cerca de 41% da população dos Estados Unidos, na época, acreditava em um deus que é significativamente *diferente* do Deus revelado em Cristo e nas Sagradas Escrituras. Já havia um cuco no ninho declaradamente cristão. E ele ainda está entre nós.

Seu hábitat natural encontra-se, antes de tudo, na Grécia Antiga, entre os seguidores de um filósofo chamado Epicuro (341–270 a.C.). Epicuro herdou um antigo pensamento filosófico de caráter "revolucionário" na Grécia que rejeitava o tipo de visão dos deuses gregos apresentado por escritores como Homero e Hesíodo. Os epicuristas sustentavam que *existem* deuses, mas que eles não se interessam por nós. Eles não "agem" em nosso mundo. Para os epicuristas, isso era uma boa notícia, pois significava que os seres humanos, como os deuses, podiam simplesmente continuar com a busca da felicidade, livres das preocupações e necessidades do mundo e sem nada a temer por parte dos deuses, nem no presente, nem no futuro. Os próprios deuses, diziam eles, nos mostram que devemos levar uma vida desapegada do mundo, em busca da "tranquilidade" (do grego *átaraxia*).

Em nosso mundo moderno, normalmente admitimos essa maneira geral de pensar sobre uma "divindade distante" por meio do deísmo. O deísmo foi um sistema religioso desenvolvido no Iluminismo com o objetivo de conformar a fé cristã à visão emergente e totalmente racionalista daquela época. O deísmo manteve aspectos do ensinamento cristão tradicional que eram considerados compatíveis com a nova perspectiva, enquanto rejeitava outros. Por exemplo, no deísmo há uma divindade suprema que deve ser adorada, e as pessoas devem se arrepender de seus pecados, acreditando que há recompensa e punição tanto nesta vida quanto no além. Assim, obviamente, essa filosofia iluminista é, em vários aspectos, *diferente* do epicurismo pré-cristão. No entanto, a ideia central de Epicuro sobre a divindade como "distante" é certamente também uma ideia central no deísmo. O deus do deísmo é uma inteligência suprema que possui um plano geral para a criação — mas ele não "interfere" no complexo mecanismo, semelhante a um relógio, que criou, com todas as suas leis naturais. Como causa transcendente do universo, Deus "dá corda" a ele no início, mas depois o deixa de lado para que funcione sozinho.

Esse é o deus em quem todos aqueles estadunidenses cristianizados mencionados antes realmente acreditavam — um deus que é distante, de outro mundo e indiferente aos assuntos da humanidade. Um rótulo popular atualmente atribuído a esse tipo de pensamento é "Deísmo Moralista Terapêutico" (DMT). O autor de um estudo mais recente sobre o DMT (2021) sugere que a popularidade desse pensamento está no fato de que ele "exige pouco de seus seguidores, enquanto oferece o conforto, a conveniência e a sensação de comunidade que eles desejam".[1] Pois o deus distante exige apenas que sejamos felizes, que nos sintamos bem com nós mesmos e, em um sentido geral, que "sejamos bons" uns com os outros — nesse caso, teremos permissão para entrar no céu. Uma das estatísticas mais importantes dessa pesquisa, para nossos fins, é a seguinte: 74% dos que adotam o DMT se consideram cristãos. Fazem isso ainda que os pontos em comum entre o DMT e a fé cristã autêntica sejam muito limitados. Em particular, um dado impressionante: 91% das pessoas ligadas ao DMT não acreditam que são pecadoras nem que precisam de salvação por meio de Cristo. Assim, pessoas ligadas ao DMT dizem acreditar em "Deus" — mas, na verdade, estão adorando um ídolo.

Essa não é a única espécie de "Cuco-Deus" que existe. Deixe-me mencionar mais uma apenas como ilustração. Nessa segunda forma de pensar, a divindade não está distante, mas próxima. No entanto, trata-se de uma proximidade "impessoal". "Deus" é um tipo de "força" no cosmos que está ao nosso *redor* e também *dentro* de nós, de modo que, no final das contas, não há distinção entre nós mesmos e esse "deus". Essa também é uma ideia que já vinha sendo explorada na Grécia antiga. Está associada a um homem chamado Zenão (335–265 a.C.) e ao movimento que ele fundou: o estoicismo. Os estoicos acreditavam que o universo é um todo único e ordenado, governado por um poder cósmico supremo chamado *Logos* — a "Razão Divina". Essa Razão Divina é o princípio que organiza, integra e energiza todo o universo. Toda alma humana, segundo os estoicos, é um fragmento da Razão Divina que habita seu corpo. A natureza essencial do ser humano é, portanto, raciocinar e, assim, viver em harmonia com a própria natureza e com a natureza do cosmos. Como era de esperar, a salvação, para os estoicos, consiste em se afastar do irracional — de todas as paixões e emoções — e chegar a um estado de indiferença em relação a coisas como prazer e dor, riqueza e pobreza, sorte e infortúnio.

O estoicismo é uma filosofia ocidental com conexões muito claras com todos os tipos de filosofia oriental, cujas várias formas também oferecem "hábitats naturais" para esse tipo de cuco. Seu canto pode ser ouvido no ninho cristão toda vez que Deus é concebido e adorado não como uma Trindade de pessoas, mas (por exemplo) como um grande Oceano do Ser

[1] Universidade Cristã do Arizona, "Counterfeit Christianity".

destinado a absorver todas as gotas d'água espalhadas que são os "seres" humanos. Esse canto do cuco também está presente, talvez sem ser percebido, onde quer que se pratique a "meditação", em suas formas religiosas orientais, dentro de círculos cristãos, em substituição à oração cristã ou ao lado dela. Pessoas que dizem e fazem tais coisas podem afirmar que estão adorando a Deus, mas, na verdade, estão adorando um ídolo.

Talvez você ache estranho que meu foco esteja na teologia — na natureza de Deus — neste ponto de um livro sobre a condição de ser humano. No entanto, tenho um bom motivo para isso. Teologia e antropologia, em todos os sistemas de pensamento, estão intimamente relacionadas. O que pensamos *ser* a divindade, e como acreditamos que ela *funciona*, determina quem pensamos que *nós* somos e como *nós* devemos nos comportar. Isso já ficou claro na discussão anterior, mas eu gostaria de desenvolver um pouco mais essa ideia agora.

Primeiro, se seu Deus não é o Deus Trino, mas sim um deus "distante", ao estilo epicurista, há um "valor prático" (por assim dizer) nessa crença. Ela inevitavelmente influencia a forma como você vê a si mesmo, seu próximo e toda a sua existência. Você inevitavelmente se verá como um ser autônomo, sem necessidade de prestar contas a uma autoridade superior, e entenderá que seu objetivo de vida é a busca pessoal da felicidade. Para garantir a presença da "tranquilidade" pessoal, você deliberadamente se afastará de todas as pessoas e de tudo no mundo que perturbem sua serenidade. Você levará uma vida fundamentalmente voltada para seus próprios interesses, cujo objetivo é garantir "liberdade do medo e da ansiedade".[2] O próprio Epicuro aceitava apenas as virtudes "necessárias para levar uma vida sem perturbações".[3] Até mesmo a amizade era importante para ele principalmente pela segurança que *lhe* oferecia. Estamos bem distantes aqui do amor bíblico ao próximo que flui do caráter do Deus Trino e vivo. E a forma cristianizada desse tipo de pensamento (o DMT) não representa uma grande melhoria em relação ao seu predecessor antigo. Nesse sistema cristianizado de pensamento, há, reconhecidamente, pelo menos, algum nível de responsabilidade diante de uma autoridade superior, no sentido de que é preciso ser "bom" para entrar no "céu". No entanto, a ética ainda é, fundamentalmente, centrada no próprio eu.

[2] O'Keefe, *Epicureanism*, p. 117.
[3] O'Keefe, *Epicureanism*, p. 130.

Segundo, se seu Deus não é o Deus Trino, mas uma divindade estoica, também há um "valor prático" nessa crença. Os estoicos sustentavam que a razão impassível deveria ser o princípio orientador que todos deveríamos adotar em nossos relacionamentos — seja com a Razão Divina, com outros seres humanos ou, de fato, com outras criaturas. Por isso, consideravam coisas como piedade, tristeza e dor como deformações da alma. Trata-se de uma perspectiva completamente diferente daquela da fé bíblica. Além disso, enquanto os que creem no Deus Trino e vivo — por causa de sua crença de que o ser humano porta a imagem divina — normalmente encaram com horror práticas como o aborto e o infanticídio, os estoicos não viam problema algum em endossar ambas como "razoáveis". Uma visão diferente da divindade leva a uma visão muito diferente da vida humana.

Por isso, realmente importa saber se temos Cucos-Deus em nosso ninho cristão. Eles são difíceis de identificar, no entanto, quando já estão vivendo ali há algum tempo. Parecem membros da família. Talvez a melhor maneira de desmascará-los seja prestar atenção à forma como estamos vivendo. O que nossa vida revela sobre a natureza do deus que estamos de fato adorando?

41

A MATÉRIA NÃO IMPORTA

Então Deus olhou para tudo que havia feito
e viu que era muito bom.

GÊNESIS 1.31

Neste capítulo, tiraremos nossa atenção dos cucos que cantam sobre Deus e começaremos a considerar aqueles cuja melodia diz respeito à criação.[1] Ao fazermos isso, retomaremos primeiro os sofistas gregos discutidos no capítulo 38. Você deve se lembrar de que eles já *debatiam*, no século 5 a.C., a existência de uma base transcendental para as convenções ou leis da sociedade. Agora, precisamos nos familiarizar de forma mais aprofundada com seu principal crítico, e o precursor tanto de Epicuro quanto de Zenão. Trata-se do filósofo grego Platão, que seguiu outros filósofos pré-socráticos na busca por *estabelecer* a existência de uma base transcendental para as convenções ou leis da sociedade.

Platão acreditava em um mundo eterno e imutável povoado por "Formas". Essas são os originais perfeitos das várias realidades imperfeitas no mundo visível. Por exemplo, em nosso mundo vemos muitos tipos diferentes de cachorro. Todos eles são representações da Forma divina perfeita do Cachorro. Essa e outras Formas podem ser conceitualizadas em nossa mente, mas não podemos percebê-las pelos nossos sentidos (como visão e olfato); por exemplo, qualquer tentativa de "ver" a Forma do Cachorro falharia, porque nossos sentidos são incapazes de acessar as Formas. A contemplação (*pensamento*) racional é nosso único meio de ganhar acesso às Formas, sendo a mais importante delas a "Forma do Bem". Essa é a causa

[1] Sobre o conteúdo deste capítulo, veja mais em meu livro *Seriously Dangerous Religion*, que discute do começo ao fim várias alternativas não bíblicas para se pensar sobre corpo e alma, e sobre outras questões antropológicas.

final de todas as outras Formas e da possibilidade de serem conhecidas por nós. A Forma do Bem é a realidade fundamental — a ideia mais sublime do que é bom, belo e verdadeiro.

Como chegamos a essa situação? Segundo Platão, nosso mundo "sensível" (o mundo acessível aos nossos sentidos) passou a existir quando um "artesão" começou a trabalhar. Usando os planos de construção representados pelas Formas, ele criou o mundo material. Este é o melhor mundo que ele pôde criar. Mas certamente não é perfeito, porque a matéria resistiu às tentativas do "artesão" de trazer a perfeita ordem a ela. Sendo recalcitrante ou teimosa, ela não "cooperou".

O que é o ser humano, especificamente, no pensamento de Platão? É uma criatura feita por deuses inferiores aos quais o artesão delegou essa tarefa. Houve um tempo em que todas as almas humanas viviam como eternas entidades divinas no mundo das Formas. Então, os deuses tomaram cada uma dessas almas preexistentes e a colocaram em um corpo físico. Quais são as implicações dessa ação? Bem, a fusão da alma com o corpo criou um problema para a alma. A alma agora é como um homem sentado em uma caverna ao lado de um fogo, olhando para a parede da caverna. Ele só pode contemplar a realidade fora da caverna ao observar as sombras projetadas pelo fogo na parede. Ou seja, oprimida pela corporeidade no mundo das sombras que vemos, tocamos e cheiramos (a caverna), a alma humana tem apenas uma lembrança vaga de seu verdadeiro lar (o mundo das Formas). Lembramo-nos vagamente desse "mundo real" toda vez que vemos algo no mundo das sombras que nos remete a ele — por exemplo, um gato nos faz lembrar da Forma do Gato —, mas é só isso. Para Platão, a filosofia tem tudo a ver com nossa tentativa de transcender, por meio do pensamento puro, das *opiniões* sobre a aparência das coisas (neste presente mundo de sombras) para o *conhecimento* da própria realidade (que está fora da caverna). A filosofia é o caminho pelo qual a alma encontra a iluminação, recuperando sua compreensão da verdadeira natureza das coisas. Se seguirmos esse caminho até o fim, nossa alma, finalmente, escapará de sua prisão corpórea. No pensamento de Platão, isso acontecerá ao final de uma longa série de reencarnações.

Este é o "hábitat natural" da ideia central que mencionei e rejeitei nos capítulos 8 e 9 — a ideia de que os seres humanos são, em essência, almas eternas e imortais que, no momento, residem em corpos. É daqui que vem, por fim, a ideia de que os seres humanos possuem uma "parte" transcendental — no momento, presa em uma ilha de pele e ossos — que sobrevive à nossa morte física e voa para o céu (esperançosamente) para estar com Deus. Platão foi, em muitos aspectos, um interlocutor natural para os cristãos primitivos, fundamentalmente porque ele acreditava — ao contrário de outros gregos — em uma realidade divina objetivamente existente, separada em sua essência ("ontologicamente" distinta) da nossa. Portanto, ele foi útil para os primeiros apologistas cristãos, enquanto tentavam explicar a fé cristã para seus semelhantes pagãos. Sem dúvida, quando a fé constrói uma ponte para a cultura dessa maneira, o tráfego segue em ambas as direções — e sempre há o perigo de que ideias que distorcem nosso pensamento cristão atravessem essa ponte. Isso certamente aconteceu no caso da compreensão platônica da alma. Quase sempre despercebido no ninho cristão e disfarçado de pássaro cristão, o Cuco Platônico muitas vezes deforma seriamente nossa antropologia cristã.

O escritor cristão do século 3, Orígenes, por exemplo, certamente pôde discordar de Platão. Contudo, considere o seguinte: ele acreditava que a primeira criação de Deus consistia em mentes descorporificadas que se tornavam almas, destinadas à contemplação eterna do divino. O cansaço dessa tarefa levou-as, então, à "queda" e à sua subsequente encarnação. A alma salva deve agora ascender gradualmente, mais uma vez, a um estado de mente pura — uma ascensão a Deus. Em outras palavras, Orígenes tinha uma compreensão profundamente platônica da jornada humana. Inevitavelmente, portanto, embora Orígenes afirme aqui e ali em seus textos a doutrina da ressurreição do corpo, ele não parece querer dizer com isso o que os apóstolos querem dizer. Pois a doutrina apostólica sobre essa questão é, em última análise, incompatível com o cristianismo platônico, no qual não *pode* haver um lugar verdadeiro e duradouro para o corpo ressurreto, como o descreve a doutrina apostólica. Por que você precisaria de um?

Uma versão anterior e ainda mais problemática desse tipo de síntese de cristianismo/platonismo foi a série de visões conhecidas pelos estudiosos modernos como gnosticismo. Aqui também o reino espiritual era separado do reino material, e a alma, que era boa, era separada o máximo possível do corpo. Mas, nos sistemas gnósticos, a matéria era compreendida como resolutamente má (e não apenas recalcitrante, como em Platão). Na verdade, os gnósticos consideravam que todo o mundo material havia surgido de um erro da parte do artesão. Nesse repertório de filosofias, o artesão havia evoluído para uma divindade que estava, na cadeia do ser, mais abaixo do que o Deus absoluto e transcendente — o "Deus Desconhecido" — que não aprovava de forma alguma o projeto da criação. Os gnósticos, em geral, acreditavam que esse Deus desaprovador era o Deus de amor e de misericórdia revelado no Novo Testamento, enquanto o artesão era o deus inferior, irado e violento do Antigo Testamento. Naturalmente, não há queda após a criação nessa ideologia. A criação em si é a queda — uma queda da pureza espiritual e em direção à realidade material. As visões gnósticas de salvação são, consequentemente, muito diferentes daquela ensinada pelos apóstolos. A salvação gnóstica normalmente consiste na fuga da alma imortal do mundo material e em seu retorno ao reino espiritual do Deus supremo. O mecanismo de fuga é o "conhecimento" (em grego *gnōsis*), ou iluminação. A salvação tem a ver com libertar o espírito da prisão da matéria. Vale salientar que esse ambiente gnóstico gerou não apenas uma evolução particular do Cuco Platônico, mas também outros cucos que têm perturbado o ninho cristão desde aqueles tempos. Por exemplo, considere a insistência quase cristã muito comum, em diferentes momentos da história, de que o Deus do Antigo Testamento é muito diferente do Deus do Novo Testamento — junto com a ideia de que o NT é propriamente a Escritura cristã, enquanto o AT não é.

Embora expressassem a ideia de maneiras diferentes, os epicuristas e os estoicos concordavam com Platão (e com os gnósticos) que a matéria, por fim, não importava. Em particular, também não previam um lugar para o corpo em nenhum tipo de vida após a morte. E é por isso que, quando o apóstolo Paulo tentava, em Atenas, comunicar sua mensagem sobre Jesus e a ressurreição, os ouvintes reunidos (incluindo filósofos epicuristas e estoicos) não conseguiam compreender sobre o que ele estava falando (At 17.16-34). Não é de admirar que, mesmo depois de Paulo ter esclarecido o que estava dizendo, "alguns riram com desprezo" (At 17.32). Na verdade, é surpreendente que mais deles *não* tenham zombado, considerando a forma como concebiam o mundo.

Ao longo deste livro, já abordei diversos tipos de problemas que surgem no pensamento e na vivência cristã quando o Cuco Platônico — especialmente em sua evolução gnóstica — não é identificado no ninho cristão e expulso. Quando a matéria fundamentalmente importa, isso leva a uma abordagem muito diferente de *toda a existência humana* em comparação com a visão de que a matéria fundamentalmente não importa. Eu gostaria de encerrar este capítulo chamando sua atenção para um perigo em particular no sentido de não agir de forma decisiva nessa área. Para isso, trocarei temporariamente minha metáfora do "ninho" pela da "ponte" que usei antes. Aqui está minha observação: quando consegue atravessar a ponte doutrinária e "criar raízes" firmes do nosso lado, a ideia platônica/gnóstica da alma cria uma cabeça-de-ponte que facilita a travessia de outras ideias semelhantes logo em seguida. Pois, uma vez que a primeira ideia equivocada se estabelece em nossa comunidade, essas outras ideias já não nos parecem tão estranhas — ou mesmo absurdas — como pareceriam de outra forma.

Assim, por um lado, torna-se mais fácil para as pessoas com inclinações gnósticas em comunidades cristãs aceitarem ideias religiosas orientais. Considere, por exemplo, o hinduísmo, no qual o corpo também é visto apenas como a casca dentro da qual a alma reside durante sua jornada rumo à salvação. Aqui, também, a salvação é concebida como uma fuga do mundo material. Com toda honestidade, uma religião como essa vê o mundo em termos *radicalmente* diferentes da fé de fato cristã. Mas, para alguém que já bebeu profundamente das fontes da síntese cristã platônico-gnóstica, as ideias orientais podem parecer estranhamente familiares. É assim que as pessoas chegam à conclusão fatal e completamente equivocada de que "todas as religiões são, em essência, iguais" e começam a adotar práticas espirituais orientais junto com as — ou no lugar das — cristãs (cap. 33).

Mas, do lado ocidental da equação, considere, por fim, como a crença já profundamente enraizada — herdada de Platão — de que "meu eu verdadeiro existe dentro do meu corpo" torna muito mais fácil do que seria de outra forma aceitar o tipo de romantismo (na verdade, o individualismo narcisista) que discutimos no capítulo 37. O primeiro cuco foi deixado ali, sem ser perturbado, e agora dá boas-vindas aos seus amigos.

42

ARTE

Levantarei minha mão contra os filisteus.

Ezequiel 25.16

Estabelecemos em capítulos anteriores que os seres humanos, uma vez que são "como Deus", são criaturas belas e capazes de apreciar a beleza, e que um dos aspectos da adoração que surge em resposta à beleza é a criação de arte.[1] Encontramos arte *literária* na poesia dos salmos e no Cântico dos Cânticos, por exemplo, e lemos sobre arte *arquitetônica* e outras formas artísticas na construção e decoração do tabernáculo. E toda vez — e onde quer — que os cristãos não tenham sido completamente seduzidos pelo cuco no ninho que menospreza a matéria em relação à alma — proclamando um evangelho gnóstico em vez de ortodoxo —, eles também produziram arte de todos os tipos. Faz parte de nossa vocação humana não apenas *responder* à beleza da criação de Deus, mas também *criar* objetos belos em *imitação* de nosso Criador — livros, músicas, construções e tudo o mais.

Agostinho de Hipona foi um dos mais influentes dentre os primeiros teólogos no sentido de formar as compreensões cristãs sobre a arte ao longo dos muitos séculos que antecederam o surgimento da modernidade. Ele acreditava que a verdadeira arte é de fato ciência, justamente porque está fundamentada na realidade da criação de Deus. Por exemplo, os princípios de uma boa modulação musical e de sua apreciação são os mesmos princípios matemáticos empregados por Deus ao trazer ordem ao caos, em primeiro lugar. As notas de uma escala musical são separadas por proporções matemáticas (2:1 é uma oitava, 3:2 é uma quinta e assim por diante), e os sons

[1] Sobre o conteúdo deste capítulo, veja mais em meu livro *Reformation and the Right Reading of Scripture*, p. 517-547, que dialoga com o "construcionismo" pós-moderno na literatura.

que seguem essas proporções criam harmonias belas que ecoam a harmonia cósmica e suprema. Mas isso também se aplica às artes visuais. As proporções matemáticas definidas por divisões em uma corda musical também aparecem como proporções entre diferentes partes de uma linha em uma página ou uma construção. Assim, a música e a arquitetura, por exemplo, são irmãs: a primeira ecoa a harmonia eterna pelo som, e a segunda a espelha visualmente. A beleza não pode emergir em nenhum desses domínios a menos que as regras matemáticas sejam seguidas, consciente ou inconscientemente.[2]

A perspectiva de Agostinho moldou profundamente o mundo medieval, sobretudo na construção das grandes catedrais, como a de Chartres, a partir do século 12. Nelas, as proporções musicais empregadas pelo grande Compositor (Deus) ao compor sua sinfonia cósmica são exatamente as mesmas utilizadas pelos arquitetos medievais na construção de suas igrejas.[3] A igreja ideal, pensavam naturalmente os cristãos medievais, deveria ser construída de acordo com as leis do universo. Essa mesma convicção — de que a beleza está ancorada de forma objetiva na realidade metafísica e física dada — continuou necessariamente a marcar todas as abordagens autenticamente cristãs da arte desde aquele tempo também. Isso se manteve verdadeiro mesmo quando os artistas deixaram de adotar a forma particularmente platônica — e, em certos aspectos, restritiva — de Agostinho de pensar sobre a arte.

Por exemplo, a harmonia moderna deve muito a Johann Sebastian Bach (1685–1750). Bach foi um inovador nesse aspecto e em muitos outros, mas, ainda assim, era alguém que acreditava piamente que "a intenção e o objetivo final de toda música deveriam ser nada menos que a glória de Deus e o refrigério da alma".[4] Ao longo dos séculos, muitos ouvintes e intérpretes de sua música, fossem "religiosos" ou não, comentaram sobre como sua música os eleva "até o céu", por assim dizer. Isso inclui muitos compositores talentosos que compreendem mais que a maioria das pessoas o que é necessário para compor uma música extraordinária. Ludwig van Beethoven

[2] Um livro relativamente recente e de leitura agradável que explora mais a fundo a conexão entre matemática e beleza é Livio, *Golden Ratio*. O autor é o astrofísico que lidera a divisão de ciência no Instituto de Ciência do Telescópio Espacial Hubble, nos Estados Unidos.

[3] Van Simson, *Gothic Cathedrals*, p. 20-39.

[4] Esta é uma frase muito citada e, ao que parece, chegou até nós por meio da biografia escrita por Johann Nikolaus Forkel, *On Johann Sebastian Bach's Life, Genius and Works* (1802). As fontes de Forkel foram o obituário de Bach, além de materiais obtidos com os filhos do compositor, Carl Philipp Emanuel e Wilhelm Friedemann.

(1770–1827), falando sobre a música de Bach, em geral, disse certa vez que seu próprio coração batia "apenas pela Grande e Elevada Arte desse precursor da harmonia". Robert Schumann (1810–1856), acerca do famoso *O cravo bem-temperado* (BWV 846–893), de Bach, disse que "seus benefícios são imensos, e ele parece ter um efeito de fortalecimento moral [...] como se tivesse sido escrito para a eternidade".[5] Esse tipo de comentário é justamente o que também se costuma ouvir de visitantes, religiosos ou não, acerca da Catedral de Chartres. A própria arte, enraizada na transcendência, funciona como uma ponte para essa transcendência, quer a pessoa "acredite em todas essas coisas religiosas" ou não. No caso de Bach, vemos isso surpreendentemente ilustrado pelo ateu convicto Richard Dawkins, que certa vez escolheu, entre os oito discos que levaria a uma ilha deserta, a ária "Mache dich, mein Herze, rein", da *Paixão segundo São Mateus* (BWV 244). A letra, em tradução, diz: "Purifica-te, meu coração; eu mesmo quero sepultar Jesus. Pois, de agora em diante, ele terá em mim, para todo o sempre, seu doce descanso. Mundo, afasta-te — deixa Jesus entrar!".[6]

No entanto, embora muitas pessoas na cristandade do século 18, como Bach, ainda buscassem interpretar a vida como um todo, pessoal e culturalmente, à luz da fé cristã, e seus herdeiros ainda fizessem esse esforço no século 19, a nova forma "moderna" de pensar sobre o mundo já começava a ganhar força. E isso provocou mudanças significativas na maneira como muitas pessoas no período pós-cristandade passaram a compreender a arte. Surgiram três ideias específicas sobre a arte que podem aparecer como cucos no ninho cristão.

A primeira ideia nasce do cientificismo (cap. 36), e vou me referir a ela como o Cuco Filisteu. O filistinismo é uma postura decididamente hostil às artes, típica de uma "pessoa materialista [...] que despreza valores intelectuais ou artísticos" (*Merriam-Webster*). O Sr. Gradgrind, de Charles Dickens, que é obcecado por fatos e cálculos, e sem tempo para a poesia, é um exemplo clássico. Fazem parte desse grupo também os políticos e empresários modernos que atacam com frequência os estudos em humanidades como sendo "inúteis" por não prepararem a pessoa para uma determinada função no mercado de trabalho. Mas também existem *cristãos* filisteus — os que

[5] Ambas as citações foram extraídas de uma exposição na Casa de Bach, em Eisenach, na Alemanha, que visitei em 28 de outubro de 2022.

[6] Friedmann, "Beauty before Content".

não conseguem entender por que seus irmãos na fé escrevem e leem poesia e literatura, ou por que "perdem tempo" pintando paisagens — ou que, ao planejar a construção de uma nova igreja, só se preocupam com aspectos pragmáticos, e não com a beleza. São cristãos cujo *próprio* compromisso com a eficiência programática, ao estilo "empresarial" de gestão da comunidade (eclesiástica), em busca de objetivos estritamente "espirituais", faz com que a arte, na melhor das hipóteses, seja vista como um pequeno toque de cor para "ajudar a transmitir a mensagem".

O segundo cuco que quero mencionar aqui é filho da ideologia construcionista da "vontade de poder" (cap. 38), e vamos chamá-lo simplesmente de Cuco Nietzschiano. Sua plumagem característica não é o desprezo pela arte, mas o afastamento da arte em relação ao que é transcendental. Podemos perceber sua presença no ninho cristão (ou em outros contextos) toda vez que ouvimos algo como "os textos (incluindo a Bíblia) significam o que as pessoas quiserem que signifiquem". Essa é sua forma *literária*. Houve um tempo em que vivíamos na "era do autor" — que abrange a maior parte da história do Ocidente até o século 20 —, em que o papel do leitor era descobrir a verdade que o autor pretendia comunicar em um texto. Mas depois veio o "estruturalismo", no qual a ênfase está no texto, não em seu autor — a chamada "era do texto". E agora vivemos na "era do leitor", povoada por pós-estruturalistas que exploram como os leitores *constroem* o sentido no ato da leitura. Esse é o processo pelo qual Nietzsche, por fim, nos diz como devemos ler os livros.

Contudo, essa mesma abordagem construcionista do sentido está presente em todo o espectro da arte contemporânea. Podemos vê-la no Teatro do Absurdo (nas peças de Samuel Beckett, por exemplo), que convida o público a refletir sobre a experiência de estar sozinho em um mundo sem sentido. Ela também aparece na música pós-moderna, que coloca o sentido e a estrutura nos ouvintes, não na partitura. É também evidente nas artes visuais pós-modernas, que rejeitam as noções de verdade objetiva e priorizam a experiência individual e nossa interpretação dela. Em tudo isso, a arte já não está enraizada em um sentido objetivo, e já não é mais uma janela para a beleza objetiva ou uma expressão dessa beleza. A beleza está apenas nos olhos de quem observa. A arte, nesse modo, certamente não tem nada a ver com glorificar a Deus, nem mesmo com oferecer vislumbres "do Bem". Na verdade, a arte construcionista é muito mais eficaz em retratar a escuridão do que em comunicar a luz. O que ela "constrói", na maioria das vezes, é um mundo extremamente triste no qual é difícil de habitar — o tipo de mundo no qual o próprio Nietzsche perdeu (literalmente) a razão.

Incapazes de encarar o vazio construcionista por muito tempo sem perder o controle, os pós-modernos gostam de passar pelo menos parte de seu tempo ouvindo um terceiro cuco que tem um canto um pouco diferente sobre a arte. Esse é o cuco romântico Olhe para Dentro de Si Mesmo, discutido no capítulo 37, que está empenhado em tentar captar a Natureza por meio da intuição. Vou chamá-lo aqui de Cuco Caspar, em homenagem ao artista mencionado naquele capítulo. Esse cuco também separa a arte do transcendental, mas tenta encontrar um chão firme onde possa pisar, ainda que por um instante, na ladeira escorregadia que leva diretamente ao construcionismo. Esse chão firme é, sem dúvida, meu "eu" interior. Trata-se de um "eu" que é capaz de *sentir* algo em relação à arte; pelo menos, de se entreter momentaneamente com ela; de tirar dela um sentido que não é apenas "construído", mas tem um aspecto quase religioso. Ainda assim, o que importa é "o que a arte significa para *mim*" — não há beleza ou sentido objetivo. Mas o "mim" nessa frase é o "eu" *que sente*, não apenas o "eu" *que constrói*. É o "eu" que não desistirá de uma verdade religiosa mística nela. A presença desse terceiro cuco no ninho cristão pode ser detectada toda vez que não encontramos mais na comunidade cristã nenhuma noção robusta da arte como veículo da beleza e da verdade transcendente. A arte passa a ser celebrada (como acontece na cultura em geral) apenas "porque me faz sentir bem" — seja aquela pintura "bonita" ali na parede ou aquela comédia romântica "divertida" à que assisti na Netflix na semana passada.

Uma compreensão verdadeiramente cristã do ser humano exige que levemos a arte muito mais a sério do que em todos esses casos. Não devemos ser nem filisteus, nem construcionistas, nem românticos quando o assunto é arte.

43

INOCÊNCIA

Se afirmamos que não temos pecados, enganamos a nós mesmos
e não vivemos na verdade. Mas, se confessamos nossos pecados,
ele é fiel e justo para perdoar nossos pecados
e nos purificar de toda injustiça.

1JOÃO 1.8-9

Ao longo de nossa discussão sobre os fundamentos de uma antropologia cristã no capítulo 17, consideramos a ideia importante de que a humanidade está *caída.*[1] De todas as formas, e com consequências terríveis, a humanidade se deixou comprometer pelo mal — cuja essência é a adoração de si mesmo. Um antigo exemplo bíblico está relacionado ao capítulo anterior, pois ilustra como essa mudança interior idólatra afeta a arte. Em Gênesis 4.23, Lameque mata um homem por tê-lo atacado (do hebraico *peṣa'*) e ferido (do hebraico *ḥabbûrâ*). Ao matar dessa forma, ele certamente não está respondendo à justiça divina nem a refletindo, o que estabelece limites claros e equitativos em tais questões: "Se houver outros danos, o castigo deverá corresponder à gravidade do dano causado: vida por vida, [...] ferida por ferida [*peṣa'*], contusão por contusão [*ḥabbûrâ*]" (Êx 21.23-25). Lameque tornou-se seu próprio deus, dono de sua própria lei — e note que ele celebra essa idolatria no primeiro poema da Bíblia! Já quase no início da história humana, a arte deixa de refletir a beleza objetiva e passa a expressar a vontade humana de poder. O construcionismo começou.

No entanto, as origens do problema humano são mais antigas. Desde quase o início de nossa história (como relata Gn 3), a humanidade como

[1] Sobre o conteúdo deste capítulo, veja mais em meu livro *Convenient Myths*, p. 41-127, que trata extensivamente dos mitos românticos sobre o passado.

um todo foi comprometida pelo mal. E então, cada um de nós, individualmente, antes mesmo de termos consciência dessa realidade, também é afetado por ele. Isso acontece simplesmente pelo fato de nascermos e depois sermos criados dentro de uma cultura humana caída. Herdamos a "bagagem" gerada pelas más decisões de nossos antepassados, e recebemos ainda mais carga daqueles com quem convivemos em nossa família e em outros grupos. Mas então, nós mesmos, individualmente, começamos a participar de forma ativa do caos e das trevas também, e, de várias formas, contribuímos para aumentá-los. As Sagradas Escrituras nos ensinam que a queda caracteriza a humanidade quase desde o início e que cada ser humano é participante dela. É por isso que todos precisam ser salvos do pecado (cap. 18).

Esse aspecto importante de uma compreensão verdadeiramente cristã da condição humana, sem dúvida, não é amplamente aceito como verdade na cultura contemporânea. Nesta cultura, a falta de autoestima é considerada praticamente o pior mal que existe no mundo, e aqueles que a causam estão entre as piores pessoas. Muito mais atraente nesse contexto contemporâneo, então, é a ideia de que os seres humanos são fundamental e naturalmente bons. As outras pessoas são, em geral, boas, e eu mesmo sou uma pessoa muito boa. Certamente não preciso ser salvo — como me disse há pouco tempo uma mulher que conheci em um casamento, segundos depois de saber que sou estudioso da Bíblia. Ela foi enfática nesse ponto, o que não é muito surpreendente quando vindo de alguém que não se dizia cristã. No entanto, essa ideia da bondade natural do ser humano não é apenas encontrada entre pessoas que não frequentam igrejas. Como vimos no capítulo 40, a grande maioria dos adeptos do Deísmo Moralista Terapêutico também defende essa ideia. Por isso, o Cuco da Inocência é outro pássaro que precisamos considerar nesta parte do livro.

O "hábitat natural" mais importante desse cuco é o movimento romântico que já encontramos em capítulos anteriores, incluindo o capítulo 42. Em contraste com as ideias iluministas de progresso que implicavam uma avaliação negativa dos "povos primitivos" deixados para trás pelo progresso, os românticos desenvolveram uma narrativa na qual esses povos pré-iluministas eram, na verdade, os afortunados que haviam vivido em uma era dourada anterior ao início do retrocesso. No "estado de natureza" (isto é, antes de se tornarem parte da sociedade civilizada), os seres humanos não viviam como criaturas solitárias e brutais (como argumentou Thomas

Hobbes em seu importante livro *Leviatã*). Eles não viviam como seres "caídos". Em vez disso, viviam em uma felicidade edênica anterior à civilização.

Como exemplos para ilustrar seu argumento, os escritores românticos muitas vezes faziam referência aos povos nativos do mundo que os europeus haviam encontrado recentemente em suas viagens, sobretudo na América do Norte. Muitas vezes, elogiavam essas sociedades nativas em contraste com a civilização europeia, a qual descreviam como corrupta e injusta em vários sentidos. Já na peça *A conquista de Granada*, de John Dryden, de 1672, o herói Almanzor declara: "Sou tão livre quanto o homem criado pela própria Natureza, antes que as leis vis da servidão surgissem — quando o nobre selvagem corria livre pelos bosques".[2] Da mesma forma, o Barão de Lahontan escreve em um diário de viagem de 1703 que "o selvagem obedece à vontade da Natureza [...] por isso é feliz. Os civilizados é que são os verdadeiros bárbaros".[3] Em um nível filosófico mais sério, o extremamente influente "Pai do Romantismo", Jean-Jacques Rousseau (1712–1778), apresentou o estado de natureza como uma condição moralmente neutra e pacífica, marcada pela ausência de orgulho, inveja ou medo dos outros, e também pela compaixão.

Nesse tipo de narrativa romântica, "a queda" é bastante adiada na história humana. Ela só ocorre quando a bem-aventurada criatura humana, vivendo no estado de natureza, é "estragada" pela civilização. A civilização, não o pecado, então se torna a entidade da qual o indivíduo precisa ser salvo — as instituições da sociedade especialmente urbana que corrompem. A salvação é alcançada por meio de um retorno à Natureza e reconexão com ela — tanto interna quanto externamente. Em particular, o que está *dentro* da pessoa precisa ser colocado para *fora*. Se os seres humanos fossem de fato inerentemente pecaminosos, então nossos sentimentos instintivos precisariam ser tratados com cuidado e, em muitas ocasiões, ignorados e até mesmo reprimidos. Mas, uma vez que somos caracterizados pela bondade natural (afirmam os românticos), nossos sentimentos instintivos podem ser confiáveis. Na verdade, devem ser constantemente analisados pelo valor revelador acerca do que é bom. Em nome da autenticidade em meio a uma sociedade repressiva e falsa, essa revelação deve então ser compartilhada com todos os outros. A exibição

[2] Ellingson, *Myth*, p. 36.
[3] Hazard, *European Mind*, p. 14. Veja também Ellingson, *Myth*, p. 64-76.

dramática de si mesmo já era uma das atividades favoritas do romântico Lord Byron, muito antes de se tornar o modo preferido de expressão no individualismo narcisista pós-moderno.

Chega da música do Cuco da Inocência. Não há, obviamente, razão alguma para levar esse canto a sério. Isso é especialmente verdadeiro porque o relato romântico sobre os povos "anteriores à civilização", que são tão importantes para sua perspectiva, não tem base alguma em qualquer evidência. Sei que muitas pessoas contemporâneas, especialmente em um país como o Canadá, acreditam em algo muito parecido com esse relato da história em geral. Certamente já o ouviram tantas vezes — repetido à exaustão no discurso contemporâneo sobre o estado de nosso planeta. "Houve uma era dourada, povoada por pessoas que viviam em plena harmonia com a Natureza. Depois veio a civilização, e tudo desmoronou." Retornaremos a essa narrativa romântica em relação ao *planeta* no capítulo 49. Por ora, vamos nos ater mais estritamente à questão da inocência humana, escolhendo para análise crítica apenas uma das afirmações de Rousseau sobre o estado de natureza. Trata-se da afirmação de que o estado de natureza é uma condição *pacífica*. Que evidências existem de que tal estado geral de paz tenha realmente existido na história humana? Qual é a posição da ciência sobre esse tema? E, uma vez que a ciência exige dados concretos para trabalhar, eu gostaria de ser mais preciso. Temos povos nativos ainda vivendo entre nós neste momento, e certamente também os tivemos entre nós em um passado mais recente, passível de ser documentado e recuperável. A vida desses "povos primitivos" modernos (como alguns os chamam), com suas linhas de continuidade que remontam ao passado, sugere que já existiu algo parecido com um "estado de natureza" não violento e pacífico?

A resposta é, categoricamente, "não." Em seu livro *Constant Battles* [Batalhas constantes], Steven LeBlanc traça o gosto humano pela guerra desde o período paleolítico, avançando cronologicamente de grupos de nômades, que eram caçadores-coletores, a sociedades humanas complexas. Sua discussão sobre guerras tribais em tempos recentes na região montanhosa da Nova Guiné é particularmente impressionante: "Esse último lugar da Terra a permanecer intocado pela sociedade moderna", afirma LeBlanc, "não era o mais pacífico, mas um dos mais belicosos já encontrados."[4] Ele cita essa

[4] LeBlanc, *Battles*, p. 150-151.

e todas as evidências em seu livro justamente para dissipar a ideia equivocada de que os seres humanos são "pacíficos por natureza e [...] têm sido assim por milhões de anos".[5] As pessoas no passado viviam, na verdade, "em conflito e competição na maior parte do tempo".[6] Essa realidade foi salientada no emblemático simpósio de 1993, intitulado "Crime na pré-história". Essa conferência "contesta, como sendo simplificadas e distorcidas, as visões que retratam a pré-história como um período exclusivamente habitado por membros de comunidades felizes e pacíficas, vivendo em harmonia uns com os outros e com o meio ambiente".[7]

Em suma, tanto a teologia cristã quanto a investigação científica moderna colocam em xeque a narrativa romântica sobre o "estado de natureza". Acontece que essa narrativa é movida justamente pela abordagem leviana dos fatos históricos que o poeta romântico Friedrich Schiller — autor da letra da "Ode à Alegria" (o hino europeu moderno) — já descreveu em 1788: "Sempre serei uma fonte precária para qualquer historiador em potencial que tenha a infelicidade de se aproximar de mim [...]. A história é apenas um campo para minha imaginação, e os fatos têm de se conformar com o que se tornam em minhas mãos".[8] Em contraste com essa abordagem imaginativa da história, a investigação científica sugere um passado humano real, profundamente marcado tanto pela queda humana quanto pela bondade "em toda a sua extensão". É esse tipo de mundo que as Sagradas Escrituras também descrevem. O fato de as pessoas contemporâneas fora da igreja não conseguirem perceber que *o momento presente* também é marcado por uma pecaminosidade profundamente enraizada — uma pecaminosidade que não é apenas questão de má educação ou instituições falhas — não deveria ser particularmente surpreendente para os leitores da Bíblia. Estes, acima de todos, deveriam compreender que um dos aspectos centrais da condição caída do ser humano é uma profunda distorção justamente em nossa capacidade até mesmo de *pensar* com clareza sobre nosso verdadeiro estado moral (Rm 1.21). Voltaremos a esse ponto importante

[5] LeBlanc, *Battles*, p. 6.
[6] LeBlanc, *Battles*, p. 8.
[7] Headland, "Revisionism", p. 607.
[8] Carta para sua cunhada, Caroline von Beulwitz, em 10 de dezembro de 1788. Friedrich Schiller Archiv, acessado em 26 de novembro de 2022, <https://www.friedrich-schiller-archiv.de/briefe-schillers/an-caroline-von-beulwitz/schiller-an-caroline-von-beulwitz-10-dezember-1788/>.

no capítulo 48. Por ora, de um modo ou de outro, não é especialmente chocante que pessoas contemporâneas com inclinação romântica, fora da igreja, tenham sido seduzidas pelo Cuco da Inocência. O que é realmente inaceitável é que nós, cristãos, tenhamos também escutado com tanta atenção seu canto a ponto de nos encontrarmos entre aqueles que "afirmam não ter pecado", enganando a nós mesmos e demonstrando que "não vivemos na verdade" (1Jo 1.8).

44

INFORMAÇÃO

Adquirir sabedoria é a coisa mais sábia que você pode fazer;
em tudo o mais, aprenda a ter discernimento.

PROVÉRBIOS 4.7

Atlantic City (1980) é um filme merecidamente desconhecido, e eu não o recomendo. Mas ele tem uma cena com um ótimo *insight*. "Ensine coisas para mim", diz uma mulher mais jovem a um homem mais velho. "O que você quer?", pergunta ele. "Informação ou sabedoria?" Essa pergunta indica uma consciência de que há uma diferença qualitativa entre esses dois elementos. O que está sendo oferecido aqui é muito melhor do que informação. É a *sabedoria* que esse homem acumulou ao longo de muitos anos como consequência de refletir sobre informações *e* experiências, de compreender o significado delas e de aprender a fazer bons julgamentos a respeito delas na busca pela virtude. O que a mulher quer: informação ou sabedoria?

Você pode achar que a resposta correta é óbvia. Sabedoria é, sem dúvida, mais importante do que informação. As Sagradas Escrituras concordam, e eu também (Pv 4.7). Mas o que observo é que muitos de nós parecem ter dificuldade de pensar e viver como se isso fosse realmente verdade. Para nós, não é fácil identificar o Cuco da Informação no ninho cristão que está sempre tentando usurpar o lugar da sabedoria no centro de nossos afetos. E uma das consequências por não conseguirmos reconhecer essa ave é que podemos acabar, sem querer, com uma visão de educação incompatível com o cristianismo, em vez de uma visão verdadeiramente cristã (como descrevi nos caps. 26—27). Podemos evitar esse tipo de resultado se estivermos atentos tanto à origem do Cuco da Informação quanto aos danos que ele já causou ao seu próprio hábitat.

Primeiro, precisamos entender que, antes do surgimento do mundo moderno, a grande maioria das pessoas capazes de refletir sobre informação e sabedoria concordaria com a fé cristã sobre a importância relativa dessas duas. A sabedoria acumulada ao longo dos séculos, que atravessa o tempo (afirmariam elas), oferece a base para nossa vida. Contudo, já nos escritos do filósofo inglês Francis Bacon, no início do século 17, encontramos uma ideia diferente começando a dominar a imaginação europeia (cap. 13).[1] Nesse modo de pensar, a razão explorando a Natureza, sem se preocupar com qualquer forma anterior de tradição, é o caminho para o verdadeiro conhecimento. E esse verdadeiro conhecimento é desejável, não para que a humanidade viva em maior *harmonia* com a Natureza, mas para que possamos *controlá-la* de forma mais eficiente. Em outras palavras, surgiu um projeto utópico, que requer, na busca pelo "progresso", a submissão de tudo na Natureza aos fins humanos por meio da ciência reducionista. Os "fatos" do Sr. Gradgrind — a informação — são as pedras que pavimentam o caminho que inevitavelmente nos leva até lá.

No devido tempo, esse modo de pensar criou um mundo dominado pela tecnologia da informação, que está no centro de todos os tipos de mudança surpreendentemente rápida e recente no mundo. Ela também é a chave que pessoas poderosas na sociedade moderna esperam usar para alcançar seus objetivos *futuros*. Nessa busca, novos avanços em áreas como a inteligência artificial (preveem elas) entregarão à humanidade (ou, mais precisamente, a elas) um controle ainda maior sobre a Natureza. Especificamente, como discutimos no capítulo 1, isso permitirá que nós/elas assumamos/assumam maior controle sobre a natureza *humana*, superando os "problemas" criados por nossa condição física. Henry Kissinger descreve bem a sociedade que está no processo de emergir enquanto começamos a trilhar esse caminho:

> A era da internet em que já vivemos antecipa algumas das questões e problemas que a IA [inteligência artificial] apenas tornará mais críticos [...]. O propósito da internet é ratificar o conhecimento por meio do acúmulo e da manipulação de dados em constante expansão. A cognição humana perde seu caráter pessoal. Indivíduos se transformam em dados, e dados passam a predominar. Os usuários da internet dão ênfase à recuperação e manipulação da informação, não à contextualização ou conceituação do significado dela. Raramente interrogam a história ou a filosofia; via de regra, buscam

[1] Briggs, "Bacon's Science and Religion".

> informações relevantes para suas necessidades práticas imediatas [...]. A verdade torna-se relativa. *A informação ameaça sufocar a sabedoria.*[2]

Inevitavelmente, uma das grandes vítimas já resultantes desses avanços é a educação concebida à luz da fé cristã. Na perspectiva cristã, a educação sempre consistiu em pessoas sábias *formando* outras pessoas por meio da introdução a um corpo amplo e integrado de conhecimento. Todas as disciplinas de um currículo eram integradas para alcançar esse objetivo. Como afirmou um célebre humanista alemão do século 16, "da língua latina não se deveria aprender nada menos que sabedoria, retidão, religião, prudência, boa governança e bons princípios morais".[3] *Onde* tal aprendizagem deveria acontecer? Em uma série de *encontros pessoais*. Pois os cristãos concordavam com seus predecessores gregos pagãos, como Sócrates, que "a sabedoria [...] deve ser desenvolvida em diálogo com mestres sábios e colegas de estudo".[4] Vale lembrar que os sofistas naquele tempo percorriam o mundo antigo oferecendo aos alunos apenas o conhecimento técnico desvinculado de qualquer preocupação com sua formação na verdade e na virtude. Para Sócrates e Platão, por outro lado, a verdadeira educação exigia *tempo* investido em um *lugar* — uma academia (faculdade/universidade), como a que Platão fundou em Atenas, em 387 a.C. A verdadeira educação exigia enfrentar, em um contexto *social*, naquele tempo e lugar, uma série de questões difíceis que não podiam ser respondidas de maneira rápida ou fácil — questões muito mais importantes do que "quais são as melhores técnicas para vencer debates?".

Durante algum tempo, essa mesma visão tradicional da educação conseguiu sobreviver razoavelmente bem às pressões da modernidade no Ocidente, mesmo quando, como consequência do Iluminismo, os educadores começaram a adotar cada vez mais um humanismo secular em vez de cristão. Por um tempo, universidades e faculdades ainda existiam "para a formação do caráter, para o incentivo daqueles hábitos intelectuais e morais que, juntos, formam a base para se levar a melhor vida possível".[5] Mas, a partir do século 19, os estudos nas humanidades, pressionados pelas ciências exatas e naturais a justificarem seu valor no mundo moderno,

[2] Kissinger, "How the Enlightenment Ends". Itálicos meus.
[3] Brecht, *Martin Luther*, p. 33.
[4] Mitchell, *American Awakening*, p. 162-164.
[5] Kronman, *Education's End*, p. 49.

começaram a se redefinir de formas cada vez mais "científicas". Tornaram-se especializados e centrados em fatos, em vez de generalistas e focados na sabedoria. Nasceu então o pesquisador acadêmico em humanidades, cuja função já não era mais ajudar os alunos a enfrentarem o sentido da vida em uma ampla série de disciplinas, mas buscar informações novas dentro de um campo restrito de estudo e, em seguida, compartilhá-las com os demais.

Foi assim que a busca e o compartilhamento de informações tornaram-se o cerne da educação em um amplo espectro, mas com uma ressalva importante: nas humanidades, isso passou a estar cada vez mais imerso em uma visão de mundo nietzschiana na qual (lembre-se) não existem fatos, apenas interpretações, e não há verdade, apenas muitas "verdades" (veja Kissinger acima). Isso, por sua vez, incentivou de forma generalizada a ideia de que não existe essa tal realidade de virtude objetiva à qual os membros de uma comunidade acadêmica possam geralmente aspirar. Com isso, para muitos "educadores" contemporâneos (se é que merecem esse título), a educação já não tem por objetivo formar cidadãos bem preparados, com pensamento crítico e uma formação ampla. Por um lado, a educação tornou-se um meio de inculcar ideologia. Por outro, passou a treinar estudantes em competências que lhes permitam, mais tarde, prosperar em formas específicas de trabalho remunerado e, com isso, contribuir tanto para o moderno "projeto de controle" quanto para o valor de mercado de suas empresas. Essa é uma compreensão extraordinariamente empobrecida da educação, na qual a informação *já* sufocou a sabedoria. A consequência disso é que, se a pessoa for inteligente, ela não vai à maioria das universidades ou faculdades hoje em dia para adquirir sabedoria. Pois o propósito dessas instituições certamente não é explicar o sentido da vida.

A visão cristã da educação é obviamente muito diferente dessa versão degradada — mas o Cuco da Informação muitas vezes nos distrai dela, e nós também ficamos enfeitiçados. Considere, por exemplo, a maneira como a "[busca por] informações relevantes para [...] necessidades práticas imediatas", de Kissinger, marca, em grande medida, o discurso contemporâneo na igreja com relação à formação de pastores. Na verdade, esta é muitas vezes a ideia *dominante*: o que os pastores precisam adquirir, sobretudo, em sua formação é um conjunto de habilidades destinadas a torná-los úteis no mercado de trabalho cristão. Isso é um reflexo direto das atitudes "mundanas" em relação à educação que cada um de nós naturalmente encontra em seu dia a dia na sociedade. As pessoas mais fundamentais que lidam com essa realidade nesse contexto são justamente aquelas que financiam — e exercem a governança em — instituições educacionais cristãs.

Isso inevitavelmente leva a demandas por currículos com foco em "treinar pessoas para desempenhar as tarefas de um pastor", dos quais, aos poucos, vão sendo excluídas disciplinas há muito valorizadas que agora são consideradas "insuficientemente práticas" e "muito difíceis". Enxugar o currículo, além de tornar mais "flexíveis" os requisitos relativos ao que resta, permite que seminários e faculdades, por sua vez, reduzam a duração dos cursos e autorizem os estudantes a cursar apenas as disciplinas que *consideram* mais relevantes para *seus objetivos*. Assim, os estudantes conseguem concluir os estudos da forma mais rápida e "eficiente" possível e retornar ao mercado de trabalho, ao qual até mesmo cristãos muitas vezes se referem (e isso é profundamente irônico) como "o mundo real". Deus não permita que esses estudantes permaneçam por muito tempo em seus estudos e aprendam algo que ainda não saibam!

É *evidente* que toda a iniciativa já não se sustenta, fundamentalmente, em uma visão de formação teológica cujo principal foco é introduzir os estudantes, ao longo do tempo, em um corpo amplo e integrado de conhecimento, em busca de formação espiritual e moral. E isso é, francamente, um desastre para a igreja, que sempre precisou — e sempre precisará — de pastores ampla e profundamente instruídos e capazes de fazer muito mais do que apenas executar uma série de "tarefas" com orientação profissional. Por isso, costumava-se presumir que eles necessitariam de uma formação que lidasse com questões mais importantes do que a questão sofística "quais são as melhores técnicas para vencer discussões, ou para pregar, ou para conduzir uma reunião do conselho?". Mas isso era quando sabíamos que precisávamos de profetas, não de técnicos — de líderes visionários, não de gestores.

Minha conclusão é a seguinte: para proteger e sustentar nossa visão cristã distinta de educação, o Cuco da Informação, que já criou uma caricatura completa da educação em seu *próprio* ninho, precisa ser claramente reconhecido pelo que de fato é, e ser expulso de *nosso* ninho — antes que possa causar ainda mais danos do que já causou.

45

SIÃO

Saia, povo de Sião exilado na Babilônia!

ZACARIAS 2.7

Nos capítulos 28 e 29, no contexto da ideia profundamente cristã de que os seres humanos foram criados por Deus como seres *sociais*, consideramos o conceito de igreja. Propus que todos os cristãos, como seguidores de Cristo, são chamados a serem membros ativos de uma comunidade cristã local — tanto para seu próprio bem quanto para o bem comum. Vale a pena enfatizar esse segundo aspecto neste capítulo, uma vez que não fiz isso anteriormente. Jesus disse que "onde dois ou três se reúnem em meu nome, eu estou no meio deles" (Mt 18.20). Mas não há nada no restante do Novo Testamento que sugira que tomar um café com dois amigos que pensam como você na Starbucks, ou em sua casa, de alguma forma possa ser considerado "igreja". Não há razão alguma para ver isso, de algum modo, como uma alternativa válida a participar de uma comunidade cristã maior e diversa que inclua membros de quem você muito provavelmente não gosta, mas que precisam de seu apoio na vida cristã deles. Não se trata só de você (e de seus amigos). Sendo assim, não devemos deixar de nos reunir como igreja, "como fazem alguns" (Hb 10.24-25).

Uma das características de uma boa igreja que consideramos naqueles capítulos anteriores (28 e 29) é seu compromisso com uma *educação* cristã adequada, conforme descrita nos capítulos 26 e 27, além de seu oposto agora no capítulo 44. Essa educação adequada é profunda e abrangente por natureza, oferecida na busca de sabedoria para todas as áreas da vida. Outra característica é que uma boa igreja se reúne *pessoalmente*. Aqueles que sustentam uma antropologia de fato cristã acreditam que os seres humanos são irredutivelmente seres *corporificados*. Não somos mente, nem alma, nem coração que, por acaso, se encontram em um corpo e podem facilmente prescindir deles. Do ponto de vista cristão, então — como sugeri antes —, é uma contradição em termos falar em "comunidade virtual". Agora quero desenvolver ainda mais essa linha de pensamento, falando mais sobre o Cuco da Informação identificado no capítulo 44.

Estou retomando aqui, em particular, uma linha de pensamento do capítulo 26 sobre a integração necessária entre *o quê* e *como* em nosso pensamento cristão sobre educação. Ensinamos às crianças — e agora quero acrescentar, "aos adultos também" — aquilo em que de fato acreditamos, teológica e antropologicamente, tanto pelo modo como ensinamos quanto pelo conteúdo de nosso ensino. Portanto, se desejamos ensinar, face a todos os tipos de gnosticismo, a importância absoluta de nossa natureza corporificada como seres sociais, mas optamos por fazer isso por meio de uma comunicação descorporificada pela internet, então tropeçamos no primeiro obstáculo da corrida, e não a terminaremos bem (se é que chegaremos ao fim). Ao separarmos a *forma* do *conteúdo* dessa maneira, encorajamos nossos alunos, por nosso próprio exemplo, a fazerem o mesmo. Isso os leva inevitavelmente a concluir que o conteúdo (a informação) que estamos "entregando" é o que realmente importa, e que o restante é apenas um "modo de entrega". O ensino presencial, face a face (proclamamos em alta voz por meio de nossa prática), é apenas um desses "modos de entrega". Existem muitas outras formas igualmente válidas de realizar o trabalho de educação.

A própria linguagem já deveria nos alertar para a mudança drástica que ocorreu em nosso modo de pensar. Antes, nossa linguagem era a de uma comunidade reunida de amigos compartilhando a vida juntos em busca de sabedoria.[1] Agora estamos usando a linguagem da Amazon. Tornamo-nos sofistas em nosso pensamento — embora eles, pelo menos, aparecessem fisicamente no trabalho. Passamos a acreditar que a educação pode ser "transmitida" diretamente como um produto de um professor para um aluno, com consequentes "resultados mensuráveis". Com isso, abandonamos Sócrates, que acreditava que "a educação era um processo mais misterioso, exigindo o grau de paciência e encorajamento de uma parteira". A parteira

[1] Bonhoeffer, *Life Together*. Para um excelente livro que desenvolve as implicações do pensamento de Bonhoeffer para os dias de hoje (e que é particularmente perspicaz quanto à ameaça da "educação on-line"), veja House, *Bonhoeffer's Seminary Vision*.

podia ajudar a dar à luz, mas não "aconselhando às mães, fazendo diagramas ou dando manuais de parto — o equivalente, no ensino on-line contemporâneo, a dar palestras, enviar slides de PowerPoint e distribuir os chamados guias de estudo".[2] A parteira precisava *estar ali*, fisicamente, durante todo o processo.

É assim, nesse abandono, que chegamos à chamada "educação a distância" (EaD), hoje tão presente em todo o mundo — uma contradição em termos como poucas vezes se viu. Trata-se de um passo a mais (e abaixo) em relação à situação descrita no capítulo anterior. Naquele capítulo, descrevi uma época em que os estudantes ainda frequentavam universidades ou faculdades para receber a educação já reconhecidamente degradada na qual a informação havia sufocado a sabedoria. Mas agora, cada vez mais, eles nem "frequentam", porque as pessoas, em todos os setores do mundo educacional, passaram a acreditar que há pouca ou nenhuma razão para "frequentar". Todos os objetivos "educacionais" promovidos pelo canto do Cuco da Informação, em resposta à demanda por informações práticas imediatas dos estudantes, podem ser alcançados de forma mais eficiente e mais barata por outros meios. E as instituições educacionais têm se atropelado para atender a essa demanda. Têm se empenhado para oferecer seus currículos em formatos cada vez mais reduzidos, distantes, nivelados por baixo e, portanto, mais baratos e mais "acessíveis". Em geral, não fazem isso porque estão genuinamente convencidas de que a educação que agora oferecem é melhor do que a anterior, ou mesmo equivalente — embora seja o que inevitavelmente *afirmam* quando "fazem propaganda" do produto. Melhor dizendo, foram arrastadas para esse mundo digital por aquilo que imaginam ser uma necessidade econômica. Essa corrida desordenada e sem princípios representa apenas sua melhor chance (acreditam elas) de sobreviver à longa disputa rumo ao fundo do poço do mercado educacional em que agora entraram. A lógica implacável desse mercado já apertou seu cerco.

O que resulta é uma forma moderna ainda mais diluída de "educação" do que a versão já precária disponível pouco antes. Reconhecidamente — como no caso da "igreja virtual" descrita no capítulo anterior —, é mais do que possível não perceber essa mudança significativa, caso sua experiência educacional anterior tenha sido bastante negativa. Mas o fato é que, com a constatação de que "as pessoas em uma comunidade fisicamente reunida" já não

[2] Mitchell, *American Awakening*, p. 162-164.

são, de forma alguma, necessárias para o projeto educacional, a destruição da educação real está agora completa. O cemitério que marca o túmulo da educação é composto por faculdades meio vazias ou abandonadas, ocupadas por professores — se ainda não estiverem "trabalhando de casa" sozinhos —, cuja tarefa é cada vez menos compartilhar sua vida com os outros naquele tempo e lugar em busca de sabedoria. Em vez disso, sentam-se diante da tela de um computador em contato "virtual" com estudantes em outros lugares. Esses estudantes, por sua vez, estão apenas em contato "virtual" uns com os outros. E, uma vez que essa nova realidade se consolida, é muito difícil inverter a situação — principalmente porque muitos estudantes afirmam gostar dela, e protestarão a plenos pulmões por seus "direitos" se aquilo de que passaram a gostar estiver ameaçado.[3]

O que os estudantes poderiam "aprender" em meio a tudo isso é extremamente limitado. Aqueles que ainda têm nostalgia de algo melhor podem "escolher" se arrastar até um espaço físico no cemitério — se essa "opção" lhes for oferecida. Se *for* oferecida, é seguramente apresentada como apenas uma entre várias escolhas igualmente válidas que se pode fazer para "ter acesso" à educação. Mas, mesmo assim, talvez a "opção", pelo menos, exista em algumas instituições. O problema é que aqueles que a escolhem muitas vezes são recompensados por seu esforço sendo forçados, de todo modo, a interagir com outros estudantes on-line em um ambiente "híbrido", supervisionado por professores que simplesmente não podem dar às pessoas bem à sua frente toda a atenção que tanto merecem pelo esforço. Prometeram-lhes uma "experiência presencial", mas acabam por ser privadas exatamente disso. É um dos aspectos mais marcantes de toda essa situação o fato de que a "liberdade de escolha" é um dos principais *slogans* de marketing da EaD — mas a única coisa que já não se pode escolher com facilidade é uma educação adequada.

[3] Ao revisar este parágrafo pela última vez, deparei com este artigo sobre algumas mudanças significativas em minha *alma mater*: Clarence-Smith, "Cambridge Scholars Face Student Backlash". Parece que os professores da Universidade de Cambridge fizeram algo inaceitável. Preocupados com a queda na presença dos alunos nas aulas presenciais, aboliram as aulas gravadas. Inúmeros estudantes reagiram alegando que essa tentativa de "forçá-los" a comparecer às aulas "reflete uma visão paternalista dos estudantes na qual não lhes é concedida a autonomia para tomar decisões sobre sua própria aprendizagem" e argumentando ainda que essa medida poderia "prejudicar o bem-estar dos estudantes". Esse é exatamente o tipo de problema que criamos quando transformamos o campo da educação em um mercado de consumo.

Tudo com relação a esse admirável mundo digital novo grita que *somos*, afinal, apenas mente, ou alma, ou coração que, *por acaso*, se encontram em um corpo, e que *podemos* muito bem prescindir desse corpo. E isso é, sem dúvida, exatamente aquilo em que os gurus desse admirável mundo novo, com seus planos gloriosos para nosso futuro desumano, querem que acreditemos. Essa "educação virtual" não é a academia de Platão. Não é uma educação adequada. E nos expõe a realidades ainda piores que estão por vir. Os verdadeiros cristãos não deveriam ter qualquer envolvimento com isso, exceto como uma medida temporária e de curtíssimo prazo a ser adotada somente quando nada mais satisfatório possa ser feito nesse meio-tempo (por exemplo, diante de um surto de uma praga). Trata-se de algo fundamentalmente contrário às nossas crenças cristãs básicas sobre a natureza de nossa humanidade, as quais precisamos, o tempo todo, nutrir e proteger da erosão, cuidando não apenas *daquilo em que cremos*, mas também de *como vivemos*. Em tudo, devemos insistir que os seres humanos são portadores da imagem de Deus, irredutivelmente *corporificados* e *sociais*. De forma correspondente, em todos os sentidos, nossas comunidades cristãs devem buscar dar corpo a essa mensagem. Isso muitas vezes fará com que essas comunidades sejam profundamente contraculturais — e isso, sem dúvida, se aplica à nossa cultura atual, que é, em muitos aspectos, anti-humana.

O filme *Matrix*, de 1999, sempre me vem à mente quando penso sobre essa realidade. O mundo da superfície é dominado por máquinas dotadas de uma inteligência artificial originalmente criada por seres humanos, mas que, por fim, passou a dominá-los. A grande maioria dos sobreviventes humanos está agora conectada à "Matrix". Nela, eles são usados pelas máquinas como fonte de energia — embora não tenham consciência disso, pois existem mentalmente em uma realidade virtual. Mas um grupo menor de seres humanos permanece com o corpo *e* a mente livres, e eles compreendem como as coisas realmente são no mundo. Existem no subterrâneo, em uma comunidade corporificada conhecida como "Zion" [Sião]. Uma de suas tarefas diárias é desconectar pessoas da Matrix, devolvendo-as à realidade, enquanto aguardam um salvador que esperam que destrua o mundo das máquinas.

Da mesma forma, nós, cristãos, somos chamados como um movimento do "subterrâneo" a manter viva a verdadeira compreensão da pessoa humana, enquanto esperamos por um Salvador. Somos chamados a fazer isso em um mundo que cada vez mais e de forma preocupante abandona uma antropologia verdadeira. É um mundo dominado pelo digital e pelo virtual, e ocupado por seres humanos que normalmente não têm ideia do que de fato está acontecendo, porque estão conectados a uma falsa consciência. Somos chamados, nessa situação, a ser "Zion", oferecendo refúgio para todos que desejam escapar da Babilônia (Zc 2.7).

46

JERUSALÉM

Chega de seus ruidosos cânticos de louvor!
Não ouvirei a música de suas harpas.

Amós 5.23

Ao desenvolver meu comentário sobre o Cuco da Informação no capítulo anterior, eu trouxe à lembrança duas das três características de uma boa igreja. São elas o compromisso com uma *educação* cristã adequada e a determinação de se reunir *pessoalmente*. Neste capítulo, a *terceira* característica, introduzida pela primeira vez no capítulo 28, será o foco principal. Uma boa igreja ensina que a adoração é um estilo de vida, e suas reuniões de adoração reforçam (em vez de enfraquecer) essa ideia bíblica central por meio de suas "atividades de adoração".

É aqui, sobretudo, que a útil analogia com *Matrix* apresentada no capítulo anterior falha completamente. Hollywood, assim como a arte construcionista mencionada no capítulo 42, é muito melhor em retratar a escuridão do que a luz, o mal do que o bem. Não é de surpreender, então, que o ponto alto da vida comunitária de Zion, em *Matrix*, quando seus membros não estão lutando contra o mal, seja uma discoteca muito banal e assustadora. Essa é, aparentemente, a forma mais próxima de uma reunião de adoração nessa visão de mundo, e a visão positiva da vida que essas "atividades de adoração" refletem é estreita, superficial e deprimente.

A fé cristã, por sua vez, lança uma visão gloriosa e expansiva da contracultura humana "do subterrâneo" que se opõe à anti-humana. Ao longo deste livro, explorei como isso se manifesta em nossa vida doméstica e em nossos relacionamentos familiares, em nossas relações sociais mais amplas, em nosso trabalho e lazer, em nosso envolvimento intelectual, em nossa música, em nossa arte e assim por diante. É a isso que passarei a me referir agora — para ir decisivamente além da Zion, de *Matrix* — como "a visão de Jerusalém" da vida como adoração. E é essa visão que deve orientar nossas reuniões cristãs enquanto buscam envolver a pessoa integral na adoração. Descrevi brevemente no capítulo 21 alguns aspectos centrais de como a igreja primitiva tentou fazer isso, referindo-me em particular à *Primeira apologia*, de Justino, o Mártir. Agora, quero aprofundar essa realidade histórica, comparando-a com nossas perspectivas contemporâneas de "atividades de adoração". Meu objetivo é apresentar outro intruso problemático no ninho cristão. É o Cuco da Adoração, cujas práticas são exatamente aquelas que não promovem "atividades de adoração" que sustentam "a adoração como vida".

Quanto à história, sabemos por meio de Justino, em primeiro lugar, que os cristãos primitivos liam as Escrituras juntos "enquanto o tempo permitia", situando-se dentro da história de Deus. Nossa abordagem hoje em dia é muito mais minimalista, especialmente nas igrejas fora das denominações históricas tradicionais, que seguem a tradição do lecionário (leituras bíblicas definidas para cada semana). As "lições" do Antigo Testamento praticamente desapareceram de nossas reuniões de adoração, e até mesmo o Novo Testamento é normalmente lido em público apenas em pequenos trechos que tenham relação direta com o sermão que se seguirá. Essas práticas merecem certa reflexão à luz da exortação apostólica para "[dedicar-se] à leitura pública das Escrituras" (1Tm 4.13). Será que precisamos de menos ajuda do que os cristãos primitivos para nos situarmos na história bíblica? Ou existe outra razão para que a leitura pública das Escrituras não seja mais importante para nós?

Segundo, os cristãos primitivos ouviam sermões que explicavam as Escrituras para eles e os exortavam a viver a história cristã. Mas, assim como aconteceu com a *leitura* das Escrituras, também observamos nos últimos tempos, nas igrejas de todos os tipos, um declínio na importância da *pregação* das Escrituras. Encontramos uma tendência a valorizar mais a imagem visual em detrimento da palavra falada, e o sermão temático em vez do sermão baseado no texto. Em alguns casos, vemos uma ruptura quase completa da conexão entre as Escrituras e o sermão, à medida que o último se torna pouco mais que uma palestra motivacional, e as Escrituras são reduzidas a pouco mais que um recurso conveniente para extrair frases de efeito, retiradas do contexto, com fins ilustrativos. Isso não é problemático?

Terceiro, os cristãos primitivos oravam, em parte para se lembrar das obras poderosas de Deus no mundo e para agradecer-lhe por essas obras e por todas as dádivas concedidas por ele; e em parte também para confessar seus pecados, fazer pedidos e interceder por outras pessoas. Mas, nos tempos recentes, houve uma grande redução na quantidade de oração nos cultos públicos. Há menos orações do que antes, e elas são muito mais curtas, abordando uma parte bem menor da história cristã. Por que isso acontece? Será que faz diferença?

Quarto, os cristãos primitivos celebravam juntos a Eucaristia semanalmente. Para muitos cristãos contemporâneos, em contrapartida, a Eucaristia não é uma de nossas práticas regulares e habituais — tampouco a recitação de um credo. Será que os cristãos modernos têm menos necessidade do que nossos antepassados de declarar e expressar sua fé por meio de ações? Por que seria assim?

Com relação a todos os quatro pontos, quero enfatizar que, em termos de impacto sobre nossa compreensão e prática, o que mais importa é aquilo que fazemos juntos com regularidade e ênfase. São essas as atividades que inevitavelmente "pregam" de forma mais poderosa sua teologia e sua antropologia, dizendo-nos quem somos e moldando nossa vida de adoração. O maior impacto não vem das realidades às quais não damos grande ênfase, nem das atividades que realizamos apenas ocasionalmente. Isso me leva a considerar, em quinto lugar, a "atividade de adoração" da música/canto. Pode ser que, hoje em dia, as Sagradas Escrituras não sejam muito lidas em público, nem pregadas com seriedade; pode haver poucas orações públicas, e elas podem ser breves; a Eucaristia pode não ser celebrada, e nenhum credo, recitado. Mas certamente haverá uma quantidade significativa de música/canto no culto. A música/canto tornou-se — de uma forma que não se aplicava à igreja primitiva — *o principal meio de afirmação* da teologia da comunidade cristã. Por ser nossa prática principal, regular e habitual, passou a exercer uma influência poderosa sobre nós no que diz respeito à formação de nossa identidade. E qual é seu caráter?

A música e o canto existiam na igreja primitiva, como vimos no capítulo 21, para facilitar a confissão de fé do povo de Deus reunido. Mas o que muitas vezes se vê nas reuniões de adoração hoje em dia é simplesmente como as pessoas estão *passivas* em relação à música/canto. O modelo do que acontece é, na verdade, mais um "show" do que um "canto comunitário". As pessoas se reúnem para assistir à apresentação de uma "banda" em um "palco", em vez de participarem de uma atividade em grupo. O volume excessivo da música é muitas vezes parte significativa do problema: quando você não consegue se ouvir, por que tentar cantar? Portanto, se a música e o canto têm a ver com facilitar a confissão de fé do povo de Deus reunido, nossa primeira pergunta deveria dizer respeito à *participação*.

Nossa segunda pergunta deveria dizer respeito à *forma* e ao *conteúdo*. Historicamente, é um simples fato que a música e os cânticos preferidos nas reuniões de adoração cristã muitas vezes foram compostos e executados em apenas um estilo musical. Mas uma *forma* tão restrita não pode representar a grande e variada história de Deus da qual todos fazemos parte. Ela não consegue oferecer toda a verdade necessária. De igual modo, muitas comunidades cristãs recorrem a um cânone surpreendentemente limitado de cânticos, e é impossível que um cânone tão limitado capture a plenitude do *conteúdo* da história cristã. Muitas de nossas reuniões são dominadas por cânticos focados, por exemplo, na adoração, o que é, certamente, um aspecto importante da verdadeira adoração cristã. Mas, quando isso se torna o único tema dos momentos de louvor, outros temas essenciais (como o lamento) se perdem. A pessoa integral já não pode mais apresentar todo seu ser a Deus. Esse problema não seria tão grave se os cânticos modernos abordassem outros aspectos da história bíblica mesmo quando insistissem em um tema específico (como a adoração). Mas, na realidade, são muitas vezes incrivelmente breves e, na verdade, não "dizem" muita coisa. Isso geralmente significa que a pessoa se sente obrigada, quase por pura educação, a cantá-los mais de uma vez — várias vezes, na verdade. O resultado é que ela se vê cantando, mais de uma vez, uma composição que já tinha muito pouco a dizer desde o início.

Isso é algo estranho de se fazer, e somente o desligamento de nossa mente do processo de cantar é que pode nos impedir de *vê-lo* como estranho. E isso nos leva à beira de algo que não é de fato adoração cristã — algo que se aproxima muito mais da espiritualidade oriental. Nessa forma, nos envolvemos com cânticos repetitivos com o objetivo de *escapar* da mente e do corpo. Cantamos mantras para entrar em um estado de transe no qual flutuamos por um tempo em um reino espiritual que é "diferente" do mundo em que vivemos. E, ao fazermos isso, reforçamos a falsa teologia que encontramos ao longo do livro, a qual assume sua forma ocidental mais tóxica no gnosticismo.

O Cuco da Adoração é real e perigoso. Precisamos insistir em fazer para nós mesmos os tipos de perguntas que irão fazê-lo sair de onde quer que esteja escondido em nossas práticas não examinadas. Por que não nos envolvemos muito mais nas muitas "atividades de adoração" de nossos antepassados na fé? E, em relação ao que fazemos em vez disso (ou com mais frequência), isso conta como adoração cristã ou é outra coisa? Como podemos saber? Poderíamos fazer certas coisas de forma diferente e melhor? Por exemplo, não seria melhor ler mais as Escrituras e orar mais, e cantar menos? Quando cantamos, não seria melhor cantar uma maior variedade de cânticos, abordando um leque mais amplo de doutrinas, em vez de cantar a mesma música, repetindo várias vezes o mesmo tema? Pois a adoração *cristã* envolve, entre outras coisas, a pessoa integral expressando toda a fé por meio do canto — refletindo sobre ela e lembrando-se dela enquanto canta. Uma boa *igreja* é aquela que se reúne pessoalmente e, *nesse próprio ato* — incluindo suas "atividades de adoração" —, reforça na mente e no coração das pessoas uma antropologia *especificamente cristã*, não estranha.

47

JUSTIÇA

Ó povo, o Senhor *já lhe declarou o que é bom*
e o que ele requer de você:
que pratique a justiça, ame a misericórdia
e ande humildemente com seu Deus.
Miqueias 6.8

Identificar cucos em nosso ninho cristão é uma tarefa importante, mas também pode ser complicada. Na verdade, quanto mais determinado cuco se parece e soa como uma ave genuinamente cristã, mais difícil a tarefa se torna. E ainda assim: é especialmente importante saber distinguir nesses casos difíceis, sobretudo quando queremos nos aliar a pessoas de fora da igreja em se tratando de questões sociais e políticas de interesse comum (cap. 34). Voltando por um instante à minha metáfora da "ponte", do capítulo 41: construir uma ponte para a cultura, nesses casos, exige a designação de vigias atentos, do nosso lado da ponte, que possam impedir a passagem despercebida de bens perigosos, vindos do outro lado, para o coração de nossa própria cidade. Todos nos lembramos da história do cavalo de Troia, e de como isso acabou mal para a cidade de Troia. É com isso em mente que quero dedicar os próximos três capítulos à reflexão sobre a justiça e o meio ambiente.[1]

Vivemos em uma época em que a questão da "justiça" ocupa o topo da pauta de muitas pessoas. Todos falam sobre justiça, e de fato exigem justiça. Mas como saber como é a justiça? Os verdadeiros cristãos devem, sem dúvida, tomar como referência as Sagradas Escrituras para responder a essa pergunta. Assim, comecemos por elas. A justiça está fundamentada

[1] Minha abordagem da justiça neste capítulo e no próximo tem como base o paradigma útil apresentado por Keller, "A Biblical Critique of Secular Justice and Critical Theory".

no próprio caráter de Deus — ela tem raízes transcendentais. Deus é justo — e, por isso, aqueles que estão em um relacionamento correto com ele são chamados a "[praticar] a justiça" para com seus semelhantes, portadores da imagem de Deus, "[amar] a misericórdia e [andar] humildemente com seu Deus" (Mq 6.8). Compreendemos o que *é* justiça e somos motivados a *praticá-la* por meio de nosso relacionamento com Deus. Também é nesse mesmo contexto que entendemos a *ausência* de justiça no mundo. O mundo é injusto porque as criaturas humanas de Deus rejeitaram o único Deus verdadeiro e, ao fazerem isso, tornaram-se inevitavelmente injustas em diferentes graus. Muitas vezes, então, construíram sistemas e estruturas relativa ou totalmente injustos ao redor do planeta (em áreas como justiça criminal, comércio e emprego). O mal que assim se infiltrou no mundo tornou-se agora profundo, complexo e difícil de erradicar. Somente Deus pode — e, por fim, irá — nos salvar do mal.

Mas isso não justifica a passividade de nossa parte. Na Bíblia, encontramos Deus se identificando repetidamente no presente com aqueles que sofrem injustiça, e chamando seu povo a fazer o mesmo. À medida que levamos nossa vida como portadores da imagem de Deus, isso implica defender os direitos humanos de cada um de nossos preciosos semelhantes, também portadores da imagem. Isso inclui, por exemplo, o direito de serem tratados com igualdade perante a lei (justamente), sem distinção de riqueza, classe, raça ou sexo (cap. 22). Nosso chamado como povo de Deus envolve, especialmente, falar em favor "daqueles que não podem se defender" (que não podem falar por si mesmos) e falar em favor dos "pobres e desamparados". Pois, se não defendermos aqueles que, neste momento, não têm poder, não haverá (por exemplo) igualdade perante a lei (Pv 31.8-9). É esse tipo de próximo, em particular, que exige nossa atenção.

É isso que é justiça, falando breve e biblicamente. Não é o que nossos contemporâneos seculares entendem por justiça, e não *poderia* ser — principalmente porque não acreditam que existam absolutos morais transcendentes nos quais a justiça possa se fundamentar. Isso cria dificuldades imediatas quanto a quais *seriam* os direitos humanos que nós — e os sistemas de justiça que projetamos — deveríamos começar a proteger. Sem dúvida, há muitas pessoas no mundo que compartilham com aqueles de fé adequadamente cristã um forte compromisso com os direitos humanos individuais. Mas quantos desses direitos existem, e como podemos saber quais são?

Os "libertários" defendem um número reduzido de direitos relacionados à "liberdade" (por exemplo, os direitos à liberdade de expressão, à propriedade e à religião), enquanto os "liberais" tendem a acrescentar numerosos direitos sociais e econômicos (por exemplo, o direito à educação ou à assistência médica) a estes. Os dois grupos também discordam quanto ao papel do Estado na promoção e proteção desses direitos. Os libertários são muito individualistas e costumam entender a "liberdade" apenas em termos completamente negativos (por exemplo, liberdade *em relação a* imposições como o pagamento de impostos). Os liberais tendem a pensar de forma mais coletiva. Concordando com os libertários, por exemplo, que o livre mercado é o melhor meio de gerar riqueza — a qual pode então ser distribuída de forma justa —, eles veem, no entanto, um papel importante para o Estado na supervisão dessa distribuição, precisamente em nome da justiça nos resultados. Justiça, em ambas as visões, acaba por se resumir, de um modo ou de outro, à forte defesa dos direitos individuais — mas quais são esses direitos?

E, em qualquer dos casos, por que deveríamos considerar qualquer um desses como direitos em primeiro lugar e buscar protegê-los? Nenhuma das duas filosofias oferece uma resposta satisfatória a essa pergunta. Isso é previsível, pois, tendo deixado para trás o "ninho" cristão onde ambas nasceram, cada filosofia se vê incapaz de construir uma base sólida em qualquer outro lugar. Quer seus atuais defensores entendam isso quer não, essas duas abordagens da justiça centradas na "liberdade" (como passarei a chamá-las por questão de simplicidade) dependem da ideia bíblica de direitos e liberdades humanas, *contextualizada dentro da narrativa bíblica*. E, quando esses direitos e liberdades são retirados desse contexto, torna-se impossível *fundamentá-los* verdadeira e objetivamente em qualquer outro lugar. Certamente, não podem ser fundamentados na "Natureza", uma vez que o que é "natural" não é, por isso mesmo, evidentemente bom (veja, por exemplo, cap. 36).

Na ausência de tal fundamento, esses direitos e liberdades tendem, então, a se transformar em entidades que já não se assemelham muito com seus ancestrais bíblicos. Talvez seja por isso que seu ponto de origem acabe por ser esquecido. Em especial, a ideia bíblica da importância do indivíduo se degrada em mero *individualismo*, com seu compromisso *idólatra* com liberdades econômicas, sociais e outras. A liberdade nas Sagradas Escrituras é *para* algo — para amar a Deus, o próximo e as outras criaturas. Mas, à parte da ideia bíblica de equilíbrio em relação à obrigação para com a família e a comunidade, a liberdade logo passa a ser entendida como autonomia.

É por isso que "sociedades centradas na liberdade" no contexto pós-cristão, por fim, experimentam a fragmentação de famílias, de bairros e de instituições. A verdade é que essas filosofias da liberdade só "funcionaram" de fato em sociedades onde a fé cristã permaneceu forte o suficiente para compensar o egoísmo que o individualismo produz. Arrancar essa fé pela raiz deixa o campo limpo para que cresçam as sementes da própria destruição da liberdade. Para que surjam, por final, os idealistas que estão bem cientes da incapacidade dos filósofos da liberdade de fundamentar objetivamente suas ideias. Eles também se sentem repugnados com o egoísmo e a ganância que essas ideias produziram, além de sua consequente insensibilidade em relação àqueles que mais sofreram com elas. E surge um espírito revolucionário, do tipo que exploraremos no capítulo 48.

Antes disso, e para não deixarmos de lado nenhuma possibilidade: uma terceira forma contemporânea de encarar a justiça tenta evitar os problemas associados à sua fundamentação na "Natureza", admitindo que os direitos não são "naturais", mas argumentando que, ainda assim, deveríamos defendê-los com base no interesse próprio racional. Esses seriam os direitos (diz o argumento) que gostaríamos que nos fossem concedidos se estivéssemos em desvantagem de alguma forma (por exemplo, se não pudéssemos pagar por cuidados médicos). Mas, se o que realmente nos motiva é o interesse próprio racional, por que não estabelecer uma sociedade que explore de forma deliberada os pobres para beneficiar o restante da sociedade, e simplesmente garantir que tenhamos riqueza e poder suficientes para nunca nos tornarmos um dos pobres? E se a resposta a essa pergunta for que a opressão dos pobres é errado, então voltamos ao ponto de partida: *por que* é errado? Por que a justiça não seria, na verdade, apenas uma forma de poder? O capítulo 48, mais uma vez, nos chama à reflexão.

Uma quarta (e, por enquanto, última) forma contemporânea de encarar a justiça também tenta evitar os problemas associados a fundamentá-la na "Natureza", mas de um modo diferente. Os defensores dessa visão argumentam que a justiça é *a maior felicidade do maior número de pessoas* ("utilitarismo"). Se algo faz a maioria feliz, então ele é justo, dentro dos limites estabelecidos pelo chamado "princípio do dano" — segundo o qual nosso comportamento não deve causar dano aos outros. Isso é, sem dúvida, problemático. Só porque algo faz uma pessoa feliz, não significa que seja certo. E qualquer acordo entre grandes grupos de pessoas — maiorias — sobre o que *as* faz felizes também não equivale à justiça. Por exemplo, a escravidão deixava os cidadãos da antiga Atenas muito felizes — mas a sociedade ateniense, nesse aspecto, era profundamente injusta. E, como também demonstra esse exemplo, o "princípio do dano" é, na verdade, inútil em si mesmo como restrição às opiniões da maioria, porque a visão sobre o que constitui "dano" depende da visão que se tem da natureza humana, e de alguma compreensão do certo e errado, que precisa ser "emprestada" de outro lugar. Para os atenienses, escravos eram escravos *por natureza* — então, a escravidão não era prejudicial para os escravos. Em suma, do ponto de vista cristão, o utilitarismo é uma forma totalmente inaceitável de pensar sobre a justiça, uma vez que corrói os direitos de cada um dos portadores da imagem de Deus em favor do grupo ou "do povo". Nessa visão, os idosos ainda teriam direito à vida, por exemplo, se a maioria estivesse descontente com a presença de tantos deles? Por quê?

Então, "quero ver uma grande inundação de justiça, um rio inesgotável de retidão", como exorta Amós 5.24. Quem pode ser contra a justiça? Mas sejamos muito claros quanto ao que queremos dizer com essa palavra. Todos os tipos de pessoas gostariam de recrutar cristãos para apoiar *suas* próprias noções de justiça — e talvez, em determinados assuntos, devêssemos de fato apoiá-las. Mas, ao fazermos isso, não devemos deixar o senso crítico de lado, nem começar a assinar "cheques em branco" para apoiar qualquer tipo de "justiça" que elas aprovem em um determinado momento. Existe esse tal de Cuco da Justiça, e ele tem a capacidade de causar grandes problemas. No pior cenário, podemos descobrir, após reflexão crítica, que a "justiça" pela qual outros estão nos pedindo para lutar não é, biblicamente falando, justiça de modo algum.

48

REVOLUÇÃO

Vocês transformam a retidão em veneno
e o fruto da justiça, em amargura.

Amós 6.12

A advertência final de meu capítulo anterior se aplica tanto às ideias *pós-modernas* de justiça quanto a qualquer outra. Trata-se de uma forma de pensar que surge da teoria crítica pós-moderna. É muito diferente do pensamento baseado na "liberdade" e, na verdade, costuma se posicionar agressivamente contra as filosofias da liberdade — ponto por ponto — e as realidades sociais construídas sobre essa base. Nossa pergunta, enquanto continuamos atentos ao Cuco da Justiça, deve, no entanto, ser a mesma: até que ponto essas ideias pós-modernas de justiça são consistentes com o ensinamento bíblico? Contudo, ao insistirmos nessa questão neste capítulo, descobriremos que já não estamos lidando com o Cuco da Justiça, mas sim com um Cuco da Revolução.

Os elementos centrais do pensamento pós-moderno sobre justiça são os que seguem. Primeiro, ele é ainda mais focado que o pensamento liberal (em oposição ao libertário) na questão dos "resultados" sociais, recusando-se a aceitar desigualdades de poder, riqueza e bem-estar na sociedade. Mas, ao contrário do liberalismo, explica esses resultados negativos principalmente como decorrentes de estruturas e sistemas sociais injustos, em vez de outras causas (por exemplo, como esforço individual ou preguiça; ou diferenças de habilidades individuais). Uma vez que os problemas de origem são estruturais e sistêmicos por natureza, faz sentido concluir que a única maneira de resolvê-los em favor dos desfavorecidos se dá por políticas sociais. A solução nunca é (por exemplo) pedir que os indivíduos mudem seu comportamento. Alcançamos a "justiça" social — e a adição desse adjetivo ao substantivo é característica dessa forma de abordar a realidade — por meio de mudanças estruturais e sistêmicas.

Aprofundando a análise (em segundo lugar): qual é a natureza da sociedade que precisa ser transformada? Ela se caracteriza, de forma mais fundamental, pela desigualdade de poder. Alcançar a justiça, portanto, consiste, mais fundamentalmente, em resolver esse problema. As relações de poder em nossa sociedade atualmente injusta devem ser descritas, primeiro, por meio da análise da "interseccionalidade". "O conceito de interseccionalidade descreve as formas pelas quais os sistemas de desigualdade, baseados em gênero, raça, etnia, orientação sexual, identidade de gênero, deficiência, classe social, etc., 'se cruzam' para criar dinâmicas e efeitos únicos".[1] Pessoas que se enquadram em uma dessas categorias já enfrentam falta de poder, e pertencer a outras categorias ao mesmo tempo aumenta essa falta de poder. O mapeamento interseccional revela a verdade por trás de todas essas dinâmicas de poder, expondo assim os grupos que, na sociedade contemporânea, possuem menos poder — aqueles que mais necessitam de justiça social.

Esse mapeamento interseccional, em terceiro lugar, revela a verdade de maneiras que os "discursos dominantes" não conseguem. "Discursos dominantes" são as reivindicações de verdade feitas por grupos poderosos no momento, normalmente fundamentadas na razão e na ciência ou na religião. A questão sobre a linguagem é que ela não apenas *descreve* a realidade. Pelo contrário, ela a *constrói* ou cria com o intuito de mascarar estruturas de poder (veja caps. 38 e 42). Por exemplo, acadêmicos e cientistas ocultam estruturas injustas por trás do discurso de "liberdade acadêmica" e "objetividade empírica", respectivamente. Portanto, a reconstrução da sociedade de forma justa requer a subversão de discursos dominantes. Isso, por sua vez, exige o controle do discurso, em vez de permitir liberdade de expressão. Mesmo debates racionais que abordem ideias "erradas" não podem ser permitidos, porque isso apenas oferece espaço para que discursos injustos se tornem cada vez mais dominantes. Os poderosos (os "privilegiados"), cegados por sua própria posição social, devem simplesmente permanecer em silêncio, criando espaço para que os desfavorecidos possam falar — especialmente as pessoas que estão na ponta mais extrema do espectro interseccional. Essas pessoas extremamente marginalizadas são, acima de tudo, capazes de ver como as coisas de fato são no mundo e de falar sobre isso com autoridade moral.

[1] Center for Intersectional Justice, "What Is Intersectionality?".

O problema vai além da linguagem, no entanto. Em quarto lugar, "toda arte, religião, filosofia, moralidade, lei, mídia, política, educação e formas de família" são igualmente "determinadas, não pela razão ou pela verdade, mas por forças sociais [...]. Tudo é determinado por sua consciência de classe e posição social".[2] Tudo precisa ser "desmascarado" e desconstruído em nome da justiça.

No Ocidente pós-cristão, especialmente, essa forma de pensar sobre a justiça se tornou cada vez mais influente nas últimas décadas. A revolução "*woke*" que ela exige — a destruição da sociedade ocidental e sua recriação a partir do zero — parece, em muitos aspectos, já estar bem encaminhada.[3] A cada dia, ao que parece às vezes, avança mais um passo, reivindicando outra instituição ou organização. Seu sucesso em conquistar corações e mentes tem muito a ver com as fragilidades das sociedades centradas na "liberdade" descritas no capítulo 47. Também não ajudou o fato de que, há muito tempo, temos permitido que defensores do construcionismo nietzschiano (bem como do marxismo), conforme descrito nos capítulos 38 e 42, tenham acesso irrestrito e sem oposição a um grande número de jovens impressionáveis ao longo de sua formação educacional. A política que estamos discutindo neste momento representa apenas o resultado previsível desse tipo de doutrinação assimilada de forma acrítica. É assim que muitos *millennials* e seus herdeiros, tanto fora quanto dentro da igreja, consideram o "pensamento da justiça social" como a forma evidentemente *correta* de se pensar sobre questões de justiça.

É importante, então, sermos claros quanto à profunda incoerência intelectual e moral dessa forma de pensar sobre a realidade, a qual retomarei no capítulo final. Deixando essa questão de lado por enquanto, é especialmente importante que compreendamos a notável incompatibilidade, em qualquer caso, entre as ideias que estamos discutindo neste capítulo e as ideias bíblicas de justiça. Permita-me fazer apenas duas observações nesse sentido.

Antes de tudo, é impossível que um ponto de vista verdadeiramente cristão aceite a visão pós-moderna irremediavelmente romântica sobre o bem e o mal que está no cerne dessa perspectiva. Muitos de seus defensores assumem

[2] Keller, "A Biblical Critique".

[3] Recentemente, por exemplo, li o seguinte: Pollard, "Amnesty International Has Become a Woke Joke". Outra organização originalmente apolítica, conhecida por defender a liberdade de pensamento e de expressão, rendeu-se ao partidarismo *woke*.

exatamente o que Rousseau (e, na verdade, Marx) primeiro assumiram: que a "civilização" imprime o mal nos seres humanos naturalmente bons. Portanto, mude as estruturas atuais, e você resolverá o problema da injustiça. Mas a fé bíblica insiste que o mal reside tanto *dentro* quanto *fora* de cada um de nós. Sempre foi assim — e a ciência concorda (veja cap. 43). Nada nas Sagradas Escrituras ou na história sugere que podemos erradicar a injustiça pela simples mudança de estruturas sociais. Pelo contrário, há evidências históricas consideráveis em favor da tese de que, na realidade, quando mudamos até mesmo estruturas sociais bastante insatisfatórias, podemos criar mais injustiça do que a que existia inicialmente. A verdade é que nossa salvação necessariamente envolve lidar de forma abrangente com a realidade problemática que é, *na verdade*, "sistêmica" na criação: o problema do pecado. Esse é um problema que afeta *todas* as pessoas e *todas as coisas*, incluindo nossa capacidade de analisar nossa própria situação com precisão. Acreditando nisso, os cristãos também são obrigados a rejeitar a ideia pós-moderna de que pessoas com menos poder do que outras são, por natureza, capazes de enxergar as coisas com mais clareza por estarem em uma situação de opressão. Não há boa razão, bíblica ou de fato empiricamente, para endossar tal generalização.

Dando continuidade a partir disso, em segundo lugar, as Sagradas Escrituras enfatizam que cada pessoa caída é, antes de tudo, um indivíduo feito à imagem de Deus, ontologicamente igual a todos os outros seres humanos. Não é de *capital* importância o fato de cada um de nós também pertencer a um sexo, uma raça ou uma nacionalidade (e assim por diante). É isso que me obriga a amar cada ser humano como meu próximo, a despeito do que diferencia essa pessoa de mim. É isso que me obriga a tratar todos os outros indivíduos de forma justa. A visão pós-moderna, por outro lado, prioriza a identidade racial ou de grupo de uma pessoa, em vez de sua identidade meramente humana. Nessa forma de pensar, portanto, quando surgem questões de justiça e injustiça, os indivíduos são sempre tratados como membros de uma classe. A questão não é, por exemplo, *se* você, como indivíduo, *é* culpado, de forma demonstrável e objetiva, por agir injustamente com os outros. Na verdade, você já é culpado de injustiça simplesmente por ser membro das classes poderosas, e não das oprimidas, como revela o mapeamento interseccional. Uma das implicações disso é que você não tem o direito, como membro de um grupo privilegiado, de se queixar por sofrer discriminação. As pessoas ligadas à justiça social não veem problema com a discriminação (por exemplo, racial), contanto que seja dirigida aos inimigos de classe. Nessa filosofia, justiça não significa "tratar cada pessoa com justiça", a despeito de seu gênero, raça e assim por diante. Em geral, significa exatamente o oposto. E assim voltamos ao que escrevi anteriormente neste capítulo: não estamos de fato lidando com um Cuco da Justiça aqui, mas com outra coisa. A justiça foi transformada "em veneno" (Am 6.12).

Muito mais poderia ser dito sobre esse tema, incluindo o ponto importante de que, na forma pós-moderna de pensar, é evidente que não pode haver expiação individual para o culpado, seguida de restituição a uma comunidade mais ampla de pecadores perdoados. Não há "como sair" de sua "tribo". Na verdade, perdão, paz e reconciliação entre "grupos" dentro de suas bolhas *também* são impossíveis. Como escreveu Miroslav Volf de forma perspicaz sobre esse tipo de mentalidade de tribo, "o perdão fracassa porque excluo o inimigo da comunidade dos humanos, assim como eu me excluo da comunidade dos pecadores".[4] E, sem dúvida, essa exclusão de si mesmo da comunidade dos pecadores é muito evidente entre os defensores da teoria pós-moderna da justiça. Muitos deles exalam a repulsiva e acrítica justiça própria, típica dos cruzados em guerra contra o mal (externo), determinados a seguir em frente com a batalha até que o inimigo seja destruído — por meio de humilhação pública, exclusão, denúncia ou qualquer outra arma que esteja à mão. Seu "evangelho" é muito diferente do evangelho cristão, ponto por ponto — embora seja possível vê-los "frequentando" igrejas.

Em suma, o povo bíblico *deveria* ter um interesse ardente pela justiça. Mas a igreja deve sempre ser, antes de tudo, a igreja, e não apenas a ala religiosa de algum outro movimento ideológico, seja liberal ou antiliberal. Evitar esse destino necessariamente envolve, entre outras coisas, a capacidade de identificar o Cuco da Revolução e resistir a ele. Um sinal claro de que uma comunidade cristã está falhando nessa tarefa é quando a linguagem da "justiça social" se torna endêmica dentro dela. Outro sinal é quando ela compartilha com a cultura ao redor práticas vergonhosas, como discriminar grupos atualmente desfavorecidos no mercado de trabalho, ou na admissão de estudantes em uma universidade ou faculdade.[5]

[4] Volf, *Exclusion and Embrace*, p. 124.

[5] As admissões são um tema polêmico em vários países atualmente, com numerosas instituições de ensino argumentando que, na verdade, não estão praticando discriminação

Injustiça é injustiça, por mais que se tente disfarçá-la com o uso astuto de adjetivos. Injustiça é injustiça, independentemente do gênero, da cor de pele ou de qualquer outra característica da vítima.

ao favorecer, por exemplo, candidatos negros, hispânicos e indígenas norte-americanos em detrimento de candidatos brancos e asiáticos. Mas está claro que estão. Veja, por exemplo, Liptak, "Race-Based College Admissions". Da mesma forma, os empregadores muitas vezes alegam hoje em dia que também não estão praticando discriminação ao favorecer pessoas de determinados grupos, pois, segundo eles, não se trata de discriminação nessas situações — afinal, as vítimas são, na verdade, membros de outros grupos que merecem o que está acontecendo com elas.

49

MEIO AMBIENTE

Toda a criação, não por vontade própria, foi submetida por Deus a uma existência fútil, na esperança de que, com os filhos de Deus, a criação seja gloriosamente liberta da decadência que a escraviza.

ROMANOS 8.20-21

Além da justiça, "o meio ambiente" é uma das questões que atualmente estão chamando a atenção das pessoas em todo o mundo.[1] Como vimos nos capítulos 12 e 13, uma antropologia cristã exige que também tenhamos grande consideração pelo que *nós* chamamos de *criação* humana e não humana. Sem dúvida, isso exige ainda que, de tempos em tempos, unamos forças com todos os tipos de "ambientalistas" com suas várias preocupações legítimas. Todavia, mais uma vez, devemos ser sábios com relação a essas alianças, mantendo-nos atentos o tempo todo às formas pelas quais o "ambientalismo" não é de fato o cuidado bíblico com a criação, mas sim um cuco cujo canto pode nos desviar para caminhos muito errados.

O romantismo é, mais uma vez, um dos grandes perigos nessa área de nossa vida cristã — e você provavelmente já percebeu, a esta altura do livro, minha forte convicção de que essa é uma das ideologias contemporâneas centrais sobre as quais os cristãos *precisam* estar bem informados. Romantismo é importante em se tratando de questões ambientais justamente porque *devemos* concordar com nossos contemporâneos seculares quando dizem que devemos ficar horrorizados com o pragmatismo cientificista de alguém como Francis Bacon (cap. 13). O problema é que a reação dominante contra o cientificismo, nessa área como em outras, tem

[1] Sobre o conteúdo deste capítulo, veja mais em meus livros *Convenient Myths*, p. 107-119, *Seriously Dangerous Religion*, p. 221-249, e *Seeking What Is Right*, p. 265-283, que discutem questões ambientais.

sido fortemente influenciada por ideias românticas. A mente cristã acrítica pode, portanto, acabar por ser excessivamente persuadida por *esse tipo* de resposta ao cientificismo, deixando de oferecer, como resultado, uma resposta distintivamente *cristã*. Em especial, podemos acabar por concordar com a frequente alegação do Cuco do Meio Ambiente de que não foi a "interpretação equivocada" de Gênesis por Bacon que levou à nossa atual "crise ecológica", mas o próprio Gênesis.[2] E, como consequência, podemos descobrir que nossa vida está pautada em uma "contranarrativa" romântica sobre o planeta, em vez de seguir nossa própria narrativa bíblica ao lidarmos com as questões ambientais.

A alegação em questão ganhou forma da maneira mais notável em um ensaio ainda influente escrito por Lynn White, em 1967.[3] A visão de White sobre o que diz Gênesis 1—2 envolve o planejamento da criação por Deus "explicitamente para o benefício e domínio do homem: nenhum elemento da criação física tinha outro propósito senão servir aos propósitos do homem". O cristianismo, afirma ele — especialmente em sua forma ocidental —, "é a religião mais antropocêntrica que o mundo já viu".[4] Para dizer o mínimo, essa é uma interpretação problemática de Gênesis 1—2. Mas, uma vez que já descrevi nos capítulos anteriores o que Gênesis *realmente* tem a dizer, não vou me repetir aqui. O mais importante sobre o ensaio de White é o seguinte: embora sua afirmação sobre a natureza completamente antropocêntrica do cristianismo não esteja correta, muitas pessoas *acreditam* que esteja. Essa perspectiva, de fato, tem reaparecido regularmente em publicações "verdes" de lá para cá. James Lovelock certa vez propôs, por exemplo, que "nossas religiões ainda não nos deram as regras e orientações" necessárias para criar uma relação viável com outras criaturas. Ele acreditava especificamente que "o conceito cristão de mordomia" é problemático porque é "comprometido por um orgulho inconsciente".[5] Nesse pensamento bíblico (segundo ele), os seres humanos ocupam, em termos de conceito, simplesmente uma posição elevada demais na hierarquia do ser — e as pessoas que concordam com as Escrituras sob essa perspectiva serão as últimas a cuidar da criação não humana. Precisamos (propõe ele) de uma história diferente.

[2] Bauckham, *Bible and Ecology*, p. 6.
[3] White, "Ecologic Crisis".
[4] White, "Ecologic Crisis," p. 25.
[5] Citado em Taylor, *Dark Green Religion*, p. 36.

É aqui que entra o Romantismo, oferecendo-nos a contranarrativa à qual me referi parcialmente no capítulo 43 — o que chamo de "o mito da idade de ouro verde-escura". Há muito tempo, antes do surgimento da agricultura (segundo essa história), os seres humanos viviam de acordo com os ritmos e os ciclos da Natureza. Era um tempo anterior à hierarquia e ao patriarcado, no qual vivíamos em harmonia com a Natureza e em igualdade uns com os outros. Possuíamos uma sabedoria profunda sobre como viver bem no mundo, bem como uma predisposição natural à simpatia e à compaixão por todas as criaturas. Então surgiu a "civilização", acompanhada das chamadas "religiões mundiais" que reduziram a importância do "lugar" (exceto quando se referia a uma vida espiritual após a morte). Grande parte do que há de errado na vida humana contemporânea decorre justamente dessa adesão à civilização. Agora precisamos refazer nossos passos, reconectando-nos com nossos ancestrais caçadores-coletores em seu estado natural. É aí que encontraremos a espiritualidade da Natureza de que precisamos para abrir caminho pelo mundo. Essa reconexão necessariamente se dará por meio da mediação dos povos nativos que ainda não tiverem sido totalmente absorvidos pela realidade civilizacional. Mesmo até os dias atuais, eles levam uma vida mais afirmativa em relação ao mundo, contente, equitativa, próspera e pacífica do que o restante de nós, guiados por uma espiritualidade orgânica muito mais autêntica que a nossa. Em particular, demonstram um conhecimento ecológico impressionante. É ao ouvirmos sua sabedoria, reconectando-nos assim com nosso passado mais profundo, que poderemos salvar a nós mesmos e ao planeta.

Essa narrativa tem se mostrado extraordinariamente influente nos tempos recentes, e não apenas no sentido de criar as condições para o renascimento moderno (ou, mais precisamente, a reinvenção) de antigas religiões pagãs e de moldar nosso discurso social sobre o meio ambiente. Por exemplo, quando as pessoas engajadas em "justiça social" identificam a "civilização" como a realidade que distorce uma ordem "natural" marcada pelo igualitarismo, pela riqueza compartilhada, pela paz e pelo contentamento geral, e nos exortam a derrubar a civilização "neste exato momento" para que essa ordem natural possa emergir mais uma vez — bem, essa é a narrativa "verde" que elas estão utilizando, quer percebam quer não.

O problema, sem dúvida, é que não há razão alguma para considerar essa narrativa de fundo como verdadeira. Se a vida dos povos nativos modernos tem algo a nos ensinar sobre nosso passado paleolítico de caçadores-coletores, certamente não é que um dia habitamos a tal idade de ouro verde-escura.

Não é verdade, por exemplo — como vimos no capítulo 43 — que as sociedades de caçadores-coletores foram menos violentas do que as que se seguiram. Também não procede a ideia de que foram mais igualitárias e menos hierárquicas. E, especificamente em relação a este capítulo, também não é verdade que foram mais sensíveis ecologicamente do que seus sucessores. Todas essas afirmações resultam de atos de imaginação ao estilo de Schiller. Em meu livro *Convenient Myths* [Mitos convenientes], você encontrará uma quantidade considerável de exemplos específicos que deixam isso claro, muitas vezes contradizendo diretamente o "senso comum" de nossos tempos.[6]

Diz-se com frequência, por exemplo, que os povos nativos da América do Norte seguiam "práticas de conservação" na caça. Matavam apenas para suprir suas necessidades imediatas de alimento e vestuário, e cuidavam para que nada fosse desperdiçado. Contudo, a verdade é que, quando chegava "a temporada do búfalo" nas planícies a cada ano, os índios das Grandes Planícies matavam búfalos em grande número em um curto espaço de tempo, muitas vezes consumindo apenas as melhores partes e deixando o restante apodrecer no chão. Tudo dependia de fatores como a distância até o acampamento e os meios de transporte disponíveis. Onde a geografia permitia, também era comum que simplesmente fizessem manadas inteiras de búfalos correrem até precipícios para ter acesso a alguns dos animais mortos para alimentação.

Isso é completamente compreensível. A grande preocupação deles era comer as partes do búfalo enquanto tinham a oportunidade, sem serem mortos por esses animais muito grandes e agressivos. Vivendo em um ambiente hostil, com escassa oferta de plantas comestíveis, eles não se preocupavam com o desperdício gerado pelo sucesso na caça, mas com a falta de alimento que resultaria do fracasso dela. A "natureza" é algo com que apenas os românticos modernos, em casas confortáveis, projetando na mente imagens românticas de grupos humanos antigos, podem se dar ao luxo de ser românticos. Esses *verdadeiros* caçadores-coletores não podiam se dar ao luxo de tal romantismo. Eles *lutavam* contra a Natureza, como os seres humanos quase sempre tiveram de fazer. A sobrevivência, não a simpatia e compaixão por todas as criaturas, era sua principal preocupação. Não é a primeira vez neste livro que descobrimos que o romantismo não necessariamente representa as coisas como realmente são (ou foram). Esse foi, aliás, o argumento de Johann Wolfgang von Goethe contra as pinturas de Caspar David Friedrich (cap. 37),

[6] Veja meu livro *Convenient Myths*, p. 41-82.

sobre as quais ele disse certa vez, de forma notável (e um pouco injusta), que se poderia muito bem observá-las de cabeça para baixo.[7]

O que chamamos de "sabedoria ecológica" não fazia parte disso — nem para essas nem para outras sociedades "tradicionais". Um estudo moderno abrangente demonstrou, na verdade, que pessoas em tais sociedades "não [...] expressam uma ética de conservação amplamente difundida".[8] Seu impacto ecológico frequentemente baixo resulta, "não de esforços conscientes de conservação, mas de várias combinações de baixa densidade populacional, tecnologia de extração ineficiente e falta de mercados lucrativos para os recursos extraídos".[9] Consequentemente (como escreve Thomas Neumann), é "importante abandonar a imagem dos povos aborígenes vivendo em harmonia idílica com os sistemas ecológicos naturais".[10]

É particularmente importante que nosso pensamento esteja "bem alinhado" nessa questão do ancestral ecologicamente nobre por causa das consequências que sempre decorrem de nossas crenças centrais sobre a realidade. Como disse um estudioso nessa área, "concepções românticas equivocadas podem não importar, exceto pelo fato de que as sabedorias convencionais que delas derivam geram prescrições normativas".[11] Em particular, "as estratégias atuais de educação ambiental e de conservação refletem nossa fé em tais ideais".[12] Quando entendemos mal o passado, isso facilmente nos leva a causar danos no presente, mesmo quando imaginamos que estamos fazendo o bem. No capítulo final de *Convenient Myths*, ilustro essa realidade de duas maneiras em relação à ideia do ancestral ecologicamente nobre: como ela tem se mostrado prejudicial tanto aos direitos humanos das populações nativas na América Latina quanto ao cuidado equilibrado de áreas selvagens nos Estados Unidos.[13] Realmente importa se nossas interpretações do passado são verdadeiras, e não apenas retrojeções românticas. Não contribuímos nem para o florescimento humano nem para a "salvação do planeta" ao romantizar o passado.

[7] Doyle, "A Friedrich for the National Gallery", p. 109.
[8] Low, "Ecology", p. 356.
[9] Low, "Ecology", p. 368.
[10] Neumann, "Prehistoric Peoples", p. 143.
[11] Low, "Ecology", p. 355.
[12] Low, "Ecology", p. 355.
[13] Veja *Convenient Myths*, p. 121-127.

Em suma, quando pensamos no cuidado da criação, precisamos aprender a ignorar o Cuco do Meio Ambiente e seguir com a tarefa com base em nossa própria história bíblica verdadeira sobre o mundo e seu Criador. A despeito do que Lynn White e outros digam sobre essa história bíblica, o fato é que ela nos ensina que "o meio ambiente" é, na realidade, um espaço sagrado criado, cujo bem-estar nos foi confiado por nosso Criador. E, a despeito do que eles afirmem sobre os *efeitos* da narrativa bíblica, o fato é que as pessoas que acreditam na veracidade dela não serão as *últimas* a tomar as medidas necessárias para cuidar de *todas* as criaturas "do meio ambiente", mas muito provavelmente estarão entre as *primeiras*.

CONCLUSÃO

Aqui termina meu relato. Esta é minha conclusão:
tema a Deus e obedeça a seus mandamentos, pois esse é o dever de todos.

ECLESIASTES 12.13

Ideias são poderosas. John Maynard Keynes certa vez disse o seguinte sobre algumas delas:

> As ideias dos economistas e filósofos políticos, quando estão certas e também quando estão erradas, são mais poderosas do que comumente se imagina. Na verdade, são elas que praticamente governam o mundo. Homens práticos, que se consideram isentos de quaisquer influências intelectuais, geralmente são escravos de algum economista já falecido. Loucos no poder [...] destilam seu delírio a partir dos escritos de algum acadêmico de alguns anos atrás. Tenho certeza de que o poder dos interesses pessoais é amplamente exagerado em comparação à invasão gradual das ideias, [...] cedo ou tarde, são as ideias, não os interesses pessoais, que são perigosas para o bem ou para o mal.[1]

Keynes está escrevendo aqui sobre a maneira pela qual muitas pessoas não têm consciência da natureza contestada da realidade — neste caso, no que diz respeito à economia. Elas não compreendem como cada um de nós está, inevitavelmente, envolvido na "guerra de mitos" que comecei a discutir no capítulo 1. Keynes refere-se a essas pessoas sem consciência como "homens (e mulheres) práticos" — aqueles que simplesmente "aceitam o mundo como o encontram" (para usar uma expressão batida) e seguem com a vida sem refletir muito sobre ela. Tendem a simplesmente assumir que é óbvio o

[1] Keynes, *General Theory of Employment*, p. 383-384.

que é verdadeiro sobre a realidade, e sobre o certo e o errado. Na verdade, muitas vezes desconfiam daqueles que sugerem o contrário e são hostis a eles — pessoas "não práticas" com a cabeça nas nuvens, como filósofos ou mestres religiosos, que tornam as coisas mais difíceis do que deveriam ser. A consequência é que essas "pessoas práticas" nunca fazem perguntas sobre sua própria narrativa, porque não a veem como uma narrativa. *Veem--na* simplesmente como "o modo como as coisas são".

O fato, porém — e espero que este livro tenha enfatizado essa verdade —, é que cada uma dessas "pessoas práticas" vive em um mundo profundamente moldado pelas ideias de outras pessoas sobre o que é verdadeiro e o que é certo. Ninguém está "isento de [...] influências intelectuais", nem de fato de influências morais. Isso vale tanto para pessoas comuns quanto para aquelas que detêm considerável poder ("loucos no poder"). Não há quem não viva dentro de uma narrativa (inevitavelmente contestável), contada a essa pessoa, em primeiro lugar, por outras pessoas (como discutido no cap. 3). Os seres humanos estão sempre "inseridos em histórias" desse modo, quer reflitam quer não sobre esse fato, assim como sempre são "políticos", quer votem quer não. "Na verdade, são elas [as ideias dos economistas e filósofos políticos]" — mais que ideias poderosas — "que governam o mundo", "quando estão certas e também quando estão erradas". Você e eu não temos outra escolha senão nos encontrarmos dentro de uma história, moldada por ideias. A única pergunta é: vamos nos esforçar para garantir que vivamos em uma história verdadeira e boa, moldada por *boas* ideias, ou em uma falsa e possivelmente perigosa?

Se esse for de fato nosso compromisso — e certamente deve ser o compromisso de um *cristão* —, então, sem dúvida, precisaremos entender quais *são* as narrativas dominantes de nosso tempo e lugar, e como desafiam e buscam enfraquecer as nossas. Isso é tão verdadeiro para a tarefa de "ser humano" quanto para qualquer outra atividade. Precisamos compreender como é uma antropologia verdadeiramente cristã — e também precisamos entender as ideias contrárias sobre a natureza humana e de onde elas vêm.

Este livro foi uma tentativa de ajudar os cristãos em ambos os aspectos, em um momento da história em que a igreja se encontra em crise em relação à "questão humana". Ao longo de meu argumento, explorei primeiro o que as Sagradas Escrituras ensinam sobre os fundamentos de uma antropologia cristã e quais são algumas das principais implicações desses fundamentos. Em segundo lugar, também apresentei uma série de cucos no ninho cristão, explicando por que, como seguidores de Cristo, não devemos (não podemos) ouvir o canto desses corpos estranhos em nosso meio. Houve dois aspectos nessa segunda parte do argumento. Em *todos* os casos, tentei mostrar a incompatibilidade entre o que o cuco está cantando e o ensinamento bíblico. E então, em *muitos* casos, comentei também sobre a incoerência interna dessas ideias estranhas — como essas ideias, por si mesmas, não fazem sentido. Embora não tenha tido espaço para desenvolver isso de forma muito extensa, e em alguns casos eu não tenha conseguido fazê-lo de modo algum, recomendo que você continue a desenvolver por conta própria essa segunda tarefa, pois ela é importante. Um dos desafios enfrentados por qualquer pessoa que sustente uma visão minoritária em uma cultura majoritária é que as ideias centrais desta última podem ser vistas como assustadoramente poderosas. É óbvio (tendemos a pensar) que devem ser verdadeiras — do contrário, como tantas pessoas poderiam *aceitá-las* como verdade? Contudo, quando começamos, por meio da investigação crítica, a compreender suas fragilidades, também começamos a perceber que não somos *nós* os insensatos por *rejeitá-las*. Os *outros* é que são insensatos por *aceitá-las* de forma acrítica.

Por exemplo — e mencionei no capítulo 48 que retomaria essa questão —, uma coisa é perceber que a visão pós-moderna de justiça está profundamente em tensão com as ideias bíblicas. Isso já é motivo suficiente para rejeitá-la. No entanto, quando percebemos que ela é também intrínseca, intelectual e moralmente *incoerente*, isso, sem dúvida, fortalece nossa disposição de rejeitá-la. Os teóricos pós-modernos querem que acreditemos, ao mesmo tempo, que todas as afirmações de verdade e todas as agendas de justiça são meras construções sociais criadas para legitimar o poder, *e*, de alguma forma, que suas próprias afirmações de verdade e as agendas de justiça não são. Pois defendem com vigor, quase religioso, aquilo que consideram moralmente *correto* — a libertação dos oprimidos —, ao mesmo tempo que afirmam que todas as outras reivindicações morais são meras construções sociais. Mas, se *todos* estão cegados por sua consciência de classe e sua posição social, por que *eles* não estariam?

Da mesma forma, a interseccionalidade afirma que as pessoas oprimidas enxergam as coisas com mais clareza do que qualquer outra — mas como isso pode ser verdade se as forças sociais definem completamente o que somos e controlam a forma como compreendemos a realidade? Além disso, se todas as pessoas que detêm poder inevitavelmente o usam para dominar, então, sem dúvida, é exatamente isso que os teóricos pós-modernos fariam se conseguissem substituir os atuais "opressores" no topo da sociedade, como claramente desejam fazer. Na verdade, foi exatamente isso que aconteceu em Estados marxistas ao redor do mundo ao longo dos últimos cem anos ou algo assim, quando revolucionários de esquerda colocaram em prática uma filosofia construcionista muito similar. O romance *A revolução dos bichos*, de George Orwell, é apenas uma entre muitas obras literárias que lançaram luz sobre a dinâmica envolvida nesse processo.[2] É ingênuo presumir que elites poderosas não surgirão imediatamente dos escombros da civilização deixados por uma revolução. Elas sempre estão entre nós. A única pergunta é: "De que tipo de pessoas no topo da hierarquia devemos ter mais receio?". Devem ser pessoas liberais que, pelo menos, acreditam em lei e justiça objetivas, por exemplo, ou aquelas que já expressam abertamente desprezo por tais ideias?

E "aqui termina meu relato" (Ec 12). No que diz respeito a todo o "relato pessoal", eis como ele "termina": "tema a Deus e obedeça a seus mandamentos" (Ec 12.13). E, uma vez que seu desejo for continuar a fazer ambas as coisas, cuide para identificar os cucos em seu ninho cristão e lidar com firmeza com eles. Pois cada um deles é uma das artimanhas do diabo, que busca desestabilizar a verdadeira fé cristã de todas as formas que puder. Ele deseja isso justamente porque odeia o "relato pessoal" — o motivo pelo qual a "rejeição da corporalização" está no centro de sua agenda.

Vimos esse tema emergir várias vezes ao longo deste livro, e não apenas de maneiras explicitamente religiosas ou espirituais (por exemplo, no gnosticismo ou em sistemas semelhantes). Na verdade, já no *primeiro* capítulo, apresentei uma pessoa influente entre muitas ao redor do mundo que estão atualmente empenhadas em criar um admirável mundo novo no qual "o problema humano" seja resolvido por meio da tecnologia avançada, especialmente a inteligência artificial. À medida que chegamos ao fim deste *último* capítulo, quero mencionar uma organização inteira — o extremamente influente Fórum Econômico Mundial — cujos planos (totalitários) para nossa vida se baseiam precisamente no surgimento desse admirável mundo novo, com sua fusão dos "mundos físico, digital e biológico, impactando todas as disciplinas, economias e indústrias, e até mesmo desafiando

[2] Orwell, *Animal Farm*.

as ideias sobre o que significa ser humano".[3] O Fórum Econômico Mundial foi fundado por Klaus Schwab, cujas várias reflexões não são as de "algum economista *já falecido*", mas sim as de um economista muito ativo que tem a atenção das elites globais ao redor do mundo. E suas ideias não são, evidentemente, apenas de natureza econômica. São, entre outras coisas, claramente "antropológicas".

A rejeição da corporalização está no centro do ataque do diabo contra a humanidade. A corporalização, por outro lado, deve estar no centro de nossa resposta cristã — em todas as áreas de nossa vida. Isso inclui a forma como adoramos, como educamos e (na verdade) até como comemos — insistindo, com Capon (cap. 8), que partir o "verdadeiro pão" também é "romper o abraço sem amor que o inferno lançou sobre o mundo e [...] libertar o que é secular". Com tudo isso em mente, quero concluir com uma citação na mesma linha de Eugene Peterson, que vai direto ao cerne de muitas de minhas preocupações neste livro:

> Não é possível ter um evangelho cristão separado de lugar e pessoa. O evangelho não é uma ideia, um plano ou uma visão. Ele atua exclusivamente na criação e na encarnação, em coisas e pessoas. A rejeição da encarnação é obra do diabo. [...] Precisamos mergulhar de cabeça nas coisas deste mundo, sentir seu perfume, amassar o barro em nossas mãos, escutar suas canções e histórias. Deus está convocando todo escritor, artista, músico, pastor, criança e pai/mãe que puder encontrar para nos ajudar justamente nisso, para que possamos adorá-lo na beleza de sua santidade.[4]

[3] World Economic Forum, "The Fourth Industrial Revolution, by Klaus Schwab".
[4] Peterson, *As Kingfishers Catch Fire*, p. 81.

BIBLIOGRAFIA SELECIONADA

A Path. "63 genders… now 81 genders." 20 de março de 2000, acessado em 9 de julho de 2019. <https://apath.org/63-genders/>.

Adams, Douglas. *The Hitchhiker's Guide to the Galaxy*. Londres: Pan, 1979. [No Brasil, *O guia do mochileiro das galáxias*. Rio de Janeiro: Sextante, 2009.]

Arendt, Hannah. *The Origins of Totalitarianism*. Nova York: Harcourt Brace Jovanovich, 1973. [No Brasil, *Origens do totalitarismo*. São Paulo: Companhia de Bolso, 2013.]

Arizona Christian University. "Counterfeit Christianity: 'Moralistic Therapeutic Deism' Most Popular Worldview in U.S. Culture." 27 de abril de 2021, acessado em 22 de outubro de 2022. <https://www.arizonachristian.edu/2021/04/27/counterfeit-christianity-moralistic-therapeutic-deism-most-popular-worldview-in-u-s-culture/>.

Augustine, *Confessions*, *NPNF* 1. [No Brasil, Santo Agostinho, *Confissões*. São Paulo: Penguin/Companhia das Letras, 2017.]

Barrett, C. K. *The Epistle to the Romans*. Ed. rev. Peabody, MA: Hendrickson, 1991.

Bauckham, Richard. *Bible and Ecology: Rediscovering the Community of Creation*. Londres: Darton, Longman and Todd, 2010.

Benzoni, Francisco. "Thomas Aquinas and Environmental Ethics: A Reconsideration of Providence and Salvation." *JR* 85 (2005), p. 446-476.

Bilek, Jennifer. "The Billionaire Family Pushing Synthetic Sex Identities SSI." *Tablet*, 15 de junho de 2022, acessado em 16 de setembro de 2022. <https://www.tabletmag.com/sections/news/articles/billionaire-family-pushing-synthetic-sex-identities-ssi-pritzkers>.

Blackwell, Tom. "How Canadian Schools Aid Students' Gender Transition without Family Consent." *National Post*, 5 de janeiro de 2023, acessado em 5 de janeiro de 2023. <https://nationalpost.com/news/schools-consent-transgender-gender-transition>.

Bonhoeffer, Dietrich. *Life Together: The Classic Exploration of Christian Community*. Nova York: HarperOne, 1978. [No Brasil, *Vida em comunhão*. São Paulo: Mundo Cristo, 2022.]

Bratt, James D., org., *A Centennial Reader*. Grand Rapids: Eerdmans, 1998.

Brecht, Martin. *Martin Luther: His Road to Reformation 1483—1521*, trad. James L. Schaaf. Philadelphia: Fortress, 1985.

Briggs, John C. "Bacon's Science and Religion", in: *The Cambridge Companion to Bacon*, org. Markku Peltonen, p. 172-199. Cambridge: Cambridge University Press, 1996.

Byrne, Alex. "Is Sex Binary?" ARC Digital, 1º de novembro de 2018, acessado em 8 de julho de 2019. <https://arcdigital.media/is-sex-binary-16bec97d161e>.

Callahan, Daniel. "Reason, Self-Determination, and Physician-Assisted Suicide", in: *The Case against Assisted Suicide*, org. K. Foley e H. Hendin, p. 52-68. Baltimore: Johns Hopkins University Press, 2002.

Calvin, John. *Commentaries on the First Book of Moses Called Genesis*, ed. e trad. John King. CalC 1. 1847. Reimpr., Grand Rapids: Baker, 1981.

______. *Institutes of the Christian Religion*. 2 vols, trad. Henry Beveridge. Grand Rapids: Eerdmans, 1989. [No Brasil, *As Institutas*. São Paulo: Cultura Cristã, 4 vols., 3ª ed., 2022.]

Capon, Robert Ferrar. *The Supper of the Lamb*: *A Culinary Reflection*. Nova York: The Modern Library, 2002.

Center for Intersectional Justice. "What Is Intersectionality?", acessado em 1º de novembro de 2022. <https://www.intersectionaljustice.org/what-is-intersectionality>.

Chaze, Emmanuelle. "A Mayday Call, a Dash across the Mediterranean… and 130 Souls Lost at Sea." *The Guardian*, 25 de abril de 2021, acessado em 16 de setembro de 2022. <https://www.theguardian.com/global-development/2021/apr/25/a-mayday-call-a-dash-across-the-ocean-and-130-souls-lost-at-sea>.

Cherry, Kendra. "The Asch Conformity Experiments." Verywellmind, 10 de maio de 2022, acessado em 5 de outubro de 2022. <https://www.verywellmind.com/the-asch-conformity-experiments-2794996>.

Clarence-Smith, Louisa. "Cambridge Scholars Face Student Backlash over Scrapping Recorded Lectures." *The Telegraph*, 3 de janeiro de 2023, acessado em 3 de janeiro de 2023. <https://www.telegraph.co.uk/news/2023/01/03/cambridge-scholars-face-student-backlash-scrapping-recorded/>.

Coady, C. A. J. *Testimony: A Philosophical Study*. Oxford: Clarendon, 1992.

Dawkins, Richard. *The God Delusion*. Ed. comemorativa de 10 anos. San Francisco: Black Swan, 2016. [No Brasil, *Deus, um delírio*. São Paulo: Companhia das Letras, 2019.]

Dickens, Charles. *Hard Times*. Norton Critical Editions. Nova York: Norton, 1966. [No Brasil, *Tempos difíceis*. São Paulo: Boitempo Editorial, 2014.]

Discover Wildlife. "Cuckoo Guide". Acessado em 4 de novembro de 2022. <https://www.discoverwildlife.com/animal-facts/birds/facts-about-cuckoos/>.

Dixon, Hayley. "Most Children Who Think They're Transgender Are Just Going through a 'Phase', says NHS." *The Telegraph*, 23 de outubro de 2022, acessado em 23 de outubro de 2022. <https://www.telegraph.co.uk/news/2022/10/23/children-who-think-transgender-just-going-phase-says-nhs/>.

Doyle, Margaret M. "A Friedrich for the National Gallery of Art, Washington." *BurM* 148 (2006), p. 109-112.

Dunn, James D. G. *Romans 1–8*. Word Biblical Commentary 38A. Dallas: Word, 1988.

Eliot, George. *Middlemarch*. Ed. W. J. Harvey. Harmondsworth, UK: Penguin, 1965.

Ellingson, Ter. *The Myth of the Noble Savage*. Berkeley: University of California Press, 2001.

Epistle of Barnabas. *ANF* 1.

Evangelical Alliance. *Trans Formed*. Londres: Evangelical Alliance, 2018.

Féron, Henri. "Human Rights and Faith: A 'World-wide Secular Religion'?" *EGP* 7.4 (2014), p. 181–200. DOI: 10.3402/egp.v7.26262.

Foley, Kathleen M. e Herbert Hendin, orgs. *The Case against Assisted Suicide: For the Right to End-of-Life Care*. Baltimore: Johns Hopkins University Press, 2002.

Foley, Kathleen. "Compassionate Care, Not Assisted Suicide", in: *The Case against Assisted Suicide*, org. K. Foley e H. Hendin, p. 293-309. Baltimore: Johns Hopkins University Press, 2002.

Friedmann, Jonathan L. "Beauty before Content." Thinking on Music, acessado em 5 de novembro de 2022. <https://thinkingonmusic.wordpress.com/tag/richard-dawkins/>.

Gatten, Emma. "Use Covid-Style Messaging to Get People Onboard with Net Zero, Says 'Bossy' Lords Report." *The Telegraph*, 12 de outubro de 2022, acessado em 12 de outubro de 2022, <https://www.telegraph.co.uk/environment/2022/10/12/use-covid-style-messaging-get-people-onboard-net-zero-says-bossy/>.

Giubilini, Alberto e Francesca Minerva. "After-Birth Abortion: Why Should the Baby Live?". *JME* 39 (2013), p. 261-263.

Goff, Philip. "Our Improbable Existence Is No Evidence for a Multiverse." *Scientific American*, 10 de janeiro de 2021, acessado em 3 de novembro de 2022. <https://www.scientificamerican.com/article/our-improbable-existence-is-no-evidence-for-a-multiverse/>.

Goldman, Adam. "The Comet Ping Pong Gunman Answers Our Reporter's Questions." *New York Times*, 7 de dezembro de 2016, acessado em 16 de setembro de 2022. <https://www.nytimes.com/2016/12/07/us/edgar-welch-comet-pizzafake-news.html>.

Governo da Colúmbia Britânica, "More Students Supported by SOGI-Inclusive Education". 17 de maio de 2019, acessado em 11 de julho de 2019. <https://archive.news.gov.bc.ca/releases/news_releases_2017-2021/2019EDUC0040-000975.htm>.

Governo do Canadá, "Canada's New Medical Assistance in Dying MAID Law". Acessado em 20 de outubro de 2022. <https://www.justice.gc.ca/eng/cj-jp/ad-am/bk-di.html>.

Greasley, Kate e Christopher Kaczor. *Abortion Rights: For and Against*. Cambridge: Cambridge University Press, 2017.

Hanchett, Jim. "Polls Suggest Less Environmentalism among U.S. Christians." *Futurity*, 1º de fevereiro de 2018, acessado em 18 de fevereiro de 2020. <https://www.futurity.org/christians-environment-opinion-1670122/>.

Hazard, Paul. *The European Mind 1680–1715*. Londres: Hollis and Carter, 1953.

Headland, Thomas. "Revisionism in Ecological Anthropology". *CAnth* 38 (1997), p. 605-609.

Hill, Wesley. *Washed and Waiting: Reflections on Christian Faithfulness and Homosexuality*. Grand Rapids: Zondervan, 2010.

House, Paul R. *Bonhoeffer's Seminary Vision: A Case for Costly Discipleship and Life Together*. Wheaton, IL: Crossway, 2015.

Igreja Católica Romana. *Catecismo da Igreja Católica*. 2ª ed. Vaticano: Libreria Editrice Vaticana, 2012.

Justin Martyr, *First Apology*. *ANF* 1. [No Brasil, *Apologias de Justino Mártir*. Porto Alegre: Repositório Cristão, 2022.]

Kass, Leon R. "I Will Give No Deadly Drug: Why Doctors Must Not Kill", in: *The Case against Assisted Suicide*, org. K. Foley e H. Hendin, p. 17-40. Baltimore: Johns Hopkins University Press, 2002.

______. *The Beginning of Wisdom: Reading Genesis*. Nova York: Free, 2003.

Keller, Timothy. "A Biblical Critique of Secular Justice and Critical Theory." Acessado em 1º de novembro de 2022. <https://quarterly.gospelinlife.com/a-biblical-critique-of-secular-justice-and-critical-theory/>.

Keynes, John Maynard. *The General Theory of Employment, Interest, and Money*. Nova York: Harcourt, Brace and Co., 1936. [No Brasil, *Teoria geral do emprego, do juro e da moeda*. Campinas: Saraiva Uni, 2012.]

Kissinger, Henry A. "How the Enlightenment Ends". *The Atlantic*, junho de 2018, acessado em 27 de outubro de 2022. <https://www.theatlantic.com/magazine/archive/2018/06/henry-kissinger-ai-could-mean-the-end-of-human-history/559124/>.

Klein, Naomi. "Screen New Deal". The Intercept, 8 de maio de 2020, acessado em 16 de setembro de 2022. <https://theintercept.com/2020/05/08/andrew-cuomo-eric-schmidt-coronavirus-tech-shock-doctrine/>.

Kronman, Anthony T. *Education's End: Why Our Colleges and Universities Have Given Up on the Meaning of Life*. New Haven, CT: Yale University Press, 2008.

Kumar, Pushpam e Makiko Yashiro. "The Marginal Poor and Their Dependence on Ecosystem Services: Evidence from South Asia and Sub-Saharan Africa", in: *Marginality: Addressing the Nexus of Poverty, Exclusion and Ecology*, org. Joachim von Braun e Franz W. Gatzweiler, p. 169-180. Dordrecht: Springer, 2014.

LeBlanc, Steven. *Constant Battles: The Myth of the Peaceful, Noble Savage*. Nova York: St. Martin's Press, 2003.

Lemaire, André. "Education: Ancient Israel". *AYBD* 2:305–312.

Leman, Jennifer. "Aliens Created Our Universe in a Lab, Scientist Suggests." Popular Mechanics, 25 de abril de 2022, acessado em 3 de novembro de 2022. <https://www.popularmechanics.com/space/deep-space/a39797483/aliens-created-our-universe-in-a-lab/>.

Lessing, Doris. *Prisons We Choose to Live Inside*. 1986. Reimpr., Toronto, Anansi, 2006.

Lévesque, Catherine. "Quebec College of Physicians Slammed for Suggesting MAID for Severely Ill Newborns." *National Post*, 11 de outubro de 2022, acessado em 4 de novembro de 2022. <https://nationalpost.com/news/quebec-college-of-physicians-slammed-for-suggesting-maid-for-severely-ill-newborns>.

Lewis, C. S. "On Being Human." <http://famouspoetsandpoems.com/poets/c__s__lewis/poems/2362>.

Lilley, Brian. "Intolerant Trudeau Divides Canadians While O'Toole Shows Understanding." *Toronto Sun*, 27 de janeiro de 2022, acessado em 20 de outubro de 2022. <https://torontosun.com/opinion/columnists/lilley-intolerant-trudeau-divides-canadians-while-otoole-shows-understanding>.

Liptak, Adam. "Supreme Court Seems Ready to Throw Out Race-Based College Admissions". *New York Times*, 31 de outubro de 2022, acessado em 2 de novembro de 2022, <https://www.nytimes.com/2022/10/31/us/supreme-courtharvard-unc-affirmative-action.html>.

Livio, Mario. *The Golden Ratio: The Story of Phi, the World's Most Astonishing Number*. Nova York: Crown, 2003. [No Brasil, *Razão áurea: A história de fi, um número surpreendente*. Rio de Janeiro: Record, 2000.]

Low, Bobbi S. "Behavioral Ecology of Conservation in Traditional Societies." *HN* 7 (1996), p. 353-379.

Marsden, Paul. "Memetics and Social Contagion: Two Sides of the Same Coin?" *JMem* 2 (1998), p. 171-185.

Mayo Clinic. "Narcissistic Personality Disorder." Acessado em 19 de outubro de 2022. <https://www.mayoclinic.org/diseases-conditions/narcissistic-personality-disorder/symptoms-causes/syc-20366662>.

McGowan, John. *Hannah Arendt: An Introduction*. Minneapolis: University of Minnesota Press, 1998.

McLaughlin, Rebecca. *The Secular Creed: Engaging Five Contemporary Claims*. Austin, TX: Gospel Coalition, 2021. [No Brasil, *O credo secular: Uma resposta cristã a cinco fés seculares contemporâneas*. São Bernardo do Campo, SP: Trinitas, 2023.]

McTaggart, India. "Greta Thunberg: It's Time to Overthrow the West's Oppressive and Racist Capitalist System". *The Telegraph*, 2 de novembro de 2022, acessado em 2 de novembro de 2022. <https://www.telegraph.co.uk/news/2022/11/02/greta-thunberg-time-overthrow-wests-oppressive-racist-capitalist/>.

Merriam-Webster Online. "Gender Identity." Acessado em 4 de julho de 2019. <https://www.merriam-webster.com/dictionary/gender%20identity>.

______. "Transgender." Acessado em 4 de julho de 2019. <https://www.merriam-webster.com/dictionary/transgender>.

Mitchell, Joshua. *American Awakening: Identity Politics and Other Afflictions of Our Time*. Nova York: Encounter, 2020.

Moo, Douglas J. e Jonathan A. Moo. *Creation Care: A Biblical Theology of the Natural World*. Biblical Theology for Life. Grand Rapids: Zondervan, 2018.

Myers, Ched. *Binding the Strong Man: A Political Reading of Mark's Story of Jesus*. Maryknoll, NY: Orbis, 1988.

NASA. “Climate Change: How Do We Know?” Acessado em 18 de fevereiro de 2020. <https://climate.nasa.gov/evidence/>.

Natter, Natter. “Republicans Who Couldn’t Beat Climate Debate Now Seek to Join It.” *Bloomberg*, 5 de março de 2019, acessado em 18 de fevereiro de 2020. <https://www.bloomberg.com/news/articles/2019-03-05/republicans-who-couldn-t-beat-climate-debate-now-seek-to-join-it>.

Neumann, Thomas W. “The Role of Prehistoric Peoples in Shaping Ecosystems in the Eastern United States: Implications for Restoration Ecology and Wilderness Management”, in: *Wilderness and Political Ecology: Aboriginal Influences and the Original State of Nature*, org. Charles E. Kay e Randy T. Simmons, p. 141-178. Salt Lake City: University of Utah Press, 2002.

O’Keefe, Tim. *Epicureanism*. Berkeley: University of California Press, 2010.

Orwell, George. *Animal Farm*. Londres: Collins, 2021. [No Brasil, *A revolução dos bichos*. São Paulo: Companhia das Letras, 2007.]

Papa João Paulo II. *Evangelium Vitae*. Acessado em 30 de novembro de 2019. <http://www.vatican.va/content/john-paul-ii/en/encyclicals/documents/hf_jp-ii_enc_25031995_evangelium-vitae.html>.

Passerin d’Entreves, Maurizio. “Hannah Arendt.” *The Stanford Encyclopedia of Philosophy*, org. Edward N. Zalta, outono de 2019. Acessado em 5 de outubro de 2022. <https://plato.stanford.edu/archives/fall2019/entries/arendt/>.

Peterson, Eugene. *As Kingfishers Catch Fire: A Conversation on the Ways of God Formed by the Words of God*. Colorado Springs: Waterbrook, 2017.

Plato, *Phaedo: The Last Hours of Socrates*, trad. Benjamin Jowett. Project Gutenberg, 15 de janeiro de 2013, acessado em 4 de novembro de 2022. <https://www.gutenberg.org/files/1658/1658-h/1658-h.htm>. [No Brasil, Platão. *Fédon*. São Paulo: Martin Claret, 2002.]

Pollard, Stephen. “Amnesty International Has Become a Woke Joke.” *The Telegraph*, 30 de outubro de 2022, acessado em 2 de novembro de 2022. <https://www.telegraph.co.uk/news/2022/10/30/amnesty-international-has-become-woke-joke/>.

Provan, Iain, V. Philips Long e Tremper Longman III. *A Biblical History of Israel*. 2ª ed. Louisville, KY: Westminster John Knox, 2015. [No Brasil, *Uma história bíblica de Israel*. São Paulo: Vida Nova, 2016.]

Provan, Iain. “On Refusing to be Persons: Hannah Arendt in Christian Perspective”, in: *Offering the Light: Essays in Honour of Philip E. Satterthwaite on the Occasion of his Retirement*, org. Tze-Ming Quek, Kiem-Kiok Kwa e Wen-Pin Leow, p. 120-137. Cingapura: Graceworks, 2022.

______. *1 & 2 Kings*. Understanding the Bible. Grand Rapids: Baker, 1995.

______. *Convenient Myths: The Axial Age, Dark Green Religion, and the World That Never Was*. Waco, TX: Baylor University Press, 2013.

______. *Discovering Genesis: Content, Interpretation, Reception*. Grand Rapids: Eerdmans, 2016.

______. *Ecclesiastes and Song of Songs*. NIV Application Commentary. Grand Rapids: Zondervan, 2001.

______. *Seeking What Is Right: The Old Testament and the Good Life*. Waco, TX: Baylor University Press, 2020.

______. *Seriously Dangerous Religion: What the Old Testament Really Says, and Why It Matters*. Waco, TX: Baylor University Press, 2014.

______. *The Reformation and the Right Reading of Scripture*. Waco, TX: Baylor University Press, 2017.

Reventlow, Henning G. "Towards the End of the 'Century of Enlightenment': Established Shift from *Sacra Scriptura* to Literary Documents and Religion of the People of Israel." *HBOT* 2:1024–63, 1045.

Roberts, Vaughan. *Transgender*. Ed. Kindle. Epsom, UK: Good Book Company, 2016.

Seneca. *De Ira*, in: *Seneca: Moral Essays*, trad. John W. Basor. Cambridge: Harvard University Press, 1923. [No Brasil, Sêneca, *Sobre a ira*. São Paulo: Camelot Editora, 2022.]

Shepherd, Victoria. "The People Who Think They Are Made of Glass." BBC, acessado em 29 de setembro de 2022. <https://www.bbc.com/news/magazine-32625632>.

Smiley, Jane. "What's Wrong with American Agriculture?" Acessado em 22 de outubro de 2007. <http://www.organicconsumers.org/articles/article_1784.cfm>.

Solon, Olivia. "Ex-Facebook President Sean Parker: Site Made to Exploit Human 'Vulnerability'." *The Guardian*, 9 de novembro de 2017, acessado em 3 de agosto de 2019. <https://www.theguardian.com/technology/2017/nov/09/facebook-sean-parker-vulnerability-brain-psychology>.

Somerville, Margaret A. *Death Talk: The Case against Euthanasia and Physician-Assisted Suicide*. 2ª ed. Montreal: McGill-Queen's University Press, 2014.

Taylor, Bron. *Dark Green Religion: Nature Spirituality and the Planetary Future*. Berkeley: University of California, 2010.

Tertulian, *De Fuga in Persecutione Flight in Time of Persecution*. *ANF* 4.

The Teaching of the Twelve Apostles, Commonly Called the Didache, in: *Early Christian Fathers*, org. Cyril Charles Richardson, p. 177-178. LCC 1. Nova York: Macmillan, 1970.

The Telegraph. "Dads' Brains Change Size When Their Babies Are Born." 9 de outubro de 2022, acessado em 10 de outubro de 2022. <https://www.telegraph.co.uk/news/2022/10/09/dads-brains-change-size-when-babies-born/>.

Van Liere, Eldon N. "On the Brink: The Artist and the Sea", in: *Poetics of the Elements in the Human Condition: The Sea*, org. Anna-Teresa Tymieniecka, p. 269-286. Analecta Husserliana 19. Dordrecht: Reidel, 1985.

Van Maren, Jonathon. "Canada's Killing Regime." *First Things*, 18 de outubro de 2022, acessado em 4 de novembro de 2022. <https://www.firstthings.com/web-exclusives/2022/10/canadas-killing-regime>.

Van Simson, Otto Georg. *The Gothic Cathedrals: Origins of Gothic Architecture and the Medieval Concept of Order*. Nova York: Harper & Row, 1964.

Volf, Miroslav. *Exclusion and Embrace: A Theological Exploration of Identity, Otherness, and Reconciliation*. Nashville: Abingdon, 1996. [No Brasil, *Exclusão e abraço: Uma reflexão teológica sobre identidade, alteridade e reconciliação*. São Paulo: Mundo Cristão, 2021.]

Walton, John. *Ancient Near Eastern Thought and the Old Testament: Introducing the Conceptual World of the Hebrew Bible*. Grand Rapids: Baker Academic, 2006. [No Brasil, *O pensamento do antigo Oriente Próximo e o Antigo Testamento: Introdução ao mundo conceitual da Bíblia hebraica*. São Paulo: Vida Nova, 2021.]

Watson, Amy. "Television in Canada — Statistics & facts". Statista, 17 de maio de 2019, acessado em 2 de agosto de 2019. <https://www.statista.com/topics/2730/television-in-canada/>.

Weber, Max. "Science as a Vocation", in: *Science as a Vocation*, trad. M. John, org. Peter Lassman e Irving Velody, p. 3-31. Londres: Unwin Hyman, 1989.

Westermarck, Edward. *The Origin and Development of the Moral Ideas*. 2 vols. 2ª ed. Londres: Macmillan, 1924.

White, Lynn. "The Historical Roots of Our Ecologic Crisis". Reproduzido em: *Western Man and Environmental Ethics*, org. Ian G. Barbour, p. 18-30. Reading, UK: Addison-Wesley, 1973.

Wolf, Ron. "God, James Watt, and the Public Land". *Audubon* 83 (1981), p. 58-65.

Wolff, Hans Walter. *Anthropology of the Old Testament*, trad. Margaret Kohl. Londres: SCM, 1974. [No Brasil, *Antropologia do Antigo Testamento*. São Paulo: Hagnos, 2008.]

Woodland Trust. "Cuckoo." Acessado em 4 de novembro de 2022. <https://www.woodlandtrust.org.uk/trees-woods-and-wildlife/animals/birds/cuckoo/>.

Wordsworth, William, "The Tables Turned", in: *Selected Poetry*, org. Mark Van Doren, p. 82-83. Nova York: Modern Library, 1950.

World Economic Forum. "The Fourth Industrial Revolution, by Klaus Schwab." Acessado em 24 de novembro de 2022. < https://www.weforum.org/about/the-fourth-industrial-revolution-by-klaus-schwab/>.

Wright, Colin. "The New Evolution Deniers". Quillette, 30 de novembro de 2018, acessado em 18 de julho de 2019. <https://quillette.com/2018/11/30/the-new evolution-deniers/>.

Yarhouse, Mark e Olya Zaporozhets. *Costly Obedience: What We Can Learn from the Celibate Gay Christian Community*. Grand Rapids: Zondervan, 2019.

Zagorin, Perez. *How the Idea of Religious Toleration Came to the West*. Princeton: Princeton University Press, 2003.

SOBRE O AUTOR

Iain Provan foi professor de Estudos Bíblicos no Regent College, em Vancouver, Canadá, de 1997 a 2022, quando se aposentou e fundou a The Cuckoos Consultancy, que visa auxiliar indivíduos e instituições a entender o que significa ser humano. Nascido e criado no Reino Unido, concluiu seu PhD na Universidade de Cambridge, em 1987. Antes de emigrar para o Canadá, lecionou no King's College London, na Universidade de Gales e na Universidade de Edimburgo. É ministro ordenado pela Igreja da Escócia. Ele e sua esposa, Lynette, têm quatro filhos adultos e vários netos.

Compartilhe suas impressões de leitura,
mencionando o título da obra, pelo e-mail
opiniao-do-leitor@mundocristao.com.br
ou por nossas redes sociais

Esta obra foi composta com tipografia Minion Pro
e impressa em papel Pólen Natural 70 g/m² na gráfica Imprensa da Fé